H. C. Robbins Landon

1791 – Mozarts letztes Jahr

H. C. Robbins Landon

1791
Mozarts letztes Jahr

claassen

Die Originalausgabe erschien 1988 unter dem Titel
»1791 – Mozart's Last Year«
im Verlag Thames and Hudson, London
Deutsch von Ken W. Bartlett

CIP-Titelaufnahme der Deutschen Bibliothek

Landon, Howard C. Robbins:
1791 [Siebzehnhunderteinundneunzig] – Mozarts letztes Jahr /
H. C. Robbins Landon. Dt. von Ken W. Bartlett. –
Düsseldorf: claassen, 1988
Einheitssacht.: Seventeen hundred and ninty-one – Mozart's last year ‹dt.›
ISBN 3-546-45904-0

Gesetzt aus der Aldus Buchschrift der Berthold AG
Satz: Dörlemann-Satz, Lemförde
Papier: Papierfabrik Schleipen GmbH, Bad Dürkheim
Druck und Bindearbeiten: Franz Spiegel Buch GmbH, Ulm-Jungingen
Printed in Germany
ISBN 3-546-45904-0

Für

Albi Rosenthal,

den alten Freund und getreuen
Mozart-Weggefährten

Vorwort

Ich war dreizehn Jahre alt und besuchte die Asheville School in North Carolina, als ich Mozart entdeckte. Die Schule hatte einen hervorragenden Musiklehrer namens Matthew Cooper; bei ihm hatte ich Klavierunterricht, und ich sang in seinem Kirchenchor. Eines der ersten Werke, die wir aufführten, war Mozarts *Ave, verum corpus,* das mich sofort in seinen Bann schlug. Aber die größte Anregung bot damals, im Frühling 1939, einem Musikliebhaber ohne Zugang zu Kammermusik oder Symphonieorchester, geschweige denn zu einem Opernhaus, die außergewöhnliche Schallplattenbibliothek – vieles davon europäischer Herkunft –, die die Asheville School in einem eigens diesem Zweck eingerichteten Gebäude beherbergte und die wir Schüler benutzen durften. Dort gab es viele seltene Mozart-Aufnahmen, darunter die von Richard Strauss dirigierte Symphonie g-Moll (KV 550). Eine noch größere Rarität waren, dirigiert von Paul Sacher (der später mein Freund werden sollte), die Chöre aus Mozarts *Idomeneo,* damals in Amerika so gut wie unbekannt. Dort befand sich auch, auf einer deutschen Platte, die Ouvertüre, die mir gleichermaßen erstaunlich vorkam: Es war meine erste Ahnung, daß in einer strahlenden Tonart wie D-Dur etwas so düster und überschattet Klingendes komponiert werden konnte.

Zwei Jahre später, 1941, begingen wir Mozarts hundertfünfzigsten Todestag, und zum erstenmal in seiner Geschichte spielte die Boston Symphony unter Serge Koussevitzky in Tanglewood eine ganze Konzertreihe, die ausschließlich Mozart gewidmet war. In diesen Konzerten wurde mir zum erstenmal bewußt, daß in textlicher Hinsicht mit Mozart keineswegs alles so einfach war: Koussevitzky dirigierte das Konzert für zwei Klaviere Es-

Dur (KV 365) mit Klarinetten-, Trompeten- und Paukenstimmen, die in meiner Eulenburg-Taschenpartitur nicht vorhanden waren, und als ich mich während der Pause ans Dirigentenpult schlich, sah ich zu meinem Erstaunen, daß diese Stimmen auch nicht in der Dirigierpartitur von Breitkopf & Härtel enthalten waren: Woher kamen dann diese schönen Stimmen? Schon damals war ich sicher, daß sie von Mozart waren, und Jahre später stellte ich zu meiner Freude fest, daß sie in die Partitur der Gesamtausgabe, der *Neuen Mozart-Ausgabe,* eingegangen sind. Sie befanden sich nicht in der ursprünglichen Partitur, aber Mozart fügte sie später für eine Aufführung in Wien hinzu.

Eigentlich hatte ich 1939 beschlossen, mein Leben Haydn zu widmen, von dessen Musik damals noch keine Gesamtausgabe existierte; tatsächlich war nur ein Zehntel davon überhaupt veröffentlicht worden. Mozart jedoch war für mich etwas ganz Einzigartiges, außerhalb jeglicher anderen Musik, Bach, Beethoven und Wagner eingeschlossen. Was ich trotz meines jugendlichen Alters verspürte, war tatsächlich eine seltsam verwirrende Ambivalenz in Mozarts Musiksprache, die ich als zwingend und zugleich emotionell immens befriedigend empfand.

Jahre später, 1955, ereigneten sich drei Dinge, die mich unmittelbar an Mozart und seine Musik heranführten. Das erste war, daß Karl Vötterle, der Inhaber des Bärenreiter-Verlags, und Ernst Fritz Schmid, der Herausgeber der *Neuen Mozart-Ausgabe* (beide inzwischen verstorben), nach Wien kamen (wo ich damals lebte), um mich einzuladen, an dieser neuen Edition mitzuwirken (es ergab sich dann, daß ich die letzten drei Symphonien und die *Maurerische Trauermusik* herausgab). Mein zweites Mozart-Projekt war die Edition der Messe in c-Moll (KV 427) in einer neuen wissenschaftlichen Ausgabe für C. F. Peters und Eulenburg; wir hatten bereits 1949 zusammen mit Meinhard von Zallinger die erste Gesamtaufnahme des Werkes in Wien vorbereitet. Und meine dritte Mozart-Unternehmung war, gemeinsam mit Donald Mitchell, ein Symposium über Mozarts Musik, das zu seinem 200. Geburtstag 1956 erschien. Ich war mittlerweile Mitglied des Zentralinstituts für Mozart-Forschung in Salzburg geworden, das sich in erster Linie mit der neuen Edition befaßte. Mozarts Musik war plötzlich beliebter als je zuvor. (Ich habe eine kleine Begebenheit vor Augen: Es ist Januar 1956, und wir feiern Mozarts Geburt in Salzburg. Es ist der Abend vor seinem Geburtstag, und in Salzburg tobt ein heftiger Schneesturm. Ein Radioteam der BBC ist angekommen, und ich bringe es über den Fluß zum Residenzplatz. Vom Turm, dessen Spitze durch den Schnee hindurch kaum zu sehen ist, beginnt Musik über die ganze stille Stadt dahinzuschweben, die Straßen, aus denen der Verkehr verschwunden ist. Es ist Mozarts Ballettmusikarrangement (KV 187 und 188) für zwei Flöten, fünf Trompeten und vier Pauken. Das BBC-Team ist, wie wir alle, hingerissen. Es ist eine magische Szenerie, und wir könnten im Salzburg von vor zweihundert Jahren sein.)

Dann kam in den 1980er Jahren Peter Shaffers *Amadeus* – das Schauspiel und der Film, doch besonders der Film: ein ungeheurer internationaler Erfolg, dessen Musik in Amerika monatelang auf der Bestsellerliste stand. Plötzlich war der Name Mozarts in aller Munde. Dies ist nicht der Ort, auf Mängel und Vorzüge von *Amadeus* einzugehen, der bereits zum Mythos geworden ist (in Italien machen sich die jungen Leute einen Sport daraus, das Lachen des Mozart aus dem Film nachzuahmen). Als Film war *Amadeus* blendende Unterhaltung, hatte aber natürlich mit Mozarts wirklichem Leben kaum etwas zu tun. Schon während der Verfilmung versuchte mein inzwischen verstorbener Freund Roland Gelatt vom Verlag Thames and Hudson mich zu überreden, ein Buch über Mozarts »Niedergang und Ende« zu schreiben. Ich zögerte, aber dann, nach längeren Überlegungen, dachte ich, es könnte für die vielen neuen Freunde und Bewunderer Mozarts von Nutzen sein, wenn ich über sein letztes Jahr schriebe und dabei den Bericht auf die uns zur Verfügung stehenden authentischen und zeitgenössischen Berichte stützte: Es gibt viel mehr davon, als man zu hoffen wagen würde, und in ihrer Gesamtheit bringen sie uns Mozart und seine Ehefrau Konstanze sicherlich näher, als Fiktion es vermag, sei sie auch noch so inspiriert.

Ich habe mich in diesem Buch wegen der Eigenart des Vorhabens genötigt gesehen, die Musik eher flüchtig zu behandeln, aber ich möchte hier doch ein paar Worte zu einem Thema sagen, über das zugegebenermaßen viel – vielleicht zu viel – geschrieben worden ist.

Haydn, Mozarts größter musikalischer Zeitgenosse, ist oft mit seinem jüngeren Kollegen verglichen worden, im allgemeinen zu seinem Nachteil. Das liegt vielleicht daran, daß Haydns Musik etwas in sich Geschlossenes hat; er lädt uns nicht ein, an seinen Problemen teilzuhaben, weil er diese Probleme zu einer brillanten intellektuellen Tour de force reduziert hat. Seine großen Quartette, die Symphonien und die geistliche Musik entfalten sich vor uns wie ein festliches Spiel, dem wir gebannt zusehen, das aber nicht unbedingt unsere persönliche Anteilnahme, unser unmittelbares emotionelles Engagement verlangt.

Bei Mozart hingegen ist das Verhältnis ein völlig anderes: Er fordert uns auf, seine emotionelle Welt mit ihm zu teilen, er nimmt uns gewissermaßen an die Hand und führt uns; er verlangt geradezu, daß wir ihm folgen, wohin er auch geht. So sind seine Freuden unsere Freuden, sein Leid unser Leid; und die betörend schöne herbstliche Welt der 1791 geschriebenen Musik, in der die Sonnenstrahlen so schräg einfallen und bald dem Sonnenuntergang und der Dämmerung weichen werden, ist uns ganz besonders nahe, vielleicht in einer gewaltigen Größenordnung (in Anbetracht des gegenwärtigen Zustands der Welt). Mozart beabsichtigte sicherlich nicht, das zu schildern, aber es scheint zu unserer pessimistischen Lebenseinschätzung besser zu passen als der in sich ruhende Optimismus Haydns oder die lebensbejahenden Triumphe Beethovens. Wie Wagners *Ring*, der für die Menschheit von Jahr zu Jahr an Bedeutung zunimmt, dessen Gültigkeit immer zwingender wird (vielleicht weil die Realität der *Götterdämmerung* uns näher ist als je zuvor), so wird auch Mozarts Musik zunehmend zum essentiellen Bestandteil unseres Daseins. Das Drama seiner Opern, seine Offenbarung von Wahrheit und Schönheit, sind in *Figaro* und *Don Giovanni* von jeher verstanden worden; jetzt werden sie auch in *Così fan tutte* und *La clemenza di Tito* stark empfunden, während das Mysterium der *Zauberflöte* mit seiner souveränen Bewältigung scheinbar unvereinbarer stilistischer Elemente uns immer bedeutsamer vorkommt. Kurz, das Mozartsche Vermächtnis ist für die Existenz der Menschheit eine Rechtfertigung, wie wir sie besser kaum jemals finden werden, und vielleicht doch ein schwacher Hoffnungsstrahl für unser letztendliches Überleben.

H. C. Robbins Landon
Château de Foncoussières
Weihnachten 1986

Über die Währung

Die Hauptwährung im Österreich von 1791 waren Gulden, abgekürzt »fl« oder »f« (Florin); beide Bezeichnungen, »Gulden« und »Florin«, werden verwendet. Die österreichische Währung basierte, ähnlich dem britischen Pfund vor der Einführung des Dezimalsystems, auf Einheiten von 6 und 12. Der kleinere Nennwert war der Kreuzer (abgekürzt »kr« oder »xr«), und 60 Kreuzer ergaben einen Gulden. Ein weiterer verbreiteter Geldwert war der Dukaten (eine Silber- oder Goldmünze), wobei der Dukaten einen Gegenwert von 4,5 Gulden hatte. 1791 hatten 500 englische Pfund (£) einen Kurswert von 4883 Gulden. Bei den Konzerten der *Tonkünstler-Societät* vom 16.–17. April 1791, bei denen Mozart eine seiner letzten drei Symphonien (möglicherweise KV 550) dirigierte, kostete eine Loge im Burgtheater 4 fl, 30 kr; der beste Platz im Parkett kostete 1 fl, 25 kr (ein Sperrsitz 1 fl, 40 kr). Eintrittskarten für Haydns Benefizkonzert in London im Mai 1792 kosteten eine halbe Guinee, das entsprach etwa dem Preis für eine ganze Loge in Mozarts Konzert (daraus kann man ersehen, wie teuer London war verglichen mit Wien). Haydn rechnete sich aus, daß er in seinen vier Saisons in London zwischen 1791 und 1795 £ 2400 einnahm – heute ungefähr £ 50000 bis £ 85000 oder DM 150000 bis 255000.

I
Kaiserkrönung in Frankfurt

Im Herbst 1790 wurde Mozarts finanzielle Lage langsam hoffnungslos. Er verdiente in Wien weniger Geld, als er bei seinem Lebensstandard benötigte, und er hatte einen beträchtlichen Teil seines früheren Publikums verloren. Die Zeiten änderten sich dramatisch, nicht nur im revolutionären Frankreich, sondern auch in Österreich: Es gab einen neuen Herrscher, Leopold II., und am 9. Oktober sollte er im St.-Bartholomäus-Dom zu Frankfurt am Main zum Kaiser des Heiligen Römischen Reiches Deutscher Nation gekrönt werden. Mozart hatte die persönliche Aufmerksamkeit des Monarchen noch nicht erringen können, hoffte aber, dies durch sein Erscheinen in Frankfurt zu erreichen. Deshalb verpfändete er am 22. September, um die Reise[1] bezahlen zu können, sein Silber und machte sich mit Franz Hofer, dem Ehemann seiner Schwägerin Josepha, auf den Weg.

Nur ein unverbesserlicher Optimist konnte sich von einer solchen Reise viel versprechen. Zu Leopold II. vorzudringen war für einen Komponisten ein zweifelhaftes Unterfangen. Zumindest gab es für den Kaiser dringlichere Angelegenheiten. Er hatte den Kaiserthron nach dem Tod seines Bruders Joseph II. am 20. Februar 1790 bestiegen und ein durch seine zwar gutgemeinten, aber übereilten Reformen tief gespaltenes Reich von ihm geerbt. Im Königreich Ungarn gärten revolutionäre Ideen, geschürt von Österreichs Erbfeind Preußen; die aufsässigen österreichischen Niederlande (das heutige Belgien) hatten kurz zuvor ihre Unabhängigkeit erklärt; und die österreichische Armee hatte sich in einem schier endlosen Krieg mit dem Osmanischen Reich festgefahren. Glücklicherweise war Leopold ein geschickter und versierter Regent. Als Großherzog der Toskana hatte er sein Herzogtum weise regiert, hatte viele Reformen mit Erfolg durchgeführt und wurde von seinen Untertanen sehr geliebt. Jetzt als Kaiser verlor er keine Zeit, die dringenden Probleme seines Landes anzugehen. Bis zum September 1790 hatte er mit der Hohen Pforte (dem osmanischen Hof in Konstantinopel) einen Waffenstillstand geschlossen, mit König Friedrich Wilhelm von Preußen die Zukunft Osteuropas ausgehandelt und sich dann, ohne auf Opposition zu stoßen, zur Kaiserkrönung nach Frankfurt begeben. Bis zum Dezember hatten die Österreicher mit Preußens stillschweigender Billigung Brüssel wiederbesetzt. Ebenso erfolgreich war Leopold in der Auseinandersetzung mit den stolzen und unnachgiebigen Ungarn, und inzwischen machte er auch bedeutende Fortschritte bei der Beseitigung chaotischer Zustände im Inneren – auf landwirtschaftlichem, kirchlichem und verwaltungstechnischem Gebiet –, was Josephs II. hauptsächliche Hinterlassenschaft an Österreich gewesen war.[2]

Bei alldem blieb wenig Zeit für Musik – oder für Mozart. Zunächst waren die Hoftheater in Wien nach dem Tod Josephs II. mehrere Monate lang geschlossen und erst nach dem Ende der Staatstrauer im Juni wieder eröffnet worden. Danach hätte Leopold II., wenn er gewollt hätte, *Così fan tutte* im Burgtheater am 12. Juni, 6. und 16. Juli oder 7. August sehen können (das waren die letzten Aufführungen, danach verschwand die Oper, solange Mozart noch lebte, aus dem Wiener Repertoire). Er hätte auch die Wiederaufführung der Oper *Die Hochzeit des Figaro* besuchen können, die bis zum Februar 1791 im Repertoire blieb. Doch er tat es nicht. Zum erstenmal war er am 20. September 1790 im Burgtheater[3], und das Werk, das zur Aufführung gelangte, war Antonio Salieris *Axur, re d'Ormus.* Leopold II. wählte den Zeitpunkt seines ersten öffentlichen Auftritts in einem Wiener Theater mit Bedacht: Graf Karl Zinzendorf, in kaiserlich-königlichen Diensten, berichtet in seinem wichtigen (und bis heute weitgehend unveröffentlichten, in französischer Sprache verfaßten) Tagebuch unter diesem Datum: »Der König traf ein, als Axur auf seinem Thron Platz nimmt, und wurde wärmstens applaudiert.« So trug, für den Augenblick, Salieri den Sieg davon (aber auch er sollte in Ungnade fallen, und zwar tief). Es gibt auch keinen Hinweis, daß Leopold II. sich für Mozart überhaupt interessierte. Er bestätigte nur Mozart in seiner nicht gerade herausragenden Position als Kaiserlich-Königlicher Kammerkomponist; es war eine Sinekure, die ihm Joseph II. 1787 verliehen hatte. Aber die erste Musikposition war an Salieri gegangen, der 1788 Nachfolger des alten Giuseppe Bonno als Kapellmeister* (musikalischer Direktor und erster Komponist der Hoftheater) wurde; und der Kaiser bestätigte auch diese Position.

Bei den Krönungsfeierlichkeiten in Frankfurt in Erscheinung zu treten, könnte dazu beitragen, dieser Vernachlässigung zu begegnen, so erhoffte es sich Mozart. Also machten er und Hofer sich auf den Weg. Es gab verschiedene Möglichkeiten, von Wien nach Frankfurt zu reisen. Man konnte öffentliche Kutschen nehmen, was teuer, unbequem und recht ermüdend war, oder man konnte eine Postkutsche mieten, mit Pferdewechsel an den Poststationen. Am einfachsten, bequemsten und bei weitem auch am teuersten war es, in der eigenen Kutsche zu reisen – und genau das tat Mozart. Wir wissen nicht, ob Mozart eine eigene Kutsche besaß – es scheint unnötig und wenig wahrscheinlich, da er ja in der Stadt lebte – oder ob er eigens für die Reise nach Frankfurt eine Kutsche kaufte. Wie dem auch sei, am 28. September 1790 schreibt er aus Mainz:

> Die Reise war sehr angenehm wir hatten bis auf einen einzigen Tag schönes Wetter – und dieser einzige Tag verursachte uns keine Unbequemlichkeit, weil mein Wagen (ich möcht ihm ein Busserl geben) herrlich ist. – In Regensburg speisten wir prächtig zu Mittag, hatten eine göttliche Tafel-Musick, eine Englische Bewirthung und einen herrlichen Mosler-Wein. – Zu Nürnberg haben wir gefrühstückt – eine häßliche

* Der Kapellmeister war verantwortlich für die Musik in der Hofkapelle. Die Position schloß ebenfalls Dirigieren, für gewöhnlich Komponieren und administrative Pflichten ein.

> Stadt – Zu Würzburg haben wir unsern theuern Magen mit Kaffee gestärkt, eine schöne prächtige Stadt – die Zehrung war überall leidentlich – nur 2 und ½ Post von hier in Aschaffenburg beliebte uns der H: Wirth erbärmlich zu schnieren ...[4]

So kam Mozart auf seiner Reise schnell voran. »Wir haben also nur 6 Tage gebraucht«, berichtete er Konstanze und fügte hinzu, daß sie »zu Tod froh« waren, ein Zimmer in einem Gasthof in der Frankfurter Vorstadt Sachsenhausen »erwischt zu haben«. Die Krönungsstadt barst vor Gästen.

Wie Mozart die ersten zwei Wochen in Frankfurt verbrachte, ist nicht überliefert, aber wir wissen, daß er am 15. Oktober im Stadttheater eine »Akademie« (Konzert) gab. Noch am gleichen Tag berichtete er seiner Frau:

> ... heut 11 Uhr war meine Academie, welche von Seiten der Ehre herrlich, aber in Betreff des Geldes mager ausgefallen ist. – Es war zum Unglück ein groß Dejeuné bei einem Fürsten und großes Manoever von den Hessischen Truppen, – so war aber alle Tage meines Hierseyns immer Verhinderung ...[5]

Mozart hat offenbar bei diesem Anlaß zwei Klavierkonzerte aufgeführt, ein neues in D-Dur (KV 537, später als »Krönungskonzert« bekannt) und ein älteres in F-Dur (KV 459, möglicherweise in der verlorengegangenen »größeren« Fassung mit Trompeten und Pauken).[6] Möglicherweise sollte auch eine der neueren Symphonien gespielt werden – KV 504 (»Prager«), 543, 550 oder 551 (»Jupiter«), von denen zu dem Zeitpunkt noch keine gedruckt war.

Wir besitzen eine interessante und »professionelle« Beschreibung von Mozart, seinem Spiel und dem Konzert im (französisch geführten) Tagebuch des Grafen Ludwig von Bentheim-Steinfurt:

Freitag den 15. Um 11 Uhr morgens gab es im Saal der Comedie nationale ein *Grand Concert de Mozart*. Es begann mit jener schönen 1) Symphonie von Mozart, die ich schon seit langem besitze. 2) Sodann eine superbe italienische Szene »Non so di chi«, die Madame Schick mit grenzenlosem Ausdruck sang. 3) Mozart spielte ein Konzert eigener Komposition, was von außerordentlicher Gefälligkeit und Anmut war [KV 459?]; er hatte ein Fortepiano von Stein in Augsburg, das als das beste seiner Art gilt und 90 bis 100 Dukaten kostet, das Instrument gehörte Madame la Baronesse de Frentz. Mozarts Spiel erinnert ganz entfernt an das des verstorbenen [Komponisten Johann Friedrich] Klöffler [einstmals Kapellmeister im Dienst der Familie Bentheim-Steinfurt], aber unendlich perfekter. M. Mozart ist ein kleiner Mann von angenehmem Äußeren; er trug einen reich bestickten Anzug aus Satin Brune de marine;[7] er ist am Kaiserlichen Hof angestellt. 4) Der Sopran[kastrat] *Cecarelli* sang eine schöne Scène et Rondeau, aber Bravour-Arien scheinen nicht unbedingt seine Stärke zu sein; er verfügt über Grazie und eine perfekte Technik, ein exzellenter Sänger, aber die Stimme ist durch seine Häßlichkeit etwas beeinträchtigt; abgesehen davon sind seine Geläufigkeit, seine Verzierungen und Triller bewundernswert; muß sehen, ob ich ihn für die Sommermonate engagieren kann, um [meine Tochter] Henriette zu unterrichten. Vielleicht könnte er mit Edom oder jemand anderem kommen; er könnte frei sein, da er nicht an ein Theater gebunden ist wie Madame Schick, die den Sommer über in Frankfurt sein wird.

Im *zweiten Teil* Nr. 5 noch ein Konzert von Mozart [KV 537?], das mir aber weniger gut gefiel als das erste. 6) Ein Duett, das wir besitzen und das ich erkannte an dem Abschnitt »Per te, per te«, mit den heraufsteigenden Noten … 7) Eine *Phantasie* ohne Noten [vermutlich improvisiert] von Mozart, ganz entzückend, *in der er unbeschreiblich brillant war und die ganze Stärke seines Genies entfaltete.* 8) Die abschließende Symphonie wurde gar nicht gespielt, da es bereits zwei

> Uhr war und es jedermann nach dem Mittagessen verlangte. Somit dauerte die Musik drei Stunden und das, weil es zwischen den Stücken sehr lange Pausen gab. Das Orchester war mit fünf oder sechs Violinen nur schwach besetzt, spielte jedoch sehr exakt, aber was mich erboste und traurig stimmte, war, daß nicht sehr viele Leute zugegen waren, und ich saß neben einer jungen Sängerin namens Succarini, eine Deutsche, aber recht gut. Mr. Westerholt, der große Musikliebhaber, saß hinter mir.[8]

Seine Rückreise nach Wien unterbrach Mozart in München, wo ihn Kurfürst Karl Theodor, für den er 1780 *Idomeneo* komponiert hatte, einlud, an einer Akademie für den König von Neapel, Ferdinand IV., und seine Gemahlin, Erzherzogin Maria Karolina von Österreich, mitzuwirken. Sie waren gerade zur Verheiratung zweier ihrer Töchter in Wien gewesen. »Das ist wirklich eine Distincion«, schrieb Mozart seiner Frau Anfang November und fügte sarkastisch hinzu: »Eine schöne Ehre für den Wiener Hof, daß mich der König in fremden Landen hören muß . . .«[9]

Mitte November 1790 kehrte Mozart nach Wien und zu der allgegenwärtigen Notwendigkeit zurück, mehr Geld zu verdienen und seine Schulden zu verringern. Da Geldsorgen das letzte Jahr des Komponisten so bitter überschatteten, mag es angebracht sein, für einen Augenblick zu verweilen und zu untersuchen, warum sich seine finanziellen Probleme derart zugespitzt hatten.

Mozarts Vermögenslage hatte im Jahr 1785 noch äußerst vielversprechend ausgesehen; als sein Vater zu einem Besuch nach Wien kam und am 12. März an Wolfgangs Schwester Maria Anna (Nannerl) schrieb: »Dein Bruder hat in seiner accademie 559 f gemacht.« Und ein paar Tage später (19. März): »Ich glaube, daß mein Sohn, wenn er keine Schulden zu bezahlen hat, itzt 2000 f. in die Bank legen kann; das Geld ist sicher da, die Hauswirthschaft ist, was Essen und Trinken betrifft, im höchsten Grad ökonomisch.«[10]

Aber trotz all seiner Erfolge: Mit den Subskriptionskonzerten in den Jahren 1785 und 1786, mit dem *Figaro* (Mai 1786) in Wien und ein halbes Jahr später in Prag: trotz des Erfolgs von *Don Giovanni* in Prag und trotz der hohen Geldbeträge für die wenigen Werke, zu deren Veröffentlichung er sich entschloß (zum Beispiel die sechs Haydn gewidmeten Quartette, die er 1785 für 100 Dukaten oder 450 Florin an Artaria & Co. verkaufte);[11] trotz all dieser Anzeichen für wachsenden Wohlstand – Mozarts Popularität in Wien und mit ihr seine finanzielle Sicherheit waren um 1788 ins Wanken geraten. So war *Don Giovanni* bei der Wiederaufnahme in jenem Jahr, auf ausdrückliche Veranlassung Josephs II. hin, »kein Erfolg« (wie sein Librettist Lorenzo da Ponte viele Jahre später berichtete).

Gewiß, Mozarts Ruhm im Ausland wuchs stetig, besonders in den deutschsprachigen Ländern, wo seine Singspiele, wie *Die Entführung aus dem Serail,* aber auch *Figaro* und *Don Giovanni,* die bald ins Deutsche übersetzt wurden, sich äußerster Beliebtheit erfreuten, trotz der technischen Schwierigkeiten für Sänger wie Musiker. Doch seine ganze »Auslands«-Popularität besserte Mozarts Finanzen nicht auf, es sei denn indirekt in dem Sinne, daß sie ein ständig anwachsendes Verlangen nach seiner Musik beim Publikum weckte. Ein Komponist konnte eine Gage dafür fordern, seine Musik zu spielen oder zu dirigieren; da es jedoch keine »Aufführungsrechte« im eigentlichen Sinne gab, erbrachten die Aufführungen seiner Opern in Deutschland Mozart zwar Ruhm, aber keine Gulden. Und es gab kein Copyright-Gesetz, so daß deutsche Verleger freie Hand hatten, Mozarts Musik nach Belieben nachzudrucken. Die Zeit, da ein Komponist mit seinen Leistungen wenigstens einen bescheidenen Lebensunterhalt verdienen konnte, ohne auf aristokratische Gönner angewiesen zu sein, ließ nicht mehr lange auf sich warten, war aber noch nicht gekommen, und die Folgen für Mozart sollten zunehmend offenkundig werden.

Mitte 1789 malte er in einem Brief an seinen Logenbruder Michael Puchberg, den Schatzmeister der Loge *Zur wahren Eintracht,* seine Situation in den düstersten Farben: »Gott! ich bin in einer Lage, die ich meinem ärgsten Feinde nicht wünsche; und wenn Sie bester Freund und Bruder mich verlassen, so bin ich *unglücklicher und unschuldigerweise sammt* meiner armen kranken Frau und Kind verlohren ... Mein Schicksal ist leider, *aber nur in Wien,* mir so widrig, daß ich auch nichts verdienen kann, wenn ich auch will; ich habe 14 Tage eine Liste herumgeschickt, und da steht der einzige Name *Swieten*! ...«[12]

Auch wenn man ein gewisses Maß an Übertreibung einräumt, scheint es keinen Zweifel daran zu geben, daß Mozart sich finanziell in einer Notlage befand, teils weil Konstanze immer wieder schwanger war und häufig teurer Kuren in Baden, einem Heilbad in der Nähe Wiens, bedurfte, teils weil Mozarts Subskriptionskonzerte zu Ende waren. Das waren eine Reihe privater, von Mozart selbst organisierter Konzerte, für die Subskribenten einen gewissen Betrag im voraus anzahlten. Puchberg, der die Mozarts gut kannte, muß die Sorgen des Komponisten gekannt haben, denn er fuhr fort, Geld zu schicken, sooft er darum gebeten wurde.

So also stand es um Mozart, als er sich auf den Weg nach Deutschland machte, um sich beim neuen Kaiser vorzustellen. In demselben Brief, in dem Wolfgang Konstanze am 28. September 1790 seine glückliche Ankunft in Frankfurt meldete, findet sich auch der erste Hinweis auf eine komplizierte Transaktion, durch die der Komponist hoffte, seiner Schulden Herr zu werden:

> Ich warte mit Sehnsucht auf Nachricht von Dir, von Deiner Gesundheit, von unseren Umständen etc. – nun bin ich fest entschlossen meine Sachen hier so gut als möglich zu machen, und freue mich dann herzlich wieder zu dir. – welch herrliches Leben wollen wir führen – ich will arbeiten – so arbeiten – um damit ich durch unvermuthete Zufälle nicht wieder in so eine fatale Lage komme – Mir wäre lieb wenn du über alles dieses durch den Stadler den ...* zu dir kommen liesest – Sein letzter Antrag war, daß jemand das Geld auf

* Von Mozart selbst punktiert.

dem Hofmeister seinen giro allein hergeben will – 1000 fl. baar und das übrige an Tuch – somit könnte alles und noch mit Überschuß bezahlt werden, und ich dürfte bey meiner Rückkunft nichts als *arbeiten*. – Durch eine charta bianca von mir könnte durch einen Freund die ganze Sache abgethan seyn. Adieu ich küsse Dich 1000 Mal.

Ewig dein Mzt.

Konstanze scheint die Dinge in die Hand genommen und während Mozarts Abwesenheit ein Darlehen von 1000 Florin organisiert zu haben. Sie war in Geldangelegenheiten keineswegs unbegabt, wie sie nach Mozarts Tod beweisen sollte. Die Vereinbarung, die sie mit Heinrich Lackenbacher, einem Wiener Kaufmann, traf, sah für Mozart einen Kredit von 1000 Florin in bar vor. Als Sicherheit wurde sein gesamtes Mobiliar verpfändet. Dem ursprünglichen Plan zufolge sollte Mozart seinem Freund und Logenbruder Franz Anton Hoffmeister (so die richtige Schreibweise) eine Anzahl von Kompositionen liefern, mit deren Erlös die Schuld beglichen werden sollte. Hoffmeister war nicht nur selbst Komponist, er stand auch einem sehr erfolgreichen Verlagsunternehmen vor, dem Haydn Ende 1790 gerade seine neuesten Streichquartette (op. 64)[13] zu verkaufen im Begriff war. Doch letzten Endes erscheint Hoffmeisters Name nicht in dem 1. Oktober 1790 datierten Dokument, das Mozart bei seiner Rückkehr von Deutschland unterzeichnete. Er mußte für das Darlehen 5 Prozent Zinsen zahlen und die Hauptsumme war innerhalb von zwei Jahren zurückzuzahlen, d.h. bis zum 1. Oktober 1792. Da Lackenbachers Name in der Liste der Gläubiger, die nach Mozarts Tod erstellt wurde, nicht auftaucht, dürfte diese Schuld noch vor dem Dezember 1791 mit Zinsen zurückgezahlt worden sein.

Die neuen Kammermusikstücke, die Mozart mit der Absicht komponierte, sie nicht nur in Konzerten aufführen zu lassen, sondern auch einem Verleger zu verkaufen, waren die drei »Preußischen« Quartette (KV 575, 589 und 590)[14] und zwei Streichquintette (KV 593 und 614). Alle fünf Kompositionen wurden nicht von Hoffmeister erstmals veröffentlicht, sondern von Artaria & Co., der Firma, die auch die sechs Haydn gewidmeten Quartette herausgegeben hatte.

Vorübergehend seiner Geldsorgen enthoben, konnte sich Mozart am unerwarteten Erscheinen Joseph Haydns, seines besten Musikerfreundes, in Wien erfreuen. Der Doyen der österreichischen Komponisten war durch den Tod des Fürsten Nikolaus I. Esterházy am 28. September 1790 plötzlich ein freier Mann geworden. Der neue Fürst, Nikolaus II. Esterházy, bedurfte der aktiven Dienste seines Kapellmeisters nicht, obwohl letzterer den Titel beibehielt wie auch eine Pension von jährlich 1000 Gulden, ausgesetzt vom verstorbenen Fürsten Esterházy. Haydn begab sich unverzüglich nach Wien, wo König Ferdinand (dem Mozart nicht vorgestellt worden war) ihn überreden wollte, an den Hof in Neapel zu kommen.

Zu diesem Zeitpunkt jedoch trat im Leben des alternden Komponisten eine plötzliche und dramatische Wende ein, bewirkt durch die Ankunft eines überredungsbegabten deutschen Violinspielers und Impresarios namens Johann Peter Salomon, der in London lebte. In Bonn geboren und ein Freund des jungen Beethoven, war Salomon schon etwa sieben Jahre zuvor nach England gegangen und hatte sich dort als Komponist, Geiger und vor allem als Entrepreneur von außergewöhnlichen Gaben etabliert. Salomon befand sich in Köln, um Sänger für die kommende Saison zu verpflichten, als er aus der Zeitung vom Tod des Fürsten Esterházy erfuhr. Er reiste sofort nach Wien und stand eines Abends vor Haydns Haustür und verkündete: »Ich bin Salomon aus London und komme, Sie abzuholen; morgen werden wir einen Akkord schließen.« Haydn sträubte sich zunächst gegen die weite Reise, aber Salomon (mit dem er schon seit geraumer Zeit in Verhandlungen gestanden war) machte ihm ein finanzielles Angebot einschließlich eines großen Vorschusses, das er kaum ablehnen konnte. Er erlangte die Einwilligung des neuen Fürsten Esterházy und begann, sein Gepäck für die lange Reise zusammenzusuchen.

Salomon hatte sich in Wirklichkeit mit zweierlei Absicht

auf die Reise nach Wien begeben. Die eine war, Haydn zu engagieren: Dabei war er sehr erfolgreich. Die andere war, Mozart zu engagieren. Das geht aus einem Nachruf auf Salomon in einer britischen Zeitung hervor:

> 1790 ... beschloß er, Haydn und Mozart unter Vertrag zu nehmen; sie sollten nicht nur exklusiv für ihn schreiben, sondern auch ihre Kompositionen selbst dirigieren. Zu diesem Zweck begab er sich nach Wien, wo man nach einigen Unterredungen mit diesen beiden großen Musikern übereinkam, daß Haydn für die erste Saison nach London kommen sollte und Mozart für die nächste. Sie alle dinierten zusammen an dem für den Aufbruch der Reisenden bestimmten Tag; Mozart begleitete sie zum Schlag ihrer Kutsche und wünschte ihnen vollen Erfolg und wiederholte, als sie abfuhren, sein Versprechen, seinen Teil der Abmachungen im kommenden Jahr zu erfüllen.

Am 15. Dezember 1790 sollte Haydn zusammen mit Salomon nach England und zu dem größten Abenteuer in seinem stillen und zurückgezogenen Dasein aufbrechen. Sein Biograph G. A. Griesinger bekam die folgende Information von Haydn persönlich:

> Mozart sagte bey einem fröhliche Mahle mit Salomon zu Haydn: »Du wirst es nicht lange aushalten, und wol bald wieder zurückkommen, denn du bist nicht mehr jung.« »Ich bin aber noch munter und bey guten Kräften«, antwortete Haydn.

Ein anderer Biograph, A. C. Dies, dem Haydn eine ganze Serie von Interviews gewährte, berichtet:

> Mozart gab sich vorzüglich Mühe und sagte: »Papa!« (so nannte er ihn gewöhnlich), »Sie haben keine Erziehung für die große Welt gehabt und reden zu wenige Sprachen.« –

> »Oh!«, erwiderte Haydn, »meine Sprache verstehet man durch die ganze Welt.« Nach Berichtigung ... häuslicher Angelegenheiten wurde die Abreise festgesetzt und erfolgte den 15. Dezember 1790 ... Mozart verließ an diesem Tage seinen Freund Haydn nicht. Er speiste bei ihm und sagte in dem Augenblick der Trennung: »Wir werden uns wohl das letzte Lebewohl in diesem Leben sagen.« Tränen entquollen beider Augen. Haydn wurde sehr gerührt, denn er deutete Mozarts Worte auf sich, und es fiel ihm der mögliche Fall nicht ein, daß Mozarts Lebensfaden schon im folgenden Jahre von der unerbittlichen Parze abgeschnitten werden konnte.[15]

Einer der Lieblingsschüler Haydns, Sigismund von Neukomm, erzählte in einem Brief:

> Mozart hatte seit langer Zeit eine Art Vorgefühl seines Todes. Ich entsinne mich, daß mein Lehrer Haydn mir erzählte: Mozart habe ihn gegen das Ende von 1790, als jener seine erste Reise nach London unternahm, beim Abschied mit tränenden Augen gesagt: »Ich fürchte, mein Vater, dies ist das letzte Mal, daß wir uns sehen.« Haydn, welcher viel älter als Mozart war, glaubte, daß sein Alter und die Gefahren, welchen er sich bei der letzten Reise aussetzte, ihm diese Furcht einflößten.[16]

Haydn war damals achtundfünfzig, Mozart noch nicht fünfunddreißig Jahre alt. Wer hätte gedacht, daß der ältere Komponist den jüngeren um mehr als achtzehn Jahre überleben sollte? Mozart kam aus einem robusten Schlag. Sein Vater starb mit siebenundsechzig; das war ein gesegnetes Alter im 18. Jahrhundert; seine Schwester lebte bis in ihr neunundsiebzigstes Jahr. Es gab keinen Grund anzunehmen, daß Wolfgangs Leben an einem so dünnen Faden hing und er innerhalb von zwölf Monaten dahingegangen sein würde. Nichts deutet in dieser Zeit, als das Jahr 1791 seinen Anfang nahm, auf irgendwelche alarmierenden Symptome oder Anzeichen von Ermattung hin. Mozart war allem Anschein nach ganz er selbst: überschäumend und voller Energie.

Und so blieb Mozart, während Haydns Kutsche gen England rollte, zurück, willens, mit seinen Schulden ins reine zu kommen, mit der bestürzenden Verständnislosigkeit des Wiener Adels, der ihm einst Stärke und Stütze gewesen war, und mit der Eiseskälte des österreichischen Hofes, der doch die einzige feste Grundlage für seine prekäre Existenz bot.

II
Mozarts Wien

Die Stadt, in die Mozart zurückkehrte und der ganz offensichtlich seine Liebe gehörte, hatte im letzten Jahrzehnt des 18. Jahrhunderts etwa 210000 Einwohner. Wenn man heute an Wien denkt, dann stellt man sich die Ringstraße vor, den von imposanten Bauten in einer Vielfalt von Stilen gesäumten Prachtboulevard, der die Altstadt umschließt. Bis zur Mitte des 19. Jahrhunderts jedoch standen hier eindrucksvolle Mauern und Befestigungen, von denen das *Glacis* abfiel, eine breite, grasbewachsene Fläche, auf der das Bauen verboten war. Jenseits lagen Wiens florierende Vorstädte, die Donau und viele schöne Parks und Gärten, darunter der berühmte Prater. Innerhalb der Stadtwälle standen an die 5500 Wohnhäuser, zumeist hoch und nach mittelalterlicher Art eng aneinandergeschmiegt. Obwohl sie viele Jahre früher errichtet worden waren, hatte man die Häuser zum Teil im Barockstil umgebaut. In den Palais gab es im Innern mindestens einen großen Salon mit Marmordekorationen, hohen Fenstern und glänzenden Parkettböden.

Wien war eine elegante Stadt mit großzügigen Proportionen. St. Stephan beherrschte die Silhouette, aber es gab etliche andere stattliche Kirchen, einige von beachtlichem Alter wie St. Michael, in deren Nähe Haydn als junger Mann gelebt hatte. St. Michael blickte aufs Burgtheater, wo Mozart 1782 seine erste Oper in Wien mit triumphalem Erfolg dirigiert hatte – *Die Entführung aus dem Serail.* Das Burgtheater wiederum lag in unmittelbarer Nachbarschaft der Hofburg, in der Joseph II. residierte. In den Straßen waren, nach zeitgenössischen Berichten zu urteilen, Wind und Staub eine ständige Plage, und der Fußgängerverkehr wurde durch die enorme Anzahl von Kutschen und Fahrzeugen aller Art – etwa viertausend – behindert.

Die Wiener Oberschicht des ausgehenden 18. Jahrhunderts war fasziniert von der englischen Art, sich zu kleiden: Sie war buchstäblich weniger einengend für die Damen und weniger steif als die französische Mode, die in Mozarts Jugend der Dernier cri gewesen war. Die Offiziersuniformen der k. k. Regimenter reichten vom eleganten weißen Waffenrock mit roten Aufschlägen bis zu den Phantasieuniformen der Ungarn (im Ausland vielfach nachgeahmt).

Wenn es auch Mozart zu seiner Zeit nicht so empfunden haben mag: Das Wien von 1791 erschien einer späteren Generation wie ein musikalisches Paradies.[1] Und zwar deshalb, weil sich in den Jahren bis zu Schuberts und Beethovens Reifezeit, etwa um 1820, die Lage für Komponisten wesentlich verschlechterte. Anton Schindler, Beethovens Biograph, faßte es zusammen:

> Ein so gearteter Bildungszustand in der höheren Gesellschaft, die sich überdies im Besitze unermeßlicher Reichthümer befindet, wird sicherlich geeignet seyn, unter verständiger Anleitung die Interessen von Kunst und Wissenschaft in richtigem Maße zu fördern und ihnen Opfer zu bringen. Dies war in der wiener Adelsgesellschaft, vorzugsweise jedoch auf Tonkunst bezüglich, wirklich der Fall. Man liebte überhaupt die Musik ohne Ostentation, man ließ sie mit ihrem magischen Reize auf sich wirken, ob sie von vier oder von hundert Ausführenden kam, wendete sie als sicheres Mittel an, Geist und Gemüth zu bilden und so den Gefühlen eine edle Richtung zu geben. Das deutsche Volk aber im Allgemeinen verstand es damals ganz: einfache Größe, ächte Empfindung und rein menschliche Gefühle aus seiner Musik herauszufühlen. Es verstand noch ganz die Kunst: das Unaussprechliche und geistig Erhabene aus dem Zauberreich der Töne abzuleiten und für sich zu gewinnen. Und dennoch war es kein philosophisches, sondern nur ein unbefangen genießendes Zeitalter, von dem wir sprechen, dessen Characteristik sich noch durch mehrere Jahre des ersten Decenniums unsers Jahrhunderts rein und ungeschwächt erhalten hat.

Solche nostalgische Gedanken wie die Schindlers mögen übertrieben sein, aber soweit sie den Adel in Wien wie auch das Großbürgertum betreffen, besitzen wir eine Bestätigung ihrer Fähigkeiten durch einen unvoreingenommenen Ausländer, den schwedischen Diplomaten Fredrik Samuel Silverstolpe. Silverstolpe kam im Mai 1797 nach Wien als Chargé d'affaires an den Kaiserlichen Hof; er machte sich bald mit dem Musikleben in der Stadt vertraut und wurde ein persönlicher Freund Haydns. Am 20. September 1797 schrieb er seiner Familie in Stockholm:

> Der Mittelstand unter den Einwohnern hat überall in Deutschland, wo ich gewesen bin, viel Cultur. Ich glaube, daß man unter den sogen. besseren Leuten selten vollständige Idioten trifft, wie bei uns. Die Offiziere dieses Zeitalters sollen allerdings eine Ausnahme von dieser Regel bilden ... Die Frauenzimmer sind den unsrigen voraus in Belesenheit ... In Wien sind häusliche Tugenden bei dem Geschlecht selten anzutreffen ...[2]

Im Lauf der nächsten zwanzig Jahre mußten die meisten der vom österreichisch-ungarischen Adel unterhaltenen privaten Orchester wegen inflationsbedingt steigender Kosten aufgelöst werden, aber im Jahr 1791 konnte sich eine Reihe der wohlhabendsten Häuser Wiens noch immer eines kompletten Orchesters rühmen. Neben Fürst Esterházy unterhielten die Fürsten Lobkowitz, Schwarzenberg und Auersperg – alles Mäzene sowohl Haydns als auch Beethovens – Orchester und veranstalteten regelmäßige Konzerte in ihren Wiener Palais. Fürst Grassalkovics, der Haydn 1790 nach dem Tod des Fürsten Nikolaus I. Esterházy als Kapellmeister engagieren wollte, finanzierte eine *Harmonie-Musique,* ein Bläserensemble aus zwei Oboen, zwei Klarinetten, zwei Fagotten und zwei Hörnern. Diese beliebte Kombination war klein genug, daß der Dienstherr sie im Sommer aufs Land mitnehmen konnte, wo er und seine Gäste sich Arragements aus den neuesten Opern anhörten. Graf Zinzendorf hörte zweimal ein Blaskapellenarrangement von Mozarts *Die*

Hochzeit des Figaro, als er im September 1787 verschiedene böhmische Schlösser besuchte. Fürst Nikolaus II. Esterházy war ebenfalls vom Bläseroktett angetan, und viele in den 1790er und frühen 1800er Jahren gespielte Stücke werden noch im Eisenstädter Archiv verwahrt, darunter Arrangements von Nummern aus Mozarts Opern. Wenn sich die Familie kein Orchester und auch keine *Harmonie-Musique* leisten konnte, dann war sie vielleicht in der Lage, ein Streichquartett zu unterhalten, wie Fürst Carl Lichnowsky, Beethovens Gönner; und so ziemlich jeder konnte kurzfristig ein Klaviertrio auf die Beine stellen. Die berühmten *Briefe eines Eipeldauers*, von Joseph Richter im Wiener Dialekt verfaßt, enthalten zum Jahr 1794 diese bezeichnende Feststellung: »Es gibt ka Fräuln und nicht einmal mehr ein Burgerstochter, die nicht's Klavier schlagt und dazu singen kann.«

Es gab immer noch eine tiefe gesellschaftliche Kluft zwischen den oberen und unteren Klassen. Einem Engländer auf Besuchsreise war es vorbehalten zu beobachten, daß »der Kaiser draußen ohne alles Gepränge erschien, in seiner Equipage oder zu Pferde, mit einem oder zwei Dienern, wie ein Privatmann, und ohne Wachen oder Paraden irgendwelcher Art«, aber schon im nächsten Satz stellte er fest: »Die Adeligen sind nicht wie in England ›Peers‹ (Pares oder Gleichgestellte), sondern in Klassen unterschieden: Die höheren Ränge wie Fürst Esterházy, der Fürst de Li[e]chtenstein etc. lassen andere Klassen nur als Untergeordnete zu.«[3] Ähnliches bemerkte der deutsche Kapellmeister und Komponist J. F. Reichardt 1808:

> Der hohe Adel hält hier [in Wien] etwas und auch wohl recht viel auf seinen Adel, und es ist selbst fremden Adeligen von sehr guten Häusern gar nicht leicht, in ihre inneren Zirkel und Familiengesellschaften zu dringen.[4]

Die gleiche Ansicht äußert die Herzogin Hedvig Elisabeth Charlotte von Södermanland, die 1798 und 1799 zusammen mit ihrem Gemahl Wien besuchte und in ihr Tagebuch schrieb:

> Überhaupt herrscht hier [in Wien] ein unglaublicher Hochmut in den höchsten Kreisen. Sie denken an nichts anderes als ihre Ahnen und sind so genau damit, daß unzählige Schwierigkeiten entstehen können, wenn jemand bei Hofe präsentiert werden soll.

Wiens Stärke in der Musik lag nicht nur beim Adel oder öffentlichen Konzerten, die es sonst noch geben mochte, sondern natürlich auch bei seinen Bürgern. In diesem Zusammenhang mag der (wie immer anonyme) Korrespondent der *Allgemeinen Musikalischen Zeitung (AMZ)* zitiert werden, der in einem im Oktober 1800 erschienenen Artikel diesen Aspekt des Musiklebens in der Stadt erörterte:

> Es wird wenig Städte geben, wo die Liebhaberey zur Musik so allgemein ist, als hier. Alles spielt, alles lernt Musik ... So genannte Privatakademien (Musik in vornehmen Häusern) giebt es hier unzählige den Winter hindurch. Da giebt's keinen Namens-, keinen Geburtstag, wo nicht musiciert würde. Übrigens läßt sich davon freylich nicht viel sagen; und gar nichts, wenn es nicht spaßhaft klingen soll. Die meisten sind einander ziemlich ähnlich: so sehen sie aus! Vorerst ein Quartett oder eine Symphonie, welche im Grunde als nothwendiges Uebel angesehen, (man muß doch mit *Etwas* anfangen!) und also verplaudert wird. Dann erscheint aber ein Fräulein nach dem andern, legt ihre Klaviersonate – wo möglich, nicht ohne Artigkeit und Grazie – auf, und spielt sie weg, wie es nun gehen will. Dann kommen andere und singen einige Arien aus den neuesten Opern, ebenfalls so. Die Sache gefällt – nun ja, warum nicht? und wer hat etwas drein zu reden, wenn sie blos als Familienvergnügen betrachtet wird? ... Jedes feine Mädchen, habe sie Talent oder nicht, muß Klavierspielen oder singen lernen; erstlich ist's Mode, zweytens (hier tritt der Spekulationsgeist ein) ist's die bequemste Art, sich in der Gesellschaft hübsch zu producieren, und dadurch – wenn das Glück es will – eine in die Augen fallende, be-

> sonders reiche Parthie zu machen. Die Söhne müssen ebenfalls Musik lernen; erstens ebenfalls weil es gehörig und Mode ist; zweytens, weil es auch ihnen zur Empfehlung in der feinen Gesellschaft gereicht, und die Erfahrung lehrt, daß gar mancher (bey uns wenigstens) sich an die Seite einer reichen Frau, oder in eine sehr einträgliche Bedienung musicirt hat.

Der Artikel kam zu dem Schluß, daß die wirtschaftliche Lage eines Musikers in Wien alles andere als rosig sei. Musiker hatten einen schlechten Ruf, den sie sich mit ungehobeltem Benehmen und Mangel an Bildung selbst zuzuschreiben hatten; so wurden sie in den großen Häusern oft als Untergebene behandelt. Es gab natürlich Ausnahmen unter den Musikern und, wie der Verfasser hinzufügt, auch unter den großen Häusern. Natürlich hatten sich die Zeiten seit Mozarts Jugend, wo Musiker wie Diener behandelt wurden, geändert, aber es war immer noch möglich, in der *Wiener Zeitung* für den 23. Juni 1798 das folgende Inserat zu finden:

> Musikalischer Kammerdiener wird gesucht.
> Es wird ein Musikus gesucht, der gut Clavier spielen, und anbey singen kann, um in beyden Lektion geben zu können. Dieser Musikus müßte zugleich Kammerdieners Dienste thun. Jener, der sich dazu entschließet, hat sich in der Weihburgaaße [sic!] im klein Colloredoschen Haus Nr. 982 im ersten Stock anzufragen.

Solange derartige Anzeigen erscheinen konnten und solche Stellungen besetzt wurden, war es für einen Berufsmusiker schwer, einer Behandlung als Dienstbote zu entgehen. Die ständige Vermengung von Berufs- und Liebhaberstatus, wie im Augarten (einem Vergnügungspark jenseits der Vorstadt Leopoldstadt, wo im Sommer Konzerte veranstaltet wurden) und auch in vielen Privatsalons, trug jedoch dazu bei, den gesellschaftlichen Status des Berufsmusikers weniger demütigend zu machen.

1 *Gipsabguß Mozarts von oder nach L. Posch, 1788/1789.*

2 *Der Große Redoutensaal in Wien mit Orchester auf dem linken Balkon. Kolorierter Stich von Joseph Schütz, um 1800.*

3 *Die Wiener Vorstadt St. Marx. Auf dem Friedhof der Vorstadt wurde Mozart im Dezember 1791 bestattet. Kolorierter Stich von Carl Schütz, 1792.*

4 *Antonio Salieri, Hofkapellmeister und Opernkomponist. Die Theorie, Salieri habe Mozart vergiftet, hat sich – trotz Salieris angeblicher Beichte auf dem Totenbett – als unhaltbar erwiesen.*

5 *Johann Peter Salomon, deutscher Violinist, porträtiert von Thomas Hardy, 1791. Salomon beabsichtigte, sowohl Mozart als auch Haydn für London zu gewinnen. Mozarts Tod verhinderte den Plan eines gemeinsamen Engagements – Haydn folgte dem Ruf.*

6 Die Zusammenkunft einer Wiener Loge, anonymes Ölgemälde um 1790. Der Zeremonienmeister (Mitte) ist Haydns Dienstherr Fürst Nikolaus Esterházy. Aus einem Dokument, in dem der Fürst zusammen mit Mozart aufgeführt ist, ist zu entnehmen, daß es sich außen rechts um Mozart handelt.

7 *Programmzettel der Uraufführung der Zauberflöte am 30. September 1791 im Freyhaustheater in der Wiener Vorstadt Wieden.*

8 *(unten): Titelblatt-Porträt des Theaterdirektors (und ersten Papagenos) Emanuel Schikaneder sowie Titelseite des Almanachs für Theaterfreunde 1791 mit einer Innenansicht des Freyhaustheaters.*

9 *(gegenüber): Titelblatt des Originaltextbuchs von der Zauberflöte, gedruckt von Mozarts Logenbruder Ignaz Alberti, Wien 1791. Das in späteren Auflagen unterdrückte Blatt ist reich an freimaurerischen Symbolen.*

10 *Porträt Konstanze Mozarts, gemalt um 1782 in Wien von ihrem Schwager Joseph Lange.*

11 *Unvollendetes Porträt Mozarts, ebenfalls von Lange, aus der Zeit 1789/ 1790; Konstanze hielt es für das ähnlichste Bild von Mozart.*

Wenn der *AMZ*-Korrespondent schon alles andere als enthusiastisch über das Liebhabermusizieren in Wien war, hatte unser schwedischer Diplomat Silverstolpe einige vernichtende Kommentare über seine ersten musikalischen Eindrücke in der Stadt abzugeben. Am 4. Juni 1796 schrieb er:

> Ich habe einige Spectacles angesehen, aber ohne Vergnügen [Opern, Schauspiele], denn hier wird mittelmäßig gespielt, abscheulich deklamiert für ein schwedisches Ohr, geschmacklos und oft elendig gesungen, außerdem tut das Orchestre selten seine Pflicht gut.

Silverstolpe bemerkte sehr bald die tiefe Kluft zwischen der vornehmen Gesellschaft und der Dialekt sprechenden plebejischen Welt, die in Schikaneders Theater auf der Wieden zusammenströmte. Am 24. August 1796 berichtete er:

> ... Nun habe ich die Zauberflöhte spielen gesehen und von den Sujets, für welche Mozart diese Pièce geschrieben hat. Die Musik ist vortrefflich. Jedoch ist die ganze Oper auf eine solche Art zusammengesetzt, daß sie in einem schwedischen Théater sicher keinen Erfolg haben kann. Ich wünsche nicht, daß man sich damit Mühe macht. Wir sind noch nicht deutsch genug (hoc est fürs Théater) ...

Auch der *AMZ*-Korrespondent hatte Schlimmes über den Opernbetrieb in der Stadt zu sagen. Sein Artikel erschien zwar erst im Jahr 1800, aber vieles von dem, was er schrieb, dürfte auch für 1791 gegolten haben. Nachdem er sich mit den italienischen Sängern befaßt hat, bemerkt er:

> Dem Orchester fehlt es gar nicht an braven Leuten, aber desto mehr an gutem Willen, an Einigkeit und Liebe zur Kunst ... Der Direktor, Hr. Conti, ist seinem Platz offenbar nicht gewachsen; öfters geschieht es, daß das halbe Orchester mit Substituten besetzt ist, welche die Herren schicken, wenn

> sie einem andern Verdienst oder ihrem Vergnügen nachgehen: der davon erfolgende Effekt läßt sich denken. Die Wahl der Opern ist gewiß nicht gut: die älteren, anerkannt guten, werden selten gegeben, die neuern, die bekanntlich kein Verständiger sämmtlich gut nennen kann, desto öfter. Man läßt diese aus Italien kommen, und zwar auf Empfehlung eines oder des andern Mitgliedes, oft einer schönen Rolle, oder auch nur einer brillanten Arie wegen. Es werden viele Opern gegeben, von denen man in der 1sten Probe versichert ist, daß sie nicht gefallen können.

Einerseits haben wir Schindlers enthusiastische Beschreibung des Musiklebens im Wien des *fin-de-siècle,* andererseits die negativen Kommentare von Silverstolpe und aus der *AMZ*. Vermutlich lag die Wahrheit irgendwo dazwischen.

* * *

Die Wiener lebten in Häusern, in denen die Kindersterblichkeit erschreckend hoch war: Von Mozarts sechs Kindern überlebten nur zwei. Kinder wurden in Räumen aufgezogen, die auf stinkende Höfe blickten, und überhaupt war Hygiene nicht die Stärke der Mittel- und Unterschichten. Das Erdgeschoß der meisten Häuser diente Läden und Gewerbebetrieben; das war beim Haus der Mozarts in der Rauhensteingasse der Fall. Wir besitzen (durch ein Wunder) nicht nur eine hübsche Außenansicht des heute abgerissenen Hauses, sondern auch den Grundriß der Wohnung. Mehr noch, wir können recht genau rekonstruieren, wie die Zimmer möbliert waren und wie Mozart sich kleidete. Tatsächlich wissen wir viel mehr über Mozarts tägliches Leben als über die weitgehend verborgenen Denkvorgänge, die uns *Die Zauberflöte* und das Requiem schenkten.

Nach allen verfügbaren Zeugnissen besteht kein Zweifel, daß sich Mozarts finanzielle Lage während des zweiten Halbjahres 1791 verbesserte. Daß sich am 5. Dezember 1791 unmittelbar nach seinem Tod nur 60 Gulden im Haus der Mozarts fanden, hatte sicherlich seinen Grund darin, daß sie das Honorar für *La clemenza di Tito* zur Begleichung einiger drückender Schulden verwendet hatten, und vermutlich war der Vorschuß für das Requiem einen ähnlichen Weg gegangen.

Mozarts Ausgaben waren größer als die vieler anderer Wiener Musiker: Zu seinen Verpflichtungen gehörten die Anwesenheit bei Veranstaltungen des Hofes (zum Beispiel das Dirigieren des Orchesters bei den vielen Hofbällen, wenn seine eigenen Kompositionen gespielt wurden), sein Erscheinen in den eleganten Salons von Leuten wie Johann Tost und Hofrat Greiner, aber auch sein Auftreten in Hofkreisen und bei Empfängen in Prag als Hofkompositeur. An vielen dieser Anlässe nahm auch seine Frau teil, und in Baden wurde von ihr ebenfalls erwartet, am Abend hübsch auszusehen. Das bedeutet, daß die Mozarts sich gut zu kleiden hatten und Wolfgang sein Haar regelmäßig pflegen lassen mußte. Als Beleg dafür besitzen wir tatsächlich einen Augenzeugenbericht seines Friseurs:[5]

> Als ich eines Morgens Mozart frisirte, u: eben mit der Vollendung des Zopfes beschäftigt war, stand M. plötzlich auf, *u*: gieng ungeachtet ich ihn beym Zopfe hielt, mich nachschleppend ins Nebenzimmer zum Klavier, wo er zu spielen anfieng. Voll Bewunderung über sein Spiel u. den schönen Klang dieses Instrumentes, indem ich zum erstenmal ein solches sah u. hörte, ließ ich den Zopf aus, u: vollendete erst denselben, als M. wieder aufstand. – Als ich eines Tages eben von der Kärntnerstraße in die Himelpfortgasse einbog um M. bedienen zu wollen, kam er zu Pferde daher, still, u: nahm als er einige Schritte weiterritt eine Tafel heraus u. schrieb Noten, ich sprach ihn wieder, ob ich itzt kommen dürfe u. er bejahte es.

Wir haben keine Vorstellung davon, was Konstanze Mozart trug: Es gibt keinen einzigen Augenzeugenbericht aus dieser Periode. Wir wissen aber, was Mozart 1791 trug, einfach deshalb, weil seine Kleider zusammen mit seiner Habe bei seinem Tod in einem *Sperrs-Relation* genannten Dokument aufgelistet wurden.[6] Die Aufstellung ist eindrucksvoll:

1 weis Tüchener Rock mit manchester [baumwollener] Schilleweste
1 blaulichter deto
1 roth Tüchener deto
1 deto von Nangim [Nanking]
1 braun atlassener deto samt Hosen, mit seide gestickt[7]
1 schwarz Tüchen ganzes Kleid
1 mausfarber Kaput
1 zeuchener deto
1 blau Tüchener Belz Rock
1 deto Kiria mit Belz ausgeschlagen
4 versch: Westen, 9 deto Hosen
2 glatte Hüth, 3 paar Stifl, 3 paar Schuch
9 paar seidene Strümpf
9 Hemmeter
4 weiße Halsbinden, 1 Schlafhauben, 18 Sacktüchl
8 Gardehosen, 2 Bettleibl, 5 paar Unterstrümpf

Eine Garderobe wie diese entsprach derjenigen eines wohlhabenden Kaufmanns. Sogar aus dieser nüchternen Aufzählung läßt sich ohne weiteres erkennen, daß es sich um teure, um nicht zu sagen luxuriöse Kleidung handelt. Sie läßt darauf schließen, daß Mozart seiner äußeren Erscheinung beträchtliche Bedeutung beimaß. Vermutlich waren Konstanzes Kleider nicht weniger elegant.

Die Wohnung im »Kleinen Kaiser-Haus« in der Rauhensteingasse[8], in das Konstanze Mozart gezogen war, während ihr Mann in Frankfurt weilte, enthielt vier Zimmer, Küche und Vestibül, alle im ersten Stock: Das war der Teil des Hauses, den die Mozarts gemietet hatten. Das war keineswegs ein Schritt in Richtung Armut. Die Wohnung war sicher weniger prächtig, aber nicht viel kleiner als die frühere im Camesina-Haus in der Domgasse, die ebenfalls vier Wohnzimmer hatte – das war die gewesen, in der der *Figaro* entstanden war, in der Leopold Mozart 1785 gelebt hatte und in der Haydn die ihm gewidmeten Quartette hörte. Die Miete für diese Wohnung war übermäßig hoch gewesen: 450 Gulden im Jahr. Aber in der Rauhensteingasse war (wenn auch in einem mehr oder weniger leeren Zimmer) Platz für Wolfgangs Billardtisch (er und Konstanze liebten das Spiel heiß). Die Gesamtfläche betrug etwa 145 Quadratmeter, und im Dezember 1791 gab es neben Mobiliar und Einrichtungsgegenständen, wie auf S. 252/253 gezeigt[9], auch noch eine beträchtliche Menge Hauswäsche (fünf Tafeltücher, sechzehn Servietten, sechzehn Handtücher, zehn Bettlaken).

Der offizielle Wert, der solchen Gütern beigelegt wurde, kann irreführend sein, da man ihn im Interesse der Hinterbliebenen, die zur Erbschaftssteuer veranlagt wurden, so niedrig wie möglich ansetzte. Der gesamte Nachlaß war wie folgt bewertet:[10]

	fl.	kr.
an baaren Gelde	60	
an Schulden herein [ausstehendes Gehalt vom Hof]	133	20
an Verlohrn seyn sollenden deto [Anton Stadler 500 fl, Franz Gilowsky 300 fl von 1786] 800 f.		
an Silber [der Rest war für die Reise nach Frankfurt verpfändet und nicht eingelöst]	7	-
an Kleidungsstücken, und Wäsche	55	-
an Leinen und Bethgewand	17	-
an Haußgeräthe	296	8
an Büchern, und Musicalien	23	41
Summa wie oben	592	9

Mozart besaß 1791 eine kleine Anzahl Bücher: deutsche Literatur, Dichtung, Geschichte, Reisebücher, Philosophie, Schauspiele und (natürlich) Textbücher. Einige waren in Englisch und Italienisch, doch keines (mit Ausnahme von Textbüchern) in Französisch. Man hat den Eindruck, daß er sich noch vor dem Dezember 1791 vieler Bücher[11] und vor allem Noten entledigt haben muß; Mozarts Autographe übergingen die Beamten bei der Zählung.

Unter den unbeglichenen Schulden (insgesamt 918 fl, 16 kr) befanden sich drei hohe Rechnungen: die eines Schneiders (für

282 fl, 7 kr), eines Tapezierers (für 280 fl, 3 kr) sowie der K. K. Hofapotheke (für 139 fl, 30 kr). Es gab noch eine andere, niedrigere Apothekerrechnung über 40 fl, 53 kr und Rechnungen von einem anderen Schneider, einem Schuhmacher und so weiter. Die Mozarts müssen entweder die Wohnung renoviert oder einige der Möbel neu haben polstern lassen: Sowohl die Schneider- als auch die Tapeziererrechnungen sind ein Beweis dafür, daß beide es für wichtig hielten, einen guten Eindruck zu machen. Es gibt allen Grund zu der Annahme, daß sie hübsch gekleidet waren; auch daß sie in einer recht komfortablen und geschmackvoll eingerichteten Wohnung lebten, mit (normalerweise) zwei Dienstmädchen (Mozart schickte eines von ihnen fort, wenn seine Frau in Baden war, und ließ sich von einem Mann, Joseph »Primus«[12], seine Mahlzeiten von außerhalb bringen). Es gibt nicht den leisesten Hinweis darauf, daß Mozart spielte (außer auf ganze normale, harmlose Weise Billard oder Karten im privaten Kreis) und sicher nicht in den berüchtigten Spielhöllen, die es tatsächlich in Wien gab, die er sich aber nie hätte leisten können, nicht einmal für zehn Minuten.[13] Es gibt auch überhaupt keine Anzeichen dafür, daß einer der Mozarts irgendwie extravagant gewesen wäre. Sicher, sie waren sorglos und großzügig in ihrer Gastlichkeit und in der Tat mit ihrem Geld: So konnten sie es sich eigentlich nicht leisten, beispielsweise Anton Stadler 1791 500 Gulden zu leihen. Aber solche Großmut ist meilenweit entfernt von der Unbekümmertheit und Verantwortungslosigkeit, die man ihnen so oft vorgeworfen hat. Allem Anschein nach waren sie am Geld an sich nicht sonderlich interessiert; aber wirrköpfig waren sie kaum, wenn es darum ging, es auszugeben.

III
Konzertleben in der österreichischen Hauptstadt

Das erste Werk, das Mozart für 1791, unter dem Datum 5. Januar, in sein thematisches Werkverzeichnis eintrug, war das Klavierkonzert B-Dur (KV 595). Das Autograph des Werks ist glücklicherweise erhalten, und seine Wasserzeichen lassen auf eine interessante Chronologie schließen: Der erste Entwurf des Konzerts erfolgte nicht im Jahr 1790, sondern bereits 1788, dem Jahr, in dem Mozart seine letzten drei Symphonien komponierte,[1] KV 543 in Es-Dur, 550 in g-Moll und 551 in C-Dur (»Jupiter«).

1791 gab Mozart keine Subskriptionskonzerte mehr; doch läßt sich entgegen einer weitverbreiteten Ansicht nachweisen, daß er 1788 eine letzte Serie von Subskriptionskonzerten gab. Da dies von erheblicher Bedeutung ist und in unmittelbarem Zusammenhang mit seinem letzten Klavierkonzert steht, meine ich, daß ich das Beweismaterial noch einmal überprüfen sollte.[2]

Die entscheidenden der fraglichen Werke für die Saison 1788 sind nicht nur die drei Symphonien, sondern auch das »Krönungskonzert« KV 537 (es bekam seinen Namen in der postumen Erstausgabe von André), das wie das Konzert in F (KV 459) 1790 in Frankfurt gespielt wurde. Beginnen wir mit dem eigentlichen Problem, dem der Subskriptionskonzerte.

Was wir über diese Konzerte wissen – sofern wir überhaupt Informationen haben –, stammt zumeist aus Mozarts Briefen an seinen Vater; die Konzerte wurden nicht in der Lokalpresse angekündigt, noch schrieb Graf Zinzendorf (eine wichtige Quelle) in seinem Tagebuch über sie. Nach dem Tod Leopold Mozarts im Jahr 1787 versiegt unsere wichtigste Quelle für solche Details. Das Beweismaterial, das wir haben, findet sich in einem Brief Mozarts an Puchberg, der leider ohne Datum ist und möglicherweise ohne ausreichenden Grund auf den Juni 1788 datiert wurde.[3] In diesem Brief bittet Mozart um 100 Florin, »aber nur bis künftige Woche (wenn meine Academien im Casino anfangen) ... bis dahin muß ich nothwendigerweise mein Subscriptions-Geld in Händen haben und kann Ihnen dann ganz leicht 136 fl. mit dem wärmsten Dank zurück bezahlen«.

Vorher stellt Mozart in dem Brief fest: »Ich bin Ihnen noch *8 Dukaten* schuldig« (also 36 Florin). Im folgenden Absatz lesen wir etwas, was die meisten Mozart-Forscher übersehen oder bewußt ignoriert haben: »Ich nehme mir die Freyheit Ihnen hier mit 2 Billets aufzuwarten, welche ich Sie (als Bruder) bitte, ohne alle Bezahlung anzunehmen, da ich ohnehin nie im Stande seyn werde, Ihnen Ihre mir bezeugte Freundschaft genugsam zu erwiedern.«

Die Chronologie dieser Kasino-Konzertreihe hängt natürlich von dem Datum des Briefs ab. Angenommen, er wäre nicht im Juni geschrieben, sondern viel früher (etwa März): Dann könnte er sich auf eine Subskriptions-Konzertreihe zur Fastenzeit beziehen, bei der das neue »Krönungskonzert« in D-Dur, das in Mozarts Katalog unter dem 24. Februar 1788 eingetragen ist, gespielt worden sein könnte. Da ist jedoch etwas sehr Merkwürdiges, die Instrumentation des neuen Konzerts betreffend, nämlich, daß alle Blasinstrumente und Pauken mit *ad libitum* bezeichnet sind. Diese vorsorgliche Maßnahme scheint nicht auf das große Orchester eines Subskriptionskonzerts hinzudeuten, sondern eher darauf, daß ein kleines Kammermusikensemble ohne Bläser das Werk tatsächlich spielte. Jedenfalls ist es äußerst unwahrscheinlich, daß seine erste Aufführung, wie bisher angenommen, am Dresdener Hof am 14. April 1789 vor Kurfürst Friedrich August III. von Sachsen und seiner Gemahlin, Amalie von Pfalz-Zweibrücken, stattfand.

Und wenn der Brief wirklich im Juni 1788 geschrieben worden wäre? Dann würde er sich auf eine Subskriptionsreihe etwa im Sommer beziehen. Andererseits ist dies die Chronologie der letzten drei Symphonien: Es-Dur 26. Juni, g-Moll 25. Juli, »Jupiter« 10. August. Der Brief läßt vermuten, daß die Reihe der Subskriptionskonzerte unmittelbar bevorstand, insofern ist Juni wahrscheinlich ein zu frühes Datum; vielleicht wäre Anfang August plausibler. Und eine Subskriptionsreihe im Sommer ist unwahrscheinlich, da dann die Mehrzahl der Adligen auf ihren Landsitzen wäre. Eine Herbstreihe wäre dagegen durchaus möglich gewesen.

Wieder dient das Vorhandensein des Autographs der Symphonie g-Moll (KV 550) zum Nachweis eines interessanten chronologischen Faktums. Es wurde stets behauptet, daß die Hinzufügung von Klarinettenstimmen (sowie einige Änderungen im langsamen Satz zur Vereinfachung der Holzbläser-Schreibweise) eigens für ein öffentliches Fastenkonzert im Jahr 1791 erfolgte; aber die Wasserzeichen der zusätzlichen Abschnitte im Autograph sind mit einer einzigen Ausnahme (Blatt 7 der Klarinetten- und Oboenstimmen – Mozart mußte die Oboenstimmen umschreiben, als er die Klarinetten hinzufügte) die gleichen wie die im Hauptbestandteil des Werkes. Dies alles deutet darauf hin, daß Mozart die Revisionen so ziemlich unmittelbar nach Fertigstellung des eigentlichen Autographs ausführte und daß er sie für ein Konzert im Jahre 1788 anfertigte: Sie waren sicherlich nicht für die Schublade gemacht. Die Tatsache kann nicht genug betont werden: Mozart war ein unüberbietbarer Pragmatiker und vollendete seine Werke ausschließlich mit Blick auf eine bestimmte Aufführung.

Wenden wir uns nun dem öffentlichen Konzert im Jahr 1791 zu; denn in ihm wurde nachgewiesenermaßen eine der letzten drei Symphonien Mozarts aufgeführt. Wir haben gesehen, daß seine Subskriptionskonzerte wahrscheinlich 1788 ausliefen, es gab aber noch eine andere jährliche Konzertreihe, bei der er häufig mitwirkte: zweimal jährlich an zwei Tagen stattfindende Konzerte, veranstaltet von der *Tonkünstler-Societät* (der Musikervereinigung, die 1772 ins Leben gerufen worden war zur Unterstützung ihrer Witwen und Waisen – Mozart hätte ihr angehören sollen, konnte aber seine Geburtsurkunde nicht finden, die vorgelegt werden mußte).[4] Er hatte 1785 *Davidde penitente*

(KV 469) beigesteuert,[5] war als Pianist aufgetreten und hatte andere Vokal- und Instrumentalwerke im Verlauf der letzten zehn Jahre beigetragen. Jetzt, 1791, dirigierte Hofkapellmeister Antonio Salieri die jährlichen Fastenkonzerte, die am 16. und 17. April stattfanden und mit »Eine neue grose [sic!] Simphonie von Herrn Mozart« begannen. Welche Symphonie hatte Mozart anzubieten? Legenden sind langlebig, und Mozart-Biographen haben sich immer gern vorgestellt, Mozart habe seine letzten drei Symphonien von 1788 nie selbst gehört. Selbst wenn wir annehmen, daß die Subskriptionskonzerte von 1788 nicht stattgefunden haben (was, wie wir gesehen haben, unwahrscheinlich ist), ist es nur zu einleuchtend, daß Mozart seine letzten vier unveröffentlichten Symphonien, also einschließlich der »Prager« (KV 504), auf seine Deutschlandreisen von 1789 und 1790 mitnahm. Es gibt deutlich erkennbare Gepflogenheiten in den Manuskriptstimmen der letzten vier Symphonien, die offensichtlich eher von dem ersten handgeschriebenen Aufführungsmaterial herrühren als unmittelbar von den Autographen selbst.

Jede der letzten drei Symphonien ist in der Bläsergruppe verschieden besetzt. KV 543 hat 1 Flöte, 2 Klarinetten, 2 Fagotte, 2 Hörner, 2 Trompeten und Pauken. Die erste Version von KV 550 hat 1 Flöte, 2 Oboen, 2 Fagotte und 2 Hörner (ursprünglich sollten es vier sein); die zweite Version hat 1 Flöte, 2 revidierte Oboenstimmen, 2 Klarinetten, 2 Fagotte und 2 Hörner. KV 551: 1 Flöte, 2 Oboen, 2 Fagotte, 2 Hörner, 2 Trompeten und Pauken. Wie es der Zufall will, ist die handgeschriebene Liste der Ausführenden der *Societät* für den 16. und 17. April erhalten und führt Flöten auf, Oboen und »Clarinetti: Stadler/Stadler jun.«, das sind Anton und sein jüngerer Bruder Johann. Das einzige Werk mit Flöte, Oboen und Klarinetten unter den letzten drei Symphonien ist die revidierte Fassung von KV 550.[6]

Dabei fiel dies wenig ins Gewicht: Ein großes und vornehmes Wiener Publikum hörte eine der drei letzten Symphonien seines K. K. Kammerkomponisten, dirigiert – Ironie der Ironien – von Antonio Salieri, der, was immer er auch gewesen oder nicht gewesen sein mag, kaum als Mozarts Freund anzusehen war.

Wahrscheinlich war es das letztemal, daß Mozart ein so großes Orchester hörte: Die Konzerte der *Societät* rühmten sich in der Regel eines Klangkörpers von gut über einhundert Musikern. Von den Beteiligten wurde erwartet, daß sie sich umsonst in den Dienst der *Societät* stellten, so daß Mozart lediglich weiteren Ruhm einheimsen konnte.

Die Symphonien waren für ihr Fortbestehen von öffentlichen Konzerten abhängig; von noch größerer Wichtigkeit war das für die Klavierkonzerte, die Mozart natürlich nicht nur komponierte, sondern auch selbst aufführte. Es mag sein, daß die Subskriptionsreihe von 1788 bescheidener ausfiel (drei Konzerte statt sechs?); das könnte eine Erklärung dafür sein, daß Mozart in diesem Jahr das Klavierkonzert B-Dur (KV 595) in *Particella*-Form (als nicht vollständig ausgeführte Partitur)[7] begann und es dann drei Jahre liegenließ. Aber das »offizielle« Auftauchen von KV 595 in Mozarts Verzeichnis am 5. Januar 1791 gibt Anlaß zu einer weiteren heiklen Frage. Wissenschaftler sind sich seit geraumer Zeit darüber im klaren, daß diese Daten nicht immer die Vollendung des betreffenden Werks anzeigen. Gelegentlich verwendet Mozart ganz einfach ein Datum, das er schon für ein anderes Werk eingetragen hatte: Im Falle von KV 595 könnte die Eintragung den Tag bezeichnen, an dem er die Arbeit an der *Particella*-Skizze wiederaufnahm. Aber im großen und ganzen trug Mozart ein neues Werk in seinen Katalog ein, wenn er es wirklich vollendet hatte. Es erscheint darüber hinaus unwahrscheinlich, daß er unvollendete Werke in seinen Katalog aufnahm. Sobald ein Werk fertig war, trug Mozart es ein; dementsprechend wäre KV 595 nicht 1788, sondern erst 1791 eingetragen worden, als es (vermutlich) fertig war. Als konkretes Beispiel mag uns das letzte der sechs Streichquartette dienen, die Mozart für Haydn komponierte und ihm widmete, das »Dissonanzen«-Quartett (KV 465). Leopold Mozart schreibt in einem vom 22. Januar 1785 datierten Brief aus Salzburg an seine Tochter in St. Gilgen: »diesen augenb: erhalte 10 Zeilen von deinem Bruder, wo er schreibt ... daß er vergangenen Samstag [15. Januar] seine 6 quartetten, die er dem Artaria für

100 duccatten verkauft habe, seinem lieben Freund Haydn und anderen guten freunden habe hören lassen ...« Das letzte Quartett (KV 465) wurde am 14. Januar in den Katalog aufgenommen, einen Tag vor der ersten Aufführung (die Stimmen mußten natürlich noch herausgeschrieben und das komplizierte neue Werk mindestens einmal vor der eigentlichen Premiere geprobt werden).[8] Es darf demnach angenommen werden, daß mit dem 5. Januar 1791 das tatsächliche Datum angegeben wurde, an dem das neue Klavierkonzert vollendet wurde.

Wenn, wie zu vermuten ist, das neue Konzert Anfang Januar 1791 fertig war, warum lag Mozart eigentlich so viel daran, es zu vollenden, wenn überhaupt keine Aufführung anstand? Tatsächlich wurde, soweit wir wissen, das Werk nicht in einem von Mozarts eigenen Konzerten – er hatte ja keine solche Reihe mehr – zum erstenmal gespielt, sondern als Teil eines Benefizkonzerts am 4. März zugunsten eines Klarinettisten namens Bähr oder Beer im sogenannten »Jahnschen Saal« in der Himmelpfortgasse, nur wenige Schritte entfernt von Mozarts Wohnung in der Rauhensteingasse.[9] Das war das letzte Konzert, in dem Mozart in Wien öffentlich auftrat,[10] womit KV 595 das Ende der langen, großartigen Folge von Klavierkonzerten kennzeichnet, mit denen er zehn Jahre zuvor seine Karriere in Wien unter so günstigen Auspizien begonnen hatte.

Eine seltsame Fußnote zu dieser Angelegenheit ist, daß Mozart das neue Werk Artaria verkaufte, der es am 10. August in der *Wiener Zeitung*[11] ankündigte; seltsam, weil die Mehrzahl der früheren Konzerte von 1785 bis 1788 nicht zu Mozarts Lebzeiten veröffentlicht wurden – so wurde das große C-Dur-Konzert KV 503 durch Konstanze erst 1798 postum veröffentlicht als »Nr. 1 del retaggio del defunto publicato alle spese della vedova« (»Nr. 1 aus dem Nachlaß des Verstorbenen veröffentlicht auf Kosten der Witwe«).

Mozart, der viel mehr von einem Pragmatiker an sich hatte, als allgemein erkannt wird, war schnell bereit, die Schwerpunkte zu verlagern, je nach den Umständen. Wenn öffentliche Konzerte jetzt rar waren, warum sich nicht auf Musik für Privataufführungen konzentrieren? Und genau das war es, was er Mitte 1791 zu tun begann.[12] Es gab in diesem Jahr zwei Familien, für die, wie wir wissen, Mozart komponierte. Die eine wird mit seinem letzten Streichquintett Es-Dur (KV 614) in Verbindung gebracht, das am 12. April 1791 in sein thematisches Werkverzeichnis eingetragen wurde. Als es 1793 von Artaria postum veröffentlicht wurde, erschien im Titel »Composto per un Amatore Ongarese«. Man hat von jeher angenommen, daß der »ungarische Amateur« der Geschäftsmann Johann Tost war, der ehemalige Vorgeiger der zweiten Violinen in Haydns Orchester in Eszterháza, der eine reiche Frau geheiratet hatte und Kompositionsaufträge für Kammermusik an führende Komponisten vergab. Ein Brief von Konstanze an J. A. André vom 26. November 1800 erhärtet diese Ansicht. Sie schreibt:

> Hier ist ein Hr. v. Tost, wohnhaft in der Singerstraße, der behauptet, er habe Originalpartituren von Mozart. wahr ist es, M. hat für ihn gearbeitet. Er hat mir die Themen versprochen.[13]

In Anbetracht der Tatsache, daß das Quintett am 12. April abgeschlossen wurde, möchte ich annehmen, daß es um den 14. April bei den Tosts eine musikalische Soiree gab, bei der dieses Werk, das letzte einer weiteren prachtvollen Serie, seine erste Aufführung erlebte. Natürlich zahlte Tost Mozart ein Honorar für die Komposition des Quintetts und vermutlich auch dafür, daß er die Aufführung, in der Tost selbst mitwirkte, organisierte.

Wir können also eine deutliche Verlagerung von öffentlichen Konzerten – die der *Tonkünstler-Societät* gehörten zu den letzten ihrer Art, die Ende des 18. Jahrhunderts in Wien noch überlebten – zu privaten Soireen feststellen. Der Adel gab natürlich zu dieser Zeit auch weiterhin aufwendige Musikabende, aber Mozarts Briefe zeigen, daß er in diesen Jahren mit Sicherheit nicht an aristokratischen Salons teilnahm; er erwähnt Konstanze gegenüber nicht einen. In Mozarts Leben begannen jedenfalls die bürgerliche Gesellschaft und das Schikaneder-Theater langsam

Hofoper und aristokratische Salons zu verdrängen. Mozart hatte das Schikaneder-Theater nicht nur wegen der *Zauberflöte* im Sinn; es gab noch zwei andere Werke, die mit ihm verbunden sind, und beide scheinen Kompositionsaufträge gewesen zu sein. Das erste ist die ergötzliche Konzertarie *Per questa bella mano* (KV 612), in Mozarts Katalog unter dem 8. März eingetragen und komponiert für Franz Gerl (den ersten Sarastro der *Zauberflöte*), mit einem virtuosen Solopart für den Kontrabaß (bestimmt für Friedrich Pischlberger, ein Mitglied von Schikaneders Orchester im Freyhaustheater). Das zweite sind die Klaviervariationen über das Lied *Ein Weib ist das herrlichste Ding* (KV 613)[14] aus einer Oper, die zu der Zeit in Schikaneders Theater großen Erfolg hatte. Mozart fühlte sich offensichtlich zu den Leuten in Schikaneders erfolgreichem kleinem Theater (in der Vorstadt Wieden, heute Wiens Vierter Bezirk), für das er bald mit der Komposition der *Zauberflöte* beginnen sollte, immer stärker hingezogen.

Mozarts Korrespondenz ist nur teilweise erhalten, und die ersten uns bekannten Briefe aus dem Jahr 1791 sind an seinen Freund und Logenbruder Michael Puchberg gerichtet. Wie zu erwarten, geht es in ihnen um ein Darlehen, aber auch – für uns viel wichtiger – um einen Quartettabend im Haus des Hofrats Greiner:

> Werthester Freund und Bruder! Am 20ten dieses [April 1791], folglich in 7 Tagen ziehe ich mein Quartal[15] – wollen und können Sie mir bis dahin etliche und zwanzig Gulden leihen, so werden Sie mich, bester Freund, sehr verbinden und sollen es den 20ten (so wie ich mein Geld ziehe) wieder mit allem Dank zurück haben; – ich stehe bis dahin an. – Ewig
>
> Ihr
> verbundenster Freund
> Mozart
>
> den 13. April 1791.[16]
> [Vermerk Michael Puchbergs:] *den 13ten April 30 fl. geschickt*

Pour/Monsieur de Puchberg/Chez Lui Ich hoffe Orsler[17] wird die Schlüsseln zurückgebracht haben; es war also nicht meine Schuld. Hoffe auch er wird Sie vorläuffig in meinem Namen auf heute um *eine Violin,* und 2 *Bratschen* ersuchet haben – es gehört zu einem à quattro bey Greiner; daß mir *daran* liegt, wissen Sie ohnehin. – wenn Sie abends zur Musick hinkommen wollen, so sind Sie von ihm und von mir höflichst dazu eingeladen. –

Mozart

P : S : bitte um Vergebung, daß ich das bewußte vermög meinem gegebenen Wort nicht zurückgestellt habe, allein *Stadler,* welcher anstatt meiner (weil ich so viel zu thun habe) zur Caßa gehen sollte, vergaß auf den ganzen 20ᵗ Aprill – folglich muß ich nun 8 tage [auf das vierteljährliche Gehalt] noch warten.[18] [nach dem 20. April 1791]

Franz Sales Hofrat von Greiner (1730–98)[19] war ein Günstling der Kaiserin Maria Theresia gewesen. Er war Sekretär für das Kriegswesen in der böhmisch-österreichischen Hofkanzlei, wurde 1771 geadelt und bekam 1773 den Titel eines Wirklichen Hofrats. Er unterstützte die Behörden bei der Einfuhr von Lebensmitteln nach Wien und war als Jurist mit Maßnahmen gegen die Inflation befaßt; er führte eine Alkoholsteuer ein und begann mit der Abschaffung der Leibeigenschaft in Böhmen. Er gehörte der K. K. Studiengesellschaft an, die unter anderem das Schulsystem ordnete, und ist als ein aufgeklärter Staatsdiener beschrieben worden. Ein Zeitgenosse sagte von ihm, er sein »ein glatter, gutdenkender, einsichtsvoller, thätiger und verehrungswürdiger Mann, Beförderer der Wissenschaften und der Aufklärung, Feind der Gleißnerey und Bigotterie, und warmer Freund all jener, die sich durch Talente und Geschicklichkeit auszeichnen . . .«.[20] Greiners Tochter Caroline Pichler, eine Dichterin und Tagebuchschreiberin von lokaler Berühmtheit, berichtete in ihren Memoiren, daß man im Familienkreis über alles, was an neuer Dichtung in Wien und im Ausland veröffentlicht wurde, sogleich Bescheid wußte, es las und besprach.

Ein anderer Zeitgenosse, Joseph von Hormayr, schrieb:

> Sein Haus am neuen Markt auf der Mehlgrube war der Tempel der Musik, der Sammelplatz des guten Tones und alles Ausgezeichneten aus Einheimischen und Fremden, Gleichen und Höheren. Kein ausgezeichneter Fremder, der hier nicht die edelste Gastfreiheit, die anmuthigsten und lehrreichsten Zirkel gefunden hätte.[21]

Caroline Pichler erinnerte sich auch, daß Mozart, nachdem er am Klavier über *Non più andrai (Figaro,* I. Akt) improvisiert hatte, über Stühle und Tische sprang und wie eine Katze miaute. »Haydn und Mozart«, meinte Frau Pichler spitz,

> die ich wohl kannte, waren Menschen, in deren persönlichem Umgange sich durchaus keine andere hervorragende Geisteskraft und beinahe keinerlei Art von Geistesbildung, von wissenschaftlicher oder höherer Richtung zeigte. Alltägliche Sinnesart, platte Scherze, und bei dem ersten ein leichtsinniges Leben, war alles, wodurch sie sich im Umgange kund gaben, und welche Tiefen, welche Welten von Phantasie, Harmonie, Melodie und Gefühl lagen doch in dieser unscheinbaren Hülle verborgen! Durch welche innere Offenbarungen kam ihnen das Verständnis, wie sie es angreifen müßten, um so gewaltige Effekte hervorzubringen, und Gefühle, Gedanken, Leidenschaften in Tönen auszudrücken, daß jeder Zuhörer dasselbe mit ihnen zu fühlen gezwungen, und auch in ihm das Gemüt aufs tiefste angesprochen wird?[22]

Der Hofrat, obwohl selbst ein miserabler Liebhaberpoet, hatte einen guten Geschmack, und unter denen, die regelmäßig in sein gastliches Haus kamen, war Lorenz Leopold Haschka (seit 1777 Sekretär des Hofrats), der Dichter von Haydns österreichischer Nationalhymne *Gott erhalte Franz den Kaiser* aus dem Jahr 1797, die seinen Namen allein schon unsterblich gemacht hätte; und »mit ihm«, schrieb Caroline, »möchte ich sagen, zogen die

Musen in unser Haus«. (Wiens böse Zungen munkelten, Haschka habe mehr als nur literarische Gunst von seiten der Frau von Greiner genossen.) Dichter, Dramatiker, Wissenschaftler, Gelehrte und Ärzte besuchten den Salon. Der Hofrat war Freimaurer mit Leib und Seele und Mitglied von Haydns Loge *Zur wahren Eintracht*. Viele seiner Logenbrüder waren gerngesehene Gäste: Johann Baptist von Alxinger (der Dichter), Freiherr von Gebler (von mozartischer Berühmtheit – er hatte das Schauspiel *Thamos, König in Ägypten* geschrieben, für das Mozart seine großartigen Chöre und Zwischenakte (KV 345) komponierte, Freiherr von Jacquin (ebenfalls ein Freund Mozarts), Gottfried van Swieten (kein Freimaurer) und natürlich Mozart selbst. Im Sommer fand man sich in Greiners nahe gelegenem Landhaus (Hernals) ein.

Das Gesicht der Wiener Gesellschaft war in einem beträchtlichen Wandel begriffen: Greiners Salon war ein bürgerlicher und ersetzte sowohl Mozarts eigene Subskriptionskonzerte der frühen 1780er Jahre als auch die eleganten aristokratischen Salons. Der zunehmende Mißerfolg von Mozarts eigenen Subskriptionskonzerten muß in realistischeren (und nicht ganz so romantischen) Begriffen erklärt werden als mit schwindendem Kontakt zum Wiener Publikum und der sich daraus ergebenden Erfolglosigkeit. Der Krieg mit dem türkischen Reich blutete Österreich aus: Graf Zinzendorf verzeichnete in seinem Tagebuch mit Entsetzen die astronomischen Summen, die der Krieg Jahr für Jahr verschlang. Viele Männer aus den großen Adelsfamilien gehörten der »Reserve« an und waren zu ihren Regimentern gestoßen, als der Krieg ausbrach. Der Krieg war weder populär noch erfolgreich,[23] die Belagerung Belgrads im Jahr 1787 kam die Österreicher teuer zu stehen, nicht zuletzt wegen der grassierenden Krankheiten. Viele adlige Familien verließen ihre Wiener Palais und begaben sich auf ihre Landsitze. Geld wurde knapp, und ohne Zweifel war einer der Gründe für den Mißerfolg von Mozarts Subskriptionskonzerten einfach Geldmangel bei Bürgertum und Adel. Die großen Orchester der Aristokratie begannen zu verschwinden. Kammermusik dagegen war nicht nur billiger, sie kam auch bei bürgerlichen Familien immer mehr in Mode. Die distinguierteren unter ihnen, wie die Greiners, heuerten Berufsmusiker zu Quartettabenden an; die bescheideneren spielten die Musik selbst und luden ihre Freunde dazu und zu einem guten Mahl hinterher ein (wie Haydns Freund Dr. Peter von Genzinger, dessen Ehefrau Maria Anna eine gute Liebhaberpianistin war und deren Kinder ebenfalls als musikalisch galten: Eine ihrer Töchter war so fortgeschritten, daß sie 1790 Haydns Kantate *Arianna a Naxos* singen konnte[24]). Natürlich erhielt Mozart ein Honorar für das Organisieren eines Quartettabends im Greinerschen Haus, allerdings wissen wir nichts über die Höhe des Betrags.

Wir wollen über die vielen kleineren Kompositionsaufträge für 1791 hinweggehen: Lieder, Stücke für Spieluhr (Mozart haßte das piepsige kleine Ding) und ein kleines Meisterwerk: das Adagio und Rondo für Glasharmonika, Flöte, Oboe, Viola und Violoncello (KV 617) für die blinde Harmonikaspielerin Marianne Kirchgessner.[25] Es war Mozart so gut wie unmöglich, andere als vollkommene Musik zu schreiben: Sogar das andere, unbegleitete Adagio (KV 356 [617a]), das er im gleichen Jahr für sie komponierte, ist von überirdischer Schönheit. Aber im Grunde ist das alles nicht das, was er eigentlich machen wollte und was er hätte machen sollen – die Schöpfung großer Meisterwerke.

IV
Tanzmusik für den kaiserlichen Hof

Mozarts musikalische Laufbahn begann jetzt eine seltsam verbogene Wendung zu nehmen, und zwar als unmittelbare Auswirkung seines Vertrags mit dem Wiener Hof. Kaiser Joseph II. hatte Mozart 1787 aus gewissermaßen negativen Gründen verpflichtet. Als Konstanze nach Mozarts Tod (mit Erfolg) versuchte, vom Hof eine Pension ausgesetzt zu bekommen, baten die Behörden eine Reihe von Beamten um Empfehlungen. Die Position, die Mozart bekleidet hatte, wurde inzwischen als überflüssig erachtet, und in einem Brief vom 5. März 1792 schrieb Johann Rudolph Graf von Chotek – der Direktor der neuen Finanzabteilung des Ministeriums – an das Schatzamt des Hofes, Mozart sei »in k: Dienste aus der Absicht aufgenommen worden, damit ein Künstler von einem so ausgezeichneten Genie nicht genöthiget wäre, sein Unterkommen im Auslande zu suchen ...«.[1]

Eines der Genres, nach denen der Wiener Hof regelmäßig und in großen Mengen verlangte, war Tanzmusik für die Hofbälle während des Karnevals im großen und kleinen Saal (gemeinhin als Redoutensaal bekannt oder, beide Räumlichkeiten zusammen, als Redoutensäle) in der Wiener Hofburg. Die Bälle begannen 1791 am Dreikönigstag (6. Januar), denn unter diesem Datum schreibt Graf Carl Zinzendorf in sein Tagebuch: »... von hier nach Hause, dann zum *Hofball.* Das Durcheinander ging mir auf die Nerven. Die Königin von Neapel grüßte mich huldvoll. Die Kaiserin spielte.«[2]

Es war ein eigentümlicher Aspekt der Position Mozarts bei Hof, daß zu den wenigen Pflichten, die sie mit sich brachte, die Komposition von Tanzmusik für solche Anlässe gehörte. Im Jahr 1791 belieferte er den Hof mit einer ganzen Folge der herrlichsten Tanzmusik, die bis dahin geschrieben worden war; sie war der Anfang einer wunderbaren Entwicklung, die auch die späte Tanzmusik Joseph Haydns (1792 und danach) und, wie es der Zufall wollte, Beethovens erste Orchester-Kompositionen in Wien, die Redoutensaal-Tänze von 1795, einschloß[3] – großartige und bis vor kurzem vernachlässigte Menuette und Deutsche Tänze; und den Gipfelpunkt erreichte sie mit den Walzern von Lanner und der Strauß-Dynastie. Kein Zweifel: Die Österreicher waren schon immer versessen aufs Tanzen – Mozart selbst eingeschlossen.

Die Hofbälle waren sogar außerhalb Österreichs berühmt, und Reisebeschreibungen und Reiseführer berichteten regelmäßig darüber. Die Gäste erschienen maskiert, es gab Köstlichkeiten zu essen und zu trinken, und Spieltische standen bereit. Die Österreicher waren groß im Flirten, und die Masken begünstigten gewagte Unterhaltungen und *Così-fan-tutte*-Situationen. Die Redoutensäle konnten bis zu dreitausend Personen fassen, aber einem italienischen Reiseführer von 1800 zufolge »ist es viel vergnüglicher, wenn nur 1500 zugegen sind«. Die Karnevalsaison begann am ersten Sonntag nach Weihnachten, und während der beiden letzten Wochen der Saison gab es je zwei Bälle, donnerstags und sonntags. Auch während des übrigen Jahres wurden an einigen Heiligentagen (zum Beispiel am Theresien- und Katharinentag) sowie an den Sonntagen nach Ostern und nach Pfingsten Bälle veranstaltet. Sie begannen um neun Uhr abends und dauerten bis fünf Uhr am nächsten Morgen. Der italienische Führer stellte auch fest, daß es trotz der riesigen Zahl von Menschen verschiedener Klassen kaum jemals Störungen gab und daß Wachen und Polizeioffiziere eigentlich überflüssig waren. Bei diesen Bällen, so der Führer, konnte man in eleganter Fülle Liebe, Jugend, Schönheit, guten Geschmack, prächtige Kleider finden; und man konnte »den friedfertigen Charakter dieser *brava nazione*« beobachten.[4] (Allerdings wurde an anderer Stelle vermerkt, daß manche Masken sich erlaubten, »im Gedränge die Damen zu betasten, zu kneipen, auch wohl in der Wahl der Redensarten nicht immer die gewünschte Delicatesse zu beobachten, so wird Solches auf ausdrücklichen Allerhöchsten Befehl hiermit untersagt«. Diese Abmahnung Seiner Majestät wurde im Jahr 1800 den Programmzetteln beigegeben, auf denen die Bälle angekündigt wurden, aber es ist durchaus wahrscheinlich, daß man sich ähnliche Freiheiten auch neun Jahre früher nahm.)

Mozarts thematisches Werkverzeichnis für 1791 (s. Anhang B, S. 257) verzeichnet mehrere Folgen von Menuetten und Deutschen Tänzen. Natürlich waren solche Tänze *pièces d'occasion*, aber offensichtlich nahm Mozart sie ernst und ließ ihnen die gleiche verschwenderische Sorgfalt angedeihen, vor allem hinsichtlich der Orchestrierung, wie seinen größeren Instrumentalwerken. Die brillante Instrumentation zeugt für die Qualität des Hoforchesters, für das natürlich auch Mozarts Opern komponiert waren, und viele seiner Mitglieder wurden engagiert, um bei seinen eigenen Subskriptions-Akademien zu spielen. Einige der Musiker waren selbst tüchtige Komponisten, andere gefeierte Virtuosen ihres Faches, wie etwa der Klarinettist und Bassetthorn-Spieler Anton Stadler, für den Mozart das Klarinettenquintett (KV 581) und das Klarinettenkonzert (KV 622) komponierte. Einer der Trompeter der ungarischen Leibwache, Joseph Zahradniczek, Mitglied in Mozarts Freimaurerloge *Zur gekrönten Hoffnung* in den Jahren 1790–91, war als Notenstecher für Wiener Verleger wie Christoph Torricella tätig.[5] Im großen Redoutensaal bestand das Orchester, dem (wie damals bei Tanzorchestern üblich) keine Bratschen angehörten, aus etwa vierzig Musikern; das für den kleinen Saal hatte etwa siebenundzwanzig (das sind die Zahlen für den Ball zum Katharinentag von 1792; sie gelten aber vermutlich ebenso für das Jahr davor).[6]

Es war unüblich, diese Tanzmusik in ihrer vollen Orchesterbesetzung zu veröffentlichen, und Mozart verkaufte dem Verleger Artaria in diesem Jahr viele seiner Tänze in Form von Klavierauszügen; im Jahr darauf fand es auch Haydn einträglich, Klavierauszüge seiner Tanzmusik für den Katharinentag anzufertigen, die Artaria zusammen mit Arrangements für zwei Violinen und Baß (nützlich für private Bälle) herausbrachte. In Wien war allerdings noch eine andere Methode bei der Verbreitung von Tanzmusik Brauch, und zwar durch professionelle Kopisten. Bis zum Ende des 18. Jahrhunderts konnten diese Kopisten vom Verkauf von handgeschriebenen Noten und Teilen aus Opern, Symphonien, Konzerten, Tanzmusik, Arien – von allem, was leicht vermarktet werden konnte – leben. Es war im großen und ganzen billiger, handgeschriebenes Material einer Oper zu kaufen als die gestochene Ausgabe desselben Werks. Das Notendrucken stand zwar in Holland und Frankreich um die Mitte des 18. Jahrhunderts schon in Blüte und sollte bald auch in Deutschland und England Fuß fassen, gelangte aber erst um 1780 in nennenswertem Ausmaß nach Wien. In den sechziger und siebziger Jahren wurde österreichische Musik in ganz Mitteleuropa in handgeschriebenen Kopien verbreitet, hergestellt von Wiener Schreibstuben. Tanzmusik, die ja besonders kurzlebig ist, war ein lukratives Betätigungsfeld für die Kopisten, weil eine Kollektion von Tänzen für die Dauer einer Saison sehr populär werden konnte. Mozarts Tänze waren so beliebt, daß sie noch nach seinem Tod weitergespielt wurden, so 1793 im kleinen Redoutensaal (zusammen mit Haydns Tänzen für die Saison 1792).[7]

Im März 1791 boten nicht weniger als drei Wiener Häuser Mozarts neueste Tanzmusik in Manuskriptkopien zum Kauf an: KV 599, 600, 601, 602, 604 und 605 konnten bei Lorenz Lausch (einer bekannten Wiener Schreibstube), Johann Traeg (der auch Noten veröffentlichte) und Artaria (dem führenden österreichischen Musikverleger) bezogen werden. Einige dieser bedeutenden Menuette und Deutschen Tänze haben nur als derartige Manuskriptkopien überlebt, die zu einem festen Preis verkauft wurden, der sich nach der Anzahl der Bifolien richtete[8] (sechs Bogen oder Bögen zu je 5 Kreuzer kosteten 30 Kreuzer, 12 Bifolien 1 Gulden [60 Kreuzer]). Manuskriptrechte für die an den k. k. Hoftheatern in Wien aufgeführten Opern fielen zurück an die offiziellen Hoftheaterkopisten. Die recht ansehnlichen Honorare, die den Komponisten in Wien für ihre Opern gezahlt wurden, schlossen auch das Recht des Theaters ein, Kopien zu vermarkten; eine derartige Abschrift von *Così fan tutte,* 1790 hergestellt, fand sich kürzlich in einem Wiener Antiquariat und ist jetzt in englischem Privatbesitz. Wir wissen nichts über das Verhältnis der Wiener Kopisten zur Tanzmusik des Hofes; aber allem Anschein nach konnten die Komponisten da ihre eigenen finanziellen Vereinbarungen treffen, und der Verkauf der Rechte an Lausch, Traeg und Artaria verschaffte Mozart eine willkommene zusätzliche Einkommensquelle.[9]

Mozart-Forscher haben sich gefragt, was für Honorare der Komponist für die Werke, die er 1791 veröffentlichte, verlangt haben konnte, haben aber keine Schätzungen genannt. Ich bin der Meinung, wir sind in der Lage, gewisse Erkenntnisse darüber aus zwei unanfechtbaren Quellen beizusteuern. Der wichtigste Verlag im Jahr 1791 war, was Mozart betraf, Artaria & Co.: Die Firma war, wie sich am Namen ablesen läßt, von Norditalienern gegründet worden, und um das Jahr 1791 war sie der führende (wenn auch keineswegs einzige) Wiener Musikverlag. Artaria war auch Haydns wichtigster Verlag, und ein Großteil der Korrespondenz zwischen ihnen ist erhalten geblieben.

Wie im letzten Kapitel berichtet, erhielt Mozart 100 Dukaten (450 Gulden) für die sechs Haydn gewidmeten Streichquartette (KV 387 etc.), die Artaria 1785 als Opus X herausgab. Man hat immer angenommen, dieses Honorar sei außergewöhnlich hoch gewesen, es läßt sich aber belegen, daß Haydn dasselbe Honorar von Artaria für die »Preußischen« Quartette des Jahres 1787 erhielt. Ein Jahr später (10. August 1788) schrieb er von Eszterháza aus an Artaria:

> Da ich nun in einer Lage bin, wo ich etwas geld gebrauche, so erbiethe ich mich, daß ich Ihnen bis Ende Dezembris entweder 3 neue Quartetten, oder 3 neue mit einer Violin, und Violoncello begleite[te] Clavier Sonaten verfertigen wolle ... Es versteht sich ohnehin, daß ich Ihnen alsdan die übrige 3 Quartetten, oder Clavier Sonaten vollenden würde, damit das halb Duzent wie gewöhnlich zur Ausgabe kan befördert werden. NB. für 6 Quartetten bleibt der alte Preis per Hundert Ducaten. für 6 Clavier Sonaten 300 fl. ...

Haydns Briefe geben uns auch ganz konkret Aufschluß über seine Honorare für andere Musiksparten:

Januar 1789:	Werke für Breitkopf & Härtel in Leipzig, vorgeschlagene Honorare – eine Klaviersonate: 10 Dukaten (45 fl) sechs Klaviersonaten: 60 Dukaten (270 fl)
März 1789:	Phantasie für Klavier (Artaria): 24 Dukaten (»der Preis ist ziemlich hoch«)
Januar 1790:	Zwölf Menuette und Trios für Orchester (Artaria): 12 Dukaten Klaviertrios »wie gewöhnlich«: je 10 Dukaten[10]
Januar 1790:	Eingangsbestätigung von Artaria für drei Klaviertrios: 135 Gulden[11]

Wenn wir von diesen Summen ausgehen, dann können wir mit ziemlicher Sicherheit auf die Honorare schließen, die Mozart von Artaria für seine »Preußischen« Qartette erhalten haben könnte, die in der *Wiener Zeitung* am 28. Dezember 1791 unter dem Titel *Tre Quartetti Op. XVIII* angezeigt wurden. Am 12. Juni 1790 hatte Mozart seinem Freund Michael Puchberg geschrieben: »Nun bin ich gezwungen meine Quartetten (diese mühsame Arbeit) um ein Spottgeld herzugeben ...«[12] Das kann sich kaum auf die Rechte zur Veröffentlichung für Artaria bezogen haben, der sicherlich nicht eineinhalb Jahre gebraucht hätte, sie herauszugeben, sondern eher auf Manuskriptrechte für einen der Gönner Mozarts.

Der größte Teil der Mozartschen Tanzmusik wurde während des Jahres 1791 in zweierlei Form herausgegeben: einmal in Manuskriptkopien, wie wir gesehen haben, und dann in Klavierarrangements, die Artaria veröffentlichte.[13] Und wieder besitzen wir Haydns Korrespondenz mit Artaria als Richtlinie für die Preise für Tanzmusik. Leider haben wir keine Unterlagen über die Rechte der Kopisten an den kompletten Orchesterversionen, aber wenn wir uns an Haydns Preis von 1 Dukaten (4 ½ Gulden) je Tanz von Artaria halten, dann wäre eine vorsichtige Schätzung, daß Mozart ein Minimum von 3 Gulden je Tanz von den Kopisten erwartet haben dürfte. Es ist etwas verwirrend, daß Artaria 1791 nicht nur die Klavierarrangements von nicht weniger als achtundvierzig Tänzen Mozarts veröffentlichte, sondern auch – gleichzeitig mit seinen Konkurrenten Johann Traeg und Lorenz Lausch – die handschriftlichen Orchesterfassungen zum üblichen festen Preis per Bifolium. Dazu sollte vermerkt werden, daß alle diese Ausgaben mehrere Auflagen erlebten – ein weiterer Beweis dafür, daß Mozarts Musik bei einem neuen Publikum immer beliebter wurde. Mehr noch, es war Musik, die bei allen Schichten der Wiener Gesellschaft Anklang fand: Die reichen Adeligen konnten die Orchesterfassungen kaufen und aufführen und die gebildete Kaufmannsgattin die Ausgabe für Klavier.

Haydn verkaufte 1792 Artaria die Rechte an seinen letzten vierundzwanzig Redoutensaal-Tänzen für 24 Dukaten[14] – zu eben dem Tarif, den er 1790 nicht hatte durchsetzen können, den er aber zweifellos für die Veröffentlichung seiner früheren Tänze – für volles Orchester wie auch im Auszug – von Artaria erhalten hatte. Für seine achtundvierzig Tänze von 1791 dürfte Mozart vermutlich 48 Dukaten (216 fl) erwartet und bekommen haben.

Für das Klavierkonzert in B-Dur, das Artaria im August 1791 veröffentlichte, hätte Mozart mit den 24 Dukaten (108 fl.) rechnen können, die Haydn 1789 für eine Klavierphantasie erhielt. Dazu muß es noch kleinere Honorare für die folgenden Veröffentlichungen gegeben haben: KV 613, herausgegeben von Artaria im Juni 1791 (*Ariette*, Ed. Nr. 341); die Lieder KV 596–98 (*Sehnsucht nach dem Frühling, Im Frühlingsanfange, Das Kinderspiel*), herausgegeben von Mozarts Logenbruder Ignaz Alberti (einem Mitglied der Loge *Zur gekrönten Hoffnung*) in seiner *Liedersammlung für Kinder und Kinderfreunde am Clavier*, Wien 1791; außerdem noch weitere kleine Honorare für die verschiedenen Auftragsstücke für Spieluhr und Glasharmonika. Hieraus errechnen wir die folgenden Beträge:

Quartette (Artaria)	225 fl
Manuskriptrechte für 30 Redoutensaal-Tänze	90 fl
Veröffentlichungsrechte (Artaria) 48 dito	216 fl
Klavierkonzert B-Dur (Artaria)	108 fl
	639 fl

Addieren wir einen vorsichtig geschätzten Betrag von 100 Gulden für die Variationen *(Ariette)*, Lieder, Stücke für Spieluhr und Glasharmonika, so kommen wir auf eine Summe von ungefähr 739 Gulden für Aufführungs- und/oder Veröffentlichungsrechte im Jahr 1791.

Wenn man sich die Liste von Werken ansieht, die Mozart in diesen ersten drei Monaten des Jahres 1791 komponierte, dann ist das Fehlen von Symphonien, Quartetten, Quintetten, Messen, Opern – also jeglicher Großformen mit Ausnahme des Klavierkonzerts – seltsam und bedrückend. Ist das alles, was der Hof von seinem offiziellen Kammerkomponisten erwartete – Menuette und Deutsche Tänze, so herrlich sie auch sein mochten? Auch Mozart fühlte sich irgendwie frustriert. Die Biographie von Nissen erwähnt eine inzwischen verlorengegangene Quittung für eine solche Tanzmusik, auf die der Komponist schrieb: »Zu viel für das, was ich leiste; zu wenig für das, was ich leisten könnte.«[15]

Es war ein erschreckender, wenn nicht krimineller Mißbrauch eines der größten Genies der Musik.

V
Neue Wege: Ein Domamt?

Mit einemmal schien es, als ob sich alles ändern würde. Mozart hörte, daß Leopold Hofmann, Haydns alter Rivale, Kapellmeister am Stephansdom in Wien, sterbenskrank war. Dieses bedeutende Amt zu vergeben, das jährlich 2000 Gulden eintrug plus reichliche Dienstbezüge (Brennholz, Kerzen etc.), war nicht Sache des Hofes, sondern des Magistrats der Stadt Wien. Mozart fand, er hätte viele Freunde in der Bevölkerung seiner geliebten Stadt, und bewarb sich um das Amt, indem er darum nachsuchte, zum unbezahlten Adjunkten des »hiesigen Hr: kapell=Meister an der St: Stephans Domkirche« ernannt zu werden. In diesem stolzen Brief Mozarts von Ende April 1791 lesen wir, er habe sich entschlossen, den Antrag zu stellen zu einer Zeit, »als Hr: kapellmeister Hofmann krank lag ... da meine Musikalischen talente, und Werke ... im Auslande bekannt sind, man überall meinen Namen einiger Rücksicht würdiget. Allein kapellmeister Hofmann ward wieder gesund«, fügt Mozart hinzu und ersuchte dann den Magistrat, »für itzt nur unentgeltlich adjungiret« zu werden. Mozart weist besonders auf seine »auch im kirchenstyl ausgebildeten känntnisse« hin, in dem er sich zu Recht überaus kompetent fühlte.[1]

Wie Konstanze viele Male berichtete, empfand Mozart eine besondere Affinität und Neigung zur Kirchenmusik; er hatte seine eigenen Vorstellungen nicht nur von großen Messen und Requiems, sondern auch von kleineren volkstümlichen Stücken geistlicher Musik.

Der Magistrat der Stadt fällte am 28. April 1791 eine positive Entscheidung hinsichtlich Mozarts Gesuch. Er wäre zu gegebener Zeit Domkapellmeister an St. Stephan geworden, und die Geschichte der Kirchenmusik hätte einen völlig anderen Verlauf genommen. Aber es kam anders: Der alte Leopold Hofmann genas und lebte noch bis 1793.

Kürzlich ist ein faszinierendes Werk mit Mozarts neu erwachtem Interesse an der Kirchenmusik in Verbindung gebracht worden: Es ist das düstere und dramatische Kyrie in d-Moll (KV 341), dessen Autograph schon seit langer Zeit verschwunden ist (so daß wir seine Wasserzeichen etc. nicht untersuchen können). Bekannt ist es uns aus einer von dem Leipziger Musiker A. E. Müller angefertigten Abschrift (Berliner Staatsbibliothek) und der ersten Partiturausgabe, die um 1825 durch J. A. André nach dem Autograph veröffentlicht wurde. Dieses außerordentliche Werk, das stilistisch nur mit dem Requiem vergleichbar ist (es hat die gleiche Haupttonart), ist für ein sehr großes Orchester instrumentiert, mit zwei Flöten, zwei Oboen, zwei Klarinetten, zwei Fagotten, vier Hörnern, zwei Trompeten, Pauken, Orgel und Streichern. Bisher ist das Werk, und zwar nur wegen seiner großen Besetzung, der Münchener Periode von 1780 zugeschrieben worden (in Salzburg hatte Mozart keine Klarinetten, und der für München komponierte *Idomeneo* verlangt ein ähnlich großes Orchester). Es ist jedoch viel wahrscheinlicher, daß Mozart vorhatte, eine große Missa solemnis in d-Moll zum festlichen Antritt seiner neuen Stellung an St. Stephan zu schreiben und daß er das Kyrie vollendete, bevor Hofmann wieder gesund wurde.[2] Daß Mozart sich zu dieser Zeit mit Kirchenmusik beschäftigte, bezeugt der folgende Brief von Ende Mai 1791 an seinen und Haydns Freund Anton Stoll, Schullehrer und Regens chori an der Pfarrkirche von Baden.

> 1mo möchte ich wissen ob gestern [Anton] Stadler bey ihnen war, und die Messe von mir begehret hat? [Mozart zitiert hier den Anfang von KV 317, der »Krönungsmesse«.] – Ja? – so hoffe ich sie heute noch zu erhalten; wo nicht, so bitte ich Sie die güte zu haben mir sie *gleich zu schicken NB mit allen Stimmen.* Ich werde sie bald wieder zurückstellen. –
>
> 2do bitte ich sie für meine Frau eine kleine Wohnung zu bestellen [in Baden]. – Sie braucht nur 2 Zimmer; – oder ein

Zimmer und ein Kabinetchen. – das nothwendigste aber ist; daß es zu *ebener Erde* seye; – das liebste Quartier wäre mir das, welches Goldhahn bewohnt hat zu ebener Erde, beym Fleischhacker. – Dahin bitte ich Sie zu erst zu gehen – Vielleicht ist es noch zu haben – meine Frau wird Sammstag oder längstens Montag hinauskommen. – bekommen wir dieses nicht, so ist blos darauf zu sehen, daß es etwas nahe beym Baad seye – noch mehr aber, daß es zu ebener Erde sey – beym Stadtschreiber wo H: D'Alt zu ebener Erde gewohnt hat, wäre es auch recht – aber das vom Fleischhacker wäre allen übrigen vorzuziehen.

3^{tio} – möchte ich auch wissen, ob schon Theater in Baaden ist? – und bitte um die Schlenigste Antwort und berichtigung dieser 3 Punkten.

Mozart mpria

P.S. meine Addreße ist: in der Rauhensteingasse im Kayserhaus N° 970 Ersten Stock:

P.S. das ist der dumste Brief den ich in meinem leben geschrieben habe; aber für Sie ist er Just recht. –[3]

Wolfgang lag viel daran, für Konstanze ein Appartement im Parterre zu bekommen, da sie schwanger war und Gehbeschwerden hatte. In diesem Zusammenhang wird zum erstenmal Johann Odilio Goldhahn (oder Goldhann) erwähnt, der das Dokument über Mozarts Nachlaß nach seinem Tod beglaubigte. Aus irgendeinem Grund wurde der Name später unleserlich gemacht (durch Konstanze oder Nissen?); Mozart selbst scheint sich in seinem Brief an Konstanze vom 12. Juni auf ihn als »NN« bezogen zu haben. Es scheint sicher zu sein, daß Goldhahn bei Mozarts Geldaffären eine Rolle spielte.

Der wichtigste Punkt in Mozarts Brief ist seine Absicht, seine bereits berühmte »Krönungsmesse« – so genannt, weil sie bei der Frankfurter Kaiserkrönung 1790 und ein Jahr später im Rahmen der Krönungsfeierlichkeiten in Prag[4] gegeben worden war – aufzuführen. Dazu ist es dann jedoch nicht gekommen.

Wegen des Edikts von Kaiser Joseph von 1783, das Aufführungen von figuraliter Kirchenmusik (das heißt mit Orchester) in den Kirchen einschränkte, war es um orchestrale Messen in Österreich in den 1780er Jahren ziemlich schlecht bestellt. Haydn komponierte nur eine einzige Messe in dieser Zeit, die sogenannte *Mariazellermesse* oder *Missa Cellensis* (1782), und Mozarts letzte große Messe waren Kyrie, Gloria, Sanctus und Benedictus der Messe c-Moll (KV 427) gewesen, im Oktober 1783 in Salzburg aufgeführt. (Das Werk wurde nie vollendet, und Mozart rettete später das Kyrie und Gloria und machte aus ihnen mit zwei Hinzufügungen das italienische Oratorium *Davidde penitente.*) Unter Kaiser Leopold II. wurden diese Beschränkungen weitgehend wiederaufgehoben, und an reichen Kirchen wie St. Stephan waren sie ohnehin nie streng eingehalten worden.

Mozart schrieb liebevolle Briefe an seine nunmehr mit ihrem Sohn Karl in Baden weilende Frau; einer wurde ihr von ihrer Kammerzofe Sabine (sie buchstabierten ihren Namen stets »Sabinde«) mitgebracht; Sabine war mit Konstanze in Baden, sie blieb bei ihr bis zu ihrem (Sabines) Tod im Jahr 1806. Die andere Zofe hieß Leonore (»Lorl«); Mozart entließ sie jedoch während des Sommers. »Heut nacht schlaf ich bei Leutgeb«, schrieb er am 5. Juni; gemeint war sein Freund Joseph Leutgeb, ein Käsehändler, aber auch ein vorzüglicher Hornist und ehemals Mitglied der erzbischöflichen Kapelle in Salzburg, der jetzt in Wien lebte. Mozart hegte eine besondere Hochachtung für Leutgeb und hatte eine Anzahl Hornkonzerte für ihn geschrieben. Jetzt begann er ein neues, ein Konzert in D-Dur (KV 412 [376 b] + 514): zwei Sätze (ohne ein Andante in der Mitte), die Fragment blieben und später von Süßmayr vervollständigt (instrumentiert) wurden; er datierte sie auf dem Autograph des Rondos: »Vienna Venerdi Santo li 6 Aprile 792« (Karfreitag, 6. April 1792).[5]

Die Korespondenz mit Konstanze ist köstlich:

> diesen Augenblick erhalte ich dein liebes schreiben, und sehe daraus mit vergnügen daß du gesund und wohlauf bist – Mad:[e] Leitgeb hat mir heute das halsbindl gemacht, aber wie? – lieber gott! – ich habe freylich immer gesagt, *so macht*

sie's! – es nutzte aber nichts. – mich freuet es daß du guten Apetit hast – wer aber viel frisst, muß auch viel sch. . . .*? – Nein, viel gehen wollt' ich sagen. – doch ist es mir lieb wenn du *grosse Spatziergänge* nicht ohne mich machest. Thue nur alles was ich dir rathe, es ist gewis vom Herzen gemeint. adieu – liebe – einzige! – fang du auch auf in der luft –– es fliegen 2999 und ein ½ bussel von mir, die aufs aufschnapen warten. – Nun sag ich dir etwas ins ohr. ––––– du nun mir. ––– nun machen wir das Maul auf und zu ––– immer mehr – und mehr –– endlich sagen wir; – es ist wegen Plumpi – Strumpi –– du kannst dir nun dabey denken was du willst. – das ist eben die Comoditet. – adieu – 1000 zärtliche küsse
Ewig Dein
Den 6:t Junj 791.[6] Mozart

Mozart hoffte, Konstanze in der zweiten Juniwoche besuchen zu können, aber das Konzert der blinden Glasharmonika-Spielerin Kirchgeßner, in dem Mozart offensichtlich mitwirken sollte, mußte verschoben werden. Wolfgang berichtete Konstanze dies alles am 11. Juni und fügte hinzu, daß er sicher am folgenden Mittwoch eintreffen würde.[7] Er fährt fort:

Ich muß eilen, weil es schon ¾ auf 7 Uhr ist – und der Wagen geht um 7 Uhr –– Nimm Dich im Baad in acht daß Du nicht fallest, und bleibe nie allein – auch würde ich an Deiner Stelle einen Tag aussetzen um das Ding nicht zu gähe anzupacken. Ich hoffe es hat Jemand diese Nacht bei Dir geschlafen. – Ich kann Dir nicht sagen was ich darum geben würde, wenn ich anstatt hier zu sitzen bey Dir in Baaden wäre. – Aus lauter langer Weile habe ich heute von der Oper [*Die Zauberflöte*] eine Arie componirt – ich bin schon um halb 5 Uhr aufgestanden – Meine Uhr, erstaune! – habe ich aufgebracht; – aber – weil ich keinen Schlüssel hatte, leider nicht aufziehen können, ist das nicht traurig? – schlumbla! – Das ist wieder ein

* Die Punkte stehen im Original.

Wort zum Denken – ich habe die *große Uhr* dafür aufgezogen. – Adjeu – Liebe! – heute speise ich bei Puchberg – ich küsse Dich 1000mal und sage in Gedanken mit Dir: Tod und Verzweiflung war sein Lohn![8] [aus *Die Zauberflöte,* Nr. 11, II. Akt]

Dein Dich ewig liebender Mann
W. A. Mozart

Der Carl [ihr Sohn] soll sich gut aufführen, küsse ihn für mich. (nimm Latwerge wenn Du keine Öffnung hast – aber nicht anders.) (nimm Dich des Morgens und Abends wenn es kühl ist in acht.)

Am Tag darauf, 12. Juni, schickte er einen weiteren Brief nach Baden:

Liebstes, bestes Weibchen!
Warum habe ich denn gestern Abends keinen Brief bekommen? damit ich länger des Baades wegen in Ängsten leben muß? – dieses und noch etwas verdarb mir den ganzen gestrigen Tag; – ich war Vormittag bei N.N. [Goldhahn] und er versprach mir Parole d'honneur zwischen 12 und 1 Uhr zu mir zu kommen, um alles in Ordnung zu bringen. Ich konnte also deßwegen nicht bey Puchberg speisen, sondern mußte warten, – ich wartete – es schlug halb 3 Uhr, – er kam nicht, ich schrieb also ein Billet und schickte das Mensch zu seinem Vater, – ich gieng unterdessen zur ungarischen Krone, weil es überall zu spät war – sogar da mußte ich *alleine* essen, weil die Gäste alle schon fort waren – in den Ängsten, die ich Deinetwegen hatte und dem Unwillen des N.N. wegen, kannst Du Dir mein Mittagessen vorstellen, – hätte ich doch nur eine Seele gehabt zu einem kleinen Trost. – Für mich ist es gar nicht gut alleine zu seyn, wenn ich etwas im Kopf habe, – um halb 4 Uhr war ich schon wieder zu Hause – das Mensch war noch nicht zurück – ich wartete – wartete – um halb 7 Uhr kam sie mit einem Billet. – Warten ist gewiß allezeit unangenehm – aber noch viel unangenehmer wenn die Folge da-

> von der Erwartung nicht entspricht – ich las lauter Entschuldigungen, daß er noch nichts bestimmtes hätte erfahren können, und lauter Betheuerungen, daß er mich gewiß nicht vergessen und ganz gewiß Wort halten würde, – ich gieng dann um mich aufzuheitern zum Kasperl[9] in die neue Oper der *Fagottist,* die so viel Lärm macht – aber gar nichts daran ist. – Im Vorbeigehen sah ich nach ob nicht Löbel[10] im Kaffehause sey – aber auch nicht. Zu Nacht esse ich (um nur nicht alleine zu seyn) wieder bey der Krone, – da hatte ich doch wenigstens Gelegenheit zu reden – gieng dann gleich zu Bette – um 5 Uhr früh war ich wieder auf – zog mich gleich an – gieng zu Montecuculi[11] – diesen traf ich – dann zu N.N. der war aber schon ausgeflogen – mir ist nur leid daß ich *unverrichteter Sache* wegen Dir nicht heute früh schreiben konnte – ich hätte Dir gerne geschrieben!

Im Rest des Briefs geht es um seine komplizierten Geldgeschäfte mit Goldhahn:

> ... nun fahre ich auf Morgen weg von hier und zu Dir hinaus! – wenn nur meine Sachen in Ordnung wären! – wer wird nun anstatt meiner den N.N. stupfen? – wird er nicht gestupft, so wird er kalt ...

Mozart beeilte sich, den Brief zur Post zu geben (»Nun schlägt es 11 Uhr! nun kann ich nicht mehr warten«).

In einem undatierten Brief an Konstanze aus dieser Zeit schreibt er:

> Goldhahn [der Name ist fast unleserlich gemacht] ist den augenblick nach Baaden; – iezt ist es 9 uhr Abends und seit 3 Uhr bin ich bey ihm. – Nun glaube wird er wort halten ... Grüsse mir deinen Hofnarren [Süßmayr?] ...[12]

Gerade zu der Zeit, als Mozart Konstanze besuchte, komponierte er eines seiner schönsten und bewegendsten Stücke – das

Ave, verum corpus (KV 618).[13] Es war für ein Kirchenfest bestimmt, das bis zum heutigen Tag in Österreich (und allen katholischen Gegenden) von besonderer Bedeutung ist: das Fronleichnamsfest.

Zum Fronleichnamszeremoniell gehört eine Prozession, die vor vier Stationen hält, wobei die Zahl Vier symbolische Bedeutung hat, einmal für die vier Himmelsrichtungen, in die der Segen erteilt wird, zum anderen für die Lesung der vier Evangelien, die den Segen begleitet. Die ganze Gemeinde nimmt an der Prozession teil, die auch der Bitte um eine gute Ernte dient. Es ist ein Fest, das Mutter Kirche und Mutter Erde vereint.

Kaiser Joseph II. hatte diese Zeremonie im Zuge seiner umfassenden religiösen Reformen verboten, aber Leopold II. führte sie wieder ein. Könnte es in diesem Zusammenhang nicht von Bedeutung sein, daß Mozart sich jetzt die Gelegenheit nicht entgehen ließ, 1791 an einer solchen Prozession in der Wiener Vorstadt Josephsstadt teilzunehmen und darüber hinaus ein gehaltvolles Werk zu komponieren, mit dem er die vielleicht seit Jahren erste Wiederbegehung dieser Zeremonie feiern wollte?

Mozarts *Ave, verum corpus* verherrlicht dieses Fest, aber seine Bedeutung geht weit über das einzelne kirchliche Ereignis hinaus, für das es komponiert ist. Mit diesem Werk (wie auch mit dem Requiem und – wenn meine Theorie von der Chronologie richtig ist – mit dem Kyrie KV 341) begründete Mozart, was er als den neuen Stil der Kirchenmusik ansah. Der Stil des *Ave, verum corpus* ist in seiner Volkstümlichkeit, seinem bewußten Bestreben, schlicht andachtsvoll und leicht verständlich zu sein, ganz im Einklang mit den aufgeklärten Reformen Kaiser Josephs. Für den Kenner zeigen die ungewöhnliche Modulation nach F ungefähr in der Mitte – das Werk steht in D-Dur – und seine kanonischen Einsätze am Schluß, daß hinter alldem die Hand eines Meisters steht, aber dominierend ist der Eindruck einer anrührenden Unmittelbarkeit und Einfachheit. Das Kyrie KV 341 und das Requiem zeigen die Kehrseite der Medaille. Streng und Ehrfurcht gebietend, bewahren sich diese beiden d-Moll-Werke doch einen durchaus josephinischen Sinn für schlichte Direktheit. Sogar in seiner Kirchenmusik war Mozart ein inspiriertes Produkt der Aufklärung: Vox populi vox Dei, mit anderen Worten, Rückbesinnung auf die Stimme des Volkes in ihrer einfachsten und elementarsten Form setzt eine Art von Wahrhaftigkeit voraus, die ihrerseits als ein Anflug des Göttlichen verstanden wurde.

Mozart komponierte das *Ave, verum corpus* für seinen Freund Anton Stoll; es erklang zum erstenmal in der Pfarrkirche von Baden am Fronleichnamsfest 1791. Mozarts Autograph trägt das Datum 17. Juni 1791, und am folgenden Tag wurde das Werk in sein thematisches Werkverzeichnis eingetragen (woraus wir schließen können, daß er es immer mit sich führte). Die kleine Orchesterbesetzung (Streicher und Orgel) und der einfache Chorsatz stehen ganz im Zeichen seiner josephinischen Gewandung. Seit seiner Erstveröffentlichung in Partiturform durch André um das Jahr 1808 ist es eines der beliebtesten Werke Mozarts geblieben.

VI
Mitternacht für die Freimaurer

Mozart trat den Freimaurern im Dezember 1784 bei. Seine Loge – in zeitgenössischen Dokumenten freimaurerischer Herkunft stets mit dem Symbol □ versehen – führte den Namen *Zur Wohltätigkeit*; ihr Meister war Otto Freiherr von Gemmingen-Hornberg, ein alter Bekannter der Familie. Er war kurpfälzischer Kämmerer und Geheimer Rat gewesen, und Mozart hatte schon in Mannheim im Jahr 1778 seine Protektion genossen. Gemmingen war noch im gleichen Jahr nach Wien übersiedelt und legte vermutlich als erster dem jungen Komponisten nahe, Freimaurer zu werden.

Mozarts kleine Loge war am 2. Februar 1783 gegründet worden, und ihre Mitglieder fanden es zweckdienlich, in den Räumlichkeiten der größeren und einflußreicheren Loge *Zur wahren Eintracht* zu arbeiten; sie und die Loge *Zur Wohltätigkeit* waren Tochtergründungen der sehr angesehenen Loge *Zur gekrönten Hoffnung* gewesen. Am 14. Dezember 1784 wurde Mozart vorschriftsmäßig als Lehrling eingeführt.

In England begann die Freimaurerei in organisierter Form ihren Einfluß nach der Gründung der Großloge in London am 24. Juni 1717, dem Namenstag Johannes des Täufers, auszuweiten, und es wurden unter dem Banner des heiligen Johannes die Logen im übrigen Europa ins Leben gerufen. In Österreich wurde die erste am 17. September 1742 durch Mitglieder der Breslauer Loge *Aux Trois Squelettes* (Zu den drei Skeletten) gegründet; sie erhielt den Namen *Aux Trois Canons* (Zu den drei Kanonen). Die Freimaurerei blühte in den österreichischen Kronländern und im benachbarten Böhmen und Ungarn, nicht zuletzt durch das Beispiel von Franz Stephan, Herzog von Lothringen und Gemahl der Erzherzogin (später Kaiserin) Maria

Theresia, der im Mai 1731 Mitglied der Bruderschaft geworden war. Eine päpstliche Bulle von 1738, die die Freimaurerei in Acht und Bann tat, wurde in Österreich einfach unterdrückt: Herzog (später Kaiser) Franz Stephan hatte Kaiser Karl VI. überreden können, sie zu ignorieren. Maria Theresia dagegen mißbilligte die Freimaurerei, und ihr Sohn Josph II., der ab 1765 (nach dem Tod seines Vaters Franz Stephan) bis 1780 mit ihr gemeinsam regierte, behandelte die Logen zunächst mit beträchtlicher, wenn auch toleranter Skepsis.

Die meisten österreichischen Logen hielten sich an das englische Ritual und die alten Wahrzeichen, aber am 26. März 1781 – inzwischen regierte Joseph II. allein – schrieb ein kaiserlicher Erlaß vor, daß keine geistlichen oder weltlichen Orden einer ausländischen Obrigkeit unterstehen sollten, noch dürften solche Orden irgendeiner Körperschaft außerhalb der Monarchie Gelder zufließen lassen. Daraufhin konstituierte sich am 22. April 1784 die *Große Landesloge von Österreich.* Zur neuen Großloge gehörten fünf Provinzen: Österreich – siebzehn Logen, Böhmen – sieben Logen, Lemberg (Galizien) – vier Logen, Ungarn – zwölf Logen, die österreichischen Niederlande – siebzehn Logen.

Während der ersten Hälfte der 1780er Jahre wurde die Freimaurerei in Österreich zum Sammelpunkt für die intellektuelle Elite; außerdem war sie sehr populär. Unsere Kenntnisse von den Freimaurern in Österreich stammen weitgehend aus dem Material, das die österreichische Geheimpolizei zusammengetragen hat. Aber die Unterlagen der berühmten Loge *Zur wahren Eintracht* wurden versteckt und kamen erst wieder ans Tageslicht, als Mitte des 19. Jahrhunderts die Stadtmauern geschleift wurden. *Zur wahren Eintracht* war 1781 gegründet worden und hatte um 1785, als Mozart sie zu besuchen begann, etwa zweihundert Mitglieder unter ihrem Meister Ignaz von Born, einem hervorragenden Wissenschaftler, Schriftsteller und Mineralogen, den Mozart und Schikaneder als Vorbild für den Sarastro in der *Zauberflöte* benutzt haben sollen. Die erhaltenen Verzeichnisse der Wiener Logen dokumentieren auf eindrucksvolle Weise die Bedeutung der Freimaurerei in diesen Jahren: Sie enthalten die Namen von Fürsten, Grafen und Baronen, vielen hohen Beamten und Offizieren, von Diplomaten, Schriftstellern, Musikern, Bankiers und Kaufleuten. Mozarts Loge, die klein, aber exklusiv war, gehörten Männer an wie Carl Fürst Lichnowsky, der Mozart 1789 auf seiner Reise nach Berlin begleitete und später als Gönner des jungen Beethoven in Wien berühmt wurde. Unter den Schriftstellern war Johann Caspar Riesbeck, dessen Buch *Briefe eines reisenden Franzosen über Deutschland an seinen Bruder zu Paris. Übersetzt von K. R.* voller bitterer Sozialkritik war, etwa, wenn er über das Leben der Bauern im ungarischen Eszeterháza in der Nähe von Haydns Wohnort sprach. Das war kein gewöhnlicher Historiker, der schreiben konnte: »Der größte Beweis, daß ein Land unglücklich ist, ist der Abstich großer Pracht mit tiefer Armut, und je stärker dieser Abstich ist, desto unglücklicher ist das Land.« War das nicht *Figaro*-nah, diese erstaunliche Sicht des vorrevolutionären Ungarn, »wo die Menschen gleich den Tieren in unterirdischen Höhlen oder wie die Kalmücken in Zelten wohnen«? Das läßt darauf schließen, daß die Gespräche in der Loge politischer Natur gewesen sein können und wohl auch waren, und zwar auf seiten der Reformen Josephs II. Unter den Schriftstellern, die der *Wohltätigkeit* angehörten, waren auch Ignaz de Luca, der 1776 Haydns autobiographische Skizze veröffentlichte, und Wiens verdienstvoller Chronist Johann Pezzl.

Haydn suchte im Dezember 1784 um Aufnahme nach und wurde am 11. Februar 1785 als Lehrling in die Loge *Zur wahren Eintracht* eingeführt. Mittlerweile war Mozart unter dem Meister Ignaz von Born am 7. Januar 1785 in den Gesellenstand erhoben worden. Es sind keine Unterlagen erhalten, wann Mozart zum dritten Grad eines Meisters aufstieg.

Am 11. Februar 1785 traf Wolfgangs Vater Leopold in Wien ein, gerade noch rechtzeitig, um am Abend die Uraufführung des d-Moll-Klavierkonzerts (KV 466) seines Sohnes zu hören. Mozart père trat jetzt auch der Freimaurerei bei – sicherlich auf Veranlassung seines Sohns – und wurde (in Anbetracht seines nur kurzen Aufenthalts in Wien und seiner bevorstehenden Rückkehr ins erzbischöfliche Salzburg, wo es offiziell keine Johannisloge gab) ungewöhnlich schnell vom Lehrling (6. April) zum Gesellen (16. April) und schließlich zum Meister (22. April) befördert – wobei die Zeremonien mit Ausnahme der ersten in der Loge *Zur wahren Eintracht* stattfanden.

Wolfgang war Freimaurer mit Leib und Seele:[1] Er steuerte Kompositionen für die Zeremonien bei, unter denen die erstaunliche und eindringliche *Maurerische Trauermusik* (KV 477) sein hervorragendstes Werk ist; geschrieben wurde sie in der Endform für eine Trauerloge für zwei adelige Logenbrüder, einen Grafen Esterházy und den Herzog von Mecklenburg-Strelitz. Der bedeutungsvolle Symbolismus in dem Werk (das »Dreier«-Konzept) wie auch seine durchgehend dreiteilige Form (unter Verwendung der *Te-decet*-Choralmelodie aus Michael Haydns Requiem von 1771) zeigen Mozarts tiefe Verbundenheit mit den freimaurerischen Lehren und Philosophien vom Tod und ihrer symbolischen Beziehung zum Stand des Meisters. Es ist eindeutig und unmißverständlich dieser symbolische Übergang vom Tod zum Leben in der freimaurerischen Zeremonie, auf die Wolfgang in einem berühmt gewordenen Brief vom 4. April 1787 an seinen im Sterben liegenden Vater anspielt:

> Da der Tod (genau zu nemmen) der wahre Endzweck unsers Lebens ist, so habe ich mich seit ein Paar Jahren mit diesem wahren, besten freunde des Menschen so bekannt gemacht, daß sein Bild nicht allein nichts schreckendes mehr für mich hat, sondern recht viel beruhigendes und tröstendes! und ich danke meinem gott, daß er mir das glück gegönnt hat mir die gelegenheit (sie verstehen mich) zu verschaffen, ihn als den *schlüssel* zu unserer wahren Glückseeligkeit kennen zu lernen. – ich lege mich nie zu bette ohne zu bedenken, daß ich vielleicht (so Jung als ich bin) den andern Tag nicht mehr seyn werde – und es wird doch kein Mensch von allen die mich kennen sagn können daß ich im Umgange mürrisch oder traurig wäre – und für diese glückseeligkeit danke ich

alle Tage meinem Schöpfer und wünsche sie vom Herzen Jedem meiner Mitmenschen ...[2]

Wir wissen eine ganze Menge über Mozart und die Freimaurer – mehr als man zu hoffen gewagt hätte. Aus der letzten Periode besitzen wir sogar ein vollständiges Mitgliederverzeichnis der Loge Mozarts, die aber nicht mehr als *Zur Wohltätigkeit* arbeitete. Wie kam es zu dieser Veränderung?

Kaiser Joseph II. ordnete in einem Handbillett vom 11. Dezember 1785 an, daß die Zahl der Wiener Logen auf drei zu reduzieren sei. Er war offensichtlich der Meinung, daß die Freimaurer viel zu mächtig geworden seien und es keine Kontrolle über ihre Aktivitäten gebe. Er wollte, daß ihre Zahl drastisch herabgesetzt würde, und es war gar nicht unklug, eine Reorganisation innerhalb der Logen zu erzwingen, so daß sich viele Mitglieder zum Austritt veranlaßt sehen würden oder (wie Haydn) einfach nicht mehr erschienen. Die Brüder selbst kamen dieser Anordnung früher als notwendig nach, und bis zum 28. Dezember 1785 hatte sich folgende Lage ergeben: Die Eliteloge *Zur wahren Eintracht* verschmolz mit *Palmbaum* und *Drei Adler* zu einer neuen Loge *Zur Wahrheit*; die Loge *Zur gekrönten Hoffnung*, Mozarts Loge *Zur Wohltätigkeit* und die Loge *Zu den drei Feuern* gingen in der führenden Wiener Loge *Zur neugekrönten Hoffnung* auf, die ihre Pforten erstmals am 14. Januar 1786 öffnete. Diese beiden neuen Logen reduzierten die Anzahl ihrer Mitglieder freiwillig auf jeweils 180. Zwei der früheren Logen, *Zum heiligen Joseph* und *Zur Beständigkeit*, verschwanden gänzlich, aber einige ihrer Mitglieder schlossen sich der Loge *Zur neugekrönten Hoffnung* an. Ignaz von Born wurde zum Meister der neugeformten Loge *Zur Wahrheit* gewählt, trat aber im August 1786 zurück. Der Kaiser verlangte darüber hinaus, regelmäßig über die Logen informiert zu werden, mit genauen Mitgliederlisten, über An- und Abwesenheiten, und als Resultat dieser Überwachung fanden viele Logenlisten ihren Weg in die vertraulichen Akten des Haus-, Hof- und Staatsarchivs.

Das letzte Mitgliederverzeichnis der Loge *Zur gekrönten Hoff-*

nung (das *neu* war inzwischen fallengelassen worden), in dem Mozart erscheint, ist das für das Jahr 1790. Das ist wichtig, weil daraus genau hervorgeht, wer ein Logenbruder des Komponisten war und wer nicht (zum Beispiel Emanuel Schikaneder). Die erstaunlichste Entdeckung in dieser Liste, die der Autor im Jahr 1982 erstmals veröffentlichte, ist die Mitgliedschaft von Haydns Fürst Nikolaus Esterházy als Zeremonienmeister, zusammen mit drei anderen Angehörigen dieser illustren ungarischen Familie. Meister war Johann Graf Esterházy, K. K. Kämmerer, der schon 1781 Logenmeister gewesen war und diese Position 1791 wieder innehaben sollte: Er war es wahrscheinlich auch, der an der Spitze der Loge stand, als sie im November 1791 neue Räumlichkeiten bezog, aus welchem Anlaß Mozart seinen Schwanengesang komponierte, *Eine kleine Freymaurer-Kantate* (KV 623). Der dritte Esterházy war Graf Franz Seraphin, der Sohn von Franz Graf Esterházy (genannt Quinquin und einer der beiden Brüder, für die Mozarts *Maurerische Trauermusik* geschrieben wurde), der in seines Vaters Fußtapfen als Hofrat in der siebenbürgisch-ungarischen Hofkanzlei trat. Der vierte war Johann Nepomuk Graf Esterházy, zu jener Zeit in Siebenbürgen Provinz-Gubernialrat.

Die Amtsträger in der Liste von 1790 waren unter anderem: Vizemeister Joseph von Metz (Offizial beim niederländischen Departement); Erster Aufseher war Bruder Joseph Bauernjöpl, Kanzlist in den k. k. Hofstellen; Zweiter Aufseher war Franz Eugen Graf von Traun und Abensperg, K. K. Kanzler; Sekretär war Karl Fischer von Ehrenbach, Legationsrat in der Gesandtschaft von Sachsen-Coburg; Sprecher war Anton Niering von Löwenfels, Konzepist bei der geistlichen Hofkommission; Schatzmeister war Johann Nepomuk von Török von der Hofkriegs-Buchhalterei.

Es war eine buntgemischte Loge mit etwa zweihundert Mitgliedern und einem Dutzend »Dienenden Brüdern« (zwei aus Johann Esterházys Haushalt). Da gab es einen Abt des Augustinerstifts in Huy (Huey) bei Lüttich; da waren der Verleger Ignaz Alberti, der später das Textbuch zur *Zauberflöte* herausgab; Karl

Ludwig Gieseke, Mitglied der Schikaneder-Truppe; Vittorino Colombazzo, ein hervorragender Oboist, der Haydns Orchester in Eszterháza angehört hatte; ein sehr hoher Offizier, Feldmarschall-Leutnant Ferdinand Graf von Harrach, auf dessen Besitzung in Rohrau Haydn geboren war; Notenstecher Joseph Zahradniczek Trompeter in der ungarischen Leibwache, und der regierende Prinz Anton von Hohenzollern-Sigmaringen. Eine vornehme Gesellschaft also, die Mozart individuell und kollektiv liebte. Im Stammbuch eines Bruders, des Sprachenlehrers Johann Georg Kronauer, trug sich Mozart auf englisch ein: »Patience and tranquillity of mind contribute more to cure our distempers [than] the whole of medicine« (Geduld und Gelassenheit des Geistes tragen mehr dazu bei, unsere Krankheiten zu heilen als die ganze Medizin) (30. März 1787).[3]

Doch 1791 war es beinahe Mitternacht für die Freimaurer in Österreich. Von Joseph II. waren sie mehr oder weniger in Frieden gelassen worden, aber niemand wußte, wie sich Leopold II. verhalten würde. Für den Augenblick tat er nichts, und es war dieses Vakuum, in dem Mozart und Schikaneder einen hohen Einsatz riskierten – zur Rettung des Freimaurertums durch eine allegorische Oper, *Die Zauberflöte.*

Es ist nie ganz klar geworden, ob und in welchem Ausmaß die Loge oder einzelne Mitglieder Mozart in seiner finanziellen Krise gegen Ende der achtziger Jahre zu Hilfe kamen. Michael Puchberg, der Schatzmeister von Haydns Loge *Zur wahren Eintracht,* erwies sich als treuer Freund und Beistand der Familie Mozart. Wir wissen nicht sicher, ob Puchberg das Darlehen jemals zurückbekam, aber Nissen zufolge wartete er, bis Konstanze finanziell wieder gesichert war, bevor er um Rückzahlung nachsuchte.[4] Es hätte Puchbergs Charakter entsprochen, soviel Rücksicht zu zeigen. Immerhin wissen wir von zwei Dingen, die die Freimaurer nach Mozarts Tod taten. Das eine war, die neue *Kleine Freymaurer-Kantate* drucken zu lassen zur Nutznießung durch die Witwe; das andere war – eine Ehrensache für die Freimauerer –, eine Rede zu veröffentlichen, die anläßlich einer Trauerloge zu Wolfgangs Gedächtnis gehalten worden war.

Betrachten wir kurz Mozarts finanzielle Lage im Jahre 1791. Sein Salär betrug – wie wir gesehen haben – 800 Gulden jährlich, wofür er 5 Prozent Steuern zahlte, was einen Gesamtbetrag von 886 fl, 40kr für ein Salär von vierzehn Monaten im Jahr 1791 ergibt.[5] Abgesehen von diesem Einkommen, hatte Mozart Vorkehrungen getroffen, nicht weniger als 2000 Gulden zu leihen oder auf andere Weise zu beschaffen. In einem Brief an Puchberg vom 25. Juni 1791 ließ er den Freund wissen, daß Konstanze in Baden unerwartet Geld benötige, und bat ihn, etwas zu schikken, da er selbst es nicht könne. »Es kömmt ohnehin nur auf einige Tage an, so empfangen Sie in meinem Namen f 2000 – wovon sie sich dann gleich bezahlt machen können.«[6] Puchberg schickte 25 Gulden. Mozart scheint es tatsächlich gelungen zu sein, den Betrag von 2000 Florin zu realisieren; wurde er dazu verwendet, die Schulden bei Puchberg zu begleichen? Um mit Mozarts Einkünften im Jahr 1791 fortzufahren: *La clemenza di Tito* erbrachte 200 Dukaten (900 Gulden) plus 50 Dukaten (225 Gulden) Spesen.[7] Ich kann einfach nicht glauben, daß Mozart, der bis zum Ende mit Schikaneder gut befreundet war, weniger als 200 Dukaten für *Die Zauberflöte* bekam, um so mehr, als sie bis Anfang Dezember etwa fünfunddreißig Abende vor vollem Haus gespielt worden war. Es mag sein, daß Schikaneder, wie Konstanze Rochlitz später erzählte, alle Gelder für Auslandsrechte einbehielt (also für ins Ausland verkauftes Notenmaterial), denn Mozart erkrankte, bevor das Auslandsgeschäft mit der Oper finanziell lohnend zu werden begann.

Wir haben bereits gesehen, daß Mozart 1791 mit Veröffentlichungs- und Aufführungsrechten 739 Gulden verdient haben kann, obgleich die Summe bestimmt viel höher lag. (Wir wissen wenig über diesen Aspekt im Leben Mozarts; er könnte andere Manuskript- und Veröffentlichungsrechte ins Ausland verkauft haben, worüber nichts bekannt ist und wozu wahrscheinlich keine neuen Funde zu erwarten sind.) Und wenn wir annehmen, daß das Honorar für das Requiem 50 (und nicht 100) Dukaten betrug und daß Mozart die Hälfte bei Auftragserteilung erhielt, dann wären das 25 Dukaten (112 fl, 30 kr). Das ergäbe:

Salär (vierzehn Monate)[8]	886 fl,	40 kr
Gelder eingegangen bis Ende Juni 1791		
[Darlehen?]	2000 fl	
La clemenza di Tito	900 fl	
(plus Spesen)	225 fl	
Die Zauberflöte	900 fl	
Veröffentlichungs- und andere Rechte	739 fl	
Requiem – Vorschuß	112 fl,	30 kr
Gesamtbetrag	5763 fl,	10 kr

Und das ist sicherlich eine vorsichtige Schätzung: Sie läßt viele Imponderabilien außer acht, und das zu Recht. Aber im großen und ganzen dürfte sie die ungefähren Einkünfte der Mozarts in dem schrecklichen Jahr 1791 darstellen. Wenn wir das Einkommen anderer Leute auf diesem Gebiet zum Vergleich heranziehen wollen, dann ist Haydn das nächstliegende Beispiel. Im Sommer desselben Jahres 1791 scheint Mozart sich gegen Haydn gewendet zu haben. Um was es dabei eigentlich ging, werden wir niemals erfahren, aber dieser Absatz aus Haydns Brief vom 13. Oktober von London an Maria Anna von Genzinger bezieht sich darauf:

> Herr v. Keeß schreibt mir unter andern, daß Er gerne meine umstände hier von London wissen möge, indem man verschiedenes in wienn von mir spricht, ich ware von jugend auf dem Neyde ausgesetzt, wundere mich demnach nicht, wenn man auch dermahlen mein weniges Talent ganz zu unterdrükken sucht, allein der Obere ist meine stütze, die meinige schrieb mir, allein ich kan es nicht glauben, daß Mozart mich sehr herab setzen solte. ich verzeihe es Ihm; daß ich auch in London eine menge Neyder hab, ist ganz gewiß, und ich kenne Sie beynahe alle, die meiste davon sind wellsche, allein Sie könen mir nicht nahe komen, weil mein Credit bei den Volck schon vor viellen Jahren festgesetzt war. seynd Euer gnaden versichert, daß wan ich den gehörigen beyfall nicht erhalten hätte, ich schon längst nach wienn zurückgereiset

> wäre, ausser denen Professoren bin ich von jederman geschätzt und geliebt. wegen der belohnung soll Mozart zum graf v. Fries um sich dessen zu Erkundigen gehen, bei welchem ich 500 Pfd., und bey meinem Fürsten 1000 Gulden – zusam beynahe 6000 fl. anlegte. ich dancke täglich meinem schöpfer für diese wohlthat, und ich schmeichle mir noch ein Baar Tausend nach hauß zu bringen, ohnerachtet ich grosse ausgaben habe, und ohneracht der Reisekosten nun will ich Euer gnaden nicht länger beschwerlich fallen; das ist eine Elende schrift. was macht der Pater – mein Compliment an denselben.[9]

Haydns Reisen nach London sind von jeher als das legendäre Aschenputtel-Happy-End einer sonst bescheidenen Laufbahn bezeichnet worden. Haydn rechnete sich aus, daß er in vier Saisons in London (1791, 1792, 1794 und 1795) 24000 Gulden (£ 2400, heute etwa £ 50000 oder DM 150000) einnahm. Haydns Einkünfte während der Saison 1791 können wir feststellen; zufällig wissen wir den genauen Betrag, den er auf seine beiden Konten einzahlte: 5883 Gulden[10] – das sind nur etwa 120 Gulden mehr als Mozarts mutmaßliches Einkommen für dieses Jahr. (Haydns Einnahmen richteten sich nach der Saison, die im Februar oder März begann und bis Juni lief; somit würde sein Verdienst erst 1792 wieder so ein hohes Niveau erreichen.) Natürlich behielt Haydn Geld zurück, um davon in England leben zu können; und sowohl Haydns als auch Mozarts Ausgaben werden sehr hoch gewesen sein, die Haydns, weil er eine Wohnung mieten und auswärts essen mußte, und die Mozarts, weil er für einen Haushalt mit vier Erwachsenen (einschließlich der Dienstmädchen) und zwei Kindern zu sorgen hatte und viel auf Gastlichkeit hielt. Und dennoch stimmt hier etwas von Grund auf nicht! Wie konnten sich die Mozarts in einer so prekären – nicht verzweifelten, aber sicher prekären – Zwangslage befinden mit einem wenn auch nur geschätzten Einkommen wie diesem? Zugegeben, es war teuer, Mozarts Mahlzeiten von Herrn Joseph »Primus« außer Haus besorgen zu lassen, und Konstanzes

Kuren in Baden waren kostspielig; doch die Gesamtbilanz der Finanzen Mozarts im Dezember 1791 belief sich auf 60 Gulden in bar sowie 133 fl, 20 kr von dem noch ausstehenden Hofsalär gegenüber sofort fälligen Schulden von 918 fl, 16 kr. Später glaubte Konstanze, daß ihre Schulden mit 3000 Gulden beglichen werden könnten (Kaiser Leopold hatte man gesagt, Mozart sei mit 30000 Gulden verschuldet!);[11] aber wie konnten die Finanzen der Mozarts in einen derart chaotischen Zustand geraten?

Wir müssen einen Blick zurückwerfen auf das Jahr 1789, wo es mit Mozarts Finanzen am mißlichsten zu stehen schien, als nur ein einziger Name (Baron van Swieten) auf der Liste für eine projektierte Subskriptionsreihe auftauchte, die in der Stadt feilgeboten wurde und mit der Mozart seine Schulden zu tilgen hoffte. Sicher lieh er sich Geld, sogar hohe Beträge (zum Beispiel die 1000 Gulden, die Konstanze beschaffte, als Mozart in Frankfurt war), aber wir haben darüber keine kompletten Unterlagen. Wir müssen wohl annehmen, daß diese Beträge höher waren und häufiger in Anspruch genommen wurden, als man bislang glaubte, und daß sein Einkommen erst mit dem Jahr 1791 eine Größenordnung bekam, die es den Mozarts gestattete, komfortabel zu leben und nach und nach alle ihre alten Schulden abzuzahlen. Wenn die von Konstanze genannte Zahl richtig ist, dann waren die oben als »eingegangene Gelder« aufgelisteten 2000 Gulden in Wirklichkeit ein Darlehen (vielleicht von Goldhahn?); zusammen mit den 918 fl, 16 kr ergab das beinahe 3000 Gulden.

Den Freimaurern ist es von jeher ein ganz besonderes Anliegen gewesen, ihren in Not geratenen Brüdern zu helfen, vor allem den Witwen und Waisen derjenigen Mitglieder, die »in den ewigen Osten« eingegangen sind. Niemand hat bisher hinreichend klären können, wie Konstanze es fertigbrachte, nach Mozarts Tod so rasch wieder auf die Beine zu kommen: 1797 war sie bereits in der Lage, den Duscheks in Prag 3500 Gulden zu leihen! Alles deutet darauf hin, daß sie eine außergewöhnliche und resolute Frau war, die der Zukunft mit Mut und Entschlossenheit ins Auge sah und daranging, wann immer sie konnte, aus der Musik ihres verstorbenen Gatten Geld zu schlagen – sei es durch Aufführungen oder durch Verkäufe (vgl. Kapitel XIII). Ihre Deutschlandreise im Jahr 1796 mit *La clemenza di Tito* und anderen Werken, von denen sie glaubte, daß sie unbekannt wären, war finanziell wesentlich erfolgreicher als die zwei Tourneen ihres Mannes in den Jahren 1789 und 1790. Zwei Jahre vorher (1794) hatte sie eine konzertante Aufführung der Oper *Tito* in Wien veranstaltet, der sie eine weitere in Graz folgen ließ.[12] Aber ganz abgesehen von Konstanzes bewundernswerter Zielstrebigkeit und Tapferkeit, scheint festzustehen, daß die Loge *Zur gekrönten Hoffnung,* solange es sie gab (bis 1794), Konstanze geholfen hat, und natürlich werden vorher und nachher einzelne Mitglieder jegliche Art von Hilfsdiensten geleistet haben. Sie dürften beispielsweise die getreuen Subskribenten der ersten ernsthaften Bemühung von seiten der Loge gewesen sein, Geld für Konstanze zu beschaffen – es war ein Rundbrief vom 5. Juni 1792, der, (nach Freimaurerbrauch) in Form eines Kreises unterschrieben, auch an andere Logen verschickt wurde.[13] Bis zum Jahr 1792 hatte sich die Wiener Szene wiederum gewandelt: Leopold II. starb im März, und neuer Kaiser war Franz II. Die Freimaurer machten sich immer noch Hoffnung, daß ihre Logen gerettet werden könnten, und in *Zur gekrönten Hoffnung* veranstalteten sie am 8. September eine Aufführung der *Kleinen Freymaurer-Kantate* zu Ehren des Kaisers mit einem neuen Text von Bruder Karl Ludwig Gieseke.[14] (Es wird immer wieder – ganz ohne Grund – behauptet, daß Schikaneder den ursprünglichen Text geschrieben hätte; als die Loge die Kantate veröffentlichte, wurde ganz eindeutig angegeben, daß ein Mitglied der Loge den Text verfaßt habe; und ich möchte meinen, daß Gieseke auch der Verfasser des ursprünglichen Texts war. Dieser Schluß bietet sich geradezu an.)

Am 25. Januar 1792 brachte die *Wiener Zeitung* eine Ankündigung von Joseph Hraschansky, K. K. Hofbuchverleger (er druckte in deutscher und hebräischer Sprache): »Cantate des verstorbenen großen Tonkünstlers Mozart ... die Herausgabe eines

Werkes ... zum Vortheil seiner hülfsbedürftigen Wittwe und Waisen, das man billig seinen Schwanengesang nennen kann ... und dessen Aufführung er zwey Tage vor seiner letzten Krankheit, im Kreise seiner besten Freunde selbst dirigiert hat. Es ist eine Cantate auf die Einweihung einer Freymaurer Loge in Wien, deren Worte die Arbeit eines Mitgliedes derselben sind ...«[15] Die Subsription (2 Gulden) begann am 15. Januar und lief bis 15. Juli. Die Partitur erschien am 14. November 1792 *(Wiener Zeitung)*, und der Preis für Nonsubskribenten belief sich auf 3 Gulden (9 auf Hollandpapier).

Die Freimaurer waren im Gedenken an Mozart loyal und gegenüber seiner Witwe hochherzig gewesen.

VII
Requiem für einen Landsitz

Im Juli 1791 hatte Mozart die Komposition des größten Teils der *Zauberflöte* gerade abgeschlossen. In der Chronik Niemetscheks, der ersten ausführlichen (1798), berichtet Konstanze eine merkwürdige Geschichte, in der es um einen geheimnisvollen Auftrag geht, eine Totenmesse zu komponieren. (Sie wurde fast wörtlich von Nissen, Konstanzes zweitem Ehemann, übernommen, so daß wir sicher sein können, daß es sich um die genehmigte »offizielle« Version handelt.)

> Kurz vor der Krönung des Kaisers Leopold, und ehe Mozart den Auftrag, nach Prag zu reisen, erhielt, brachte ihm ein unbekannter Bote einen Brief ohne Unterschrift, der nebst mehren schmeichelhaften Äußerungen die Anfrage enthielt: ob Mozart die Composition eines Requiem übernehmen wolle, und um welchen Preis, und binnen welcher Zeit er sie liefern könne?
>
> Mozart, der ohne Vorwissen seiner Frau nicht den geringsten Schritt zu thun pflegte, erzählte ihr den sonderbaren Auftrag, und äußerte dabey seinen Wunsch, sich in dieser Gattung auch einmal zu versuchen, um so mehr, da der höhere pathetische Styl der Kirchenmusik immer sein Lieblingsstudium war. Seine Frau rieth ihm zur Annahme des Auftrags, und Mozart schrieb dem unbekannten Besteller zurück, daß er das Requiem für eine gewisse Belohnung verfertigen werde. Die Zeit der Vollendung könne er nicht genau bestimmen, doch wünsche er den Ort zu wissen, wohin er das vollendete Werk abzuliefern habe. Nach einiger Zeit erschien derselbe Bote wieder, brachte nicht nur die bedungene Belohnung mit, sondern auch das Versprechen einer

beträchtlichen Zulage bey der Übergabe der Partitur, da er mit seiner Forderung so billig gewesen sey. Übrigens solle er ganz nach der Laune seines Geistes arbeiten. Doch solle er sich gar keine Mühe geben, den Besteller zu erfahren, indem es gewiß umsonst seyn werde.

Während dem erhielt Mozart den ehrenvollen und vortheilhaften Auftrag, für die Prager zur Krönung des Kaisers Leopold die *Opera seria: La Clemenza di Tito* zu schreiben ... Die Musik zur *Clemenza di Tito* war von den böhmischen Ständen zur Krönung des Kaisers Leopold bestellt, nach dem Texte des Metastasio aber abgekürzt.[1]

Im selben Jahr 1798 gab Friedrich Rochlitz, der Konstanze begegnet war, als sie 1796 Deutschland bereiste, Mozart-Anekdoten heraus, die weitgehend, wenn auch nicht ausschließlich, auf Auskünften beruhten, die er von ihr bekommen hatte. Da einige der numerierten Anekdoten Rochlitz' mehr oder weniger wörtlich in die Biographie von Nissen übernommen wurden, haben sie Anspruch auf die gleiche Authentizität wie die von Niemetschek. Aber im Falle des Requiems ist die Version von Rochlitz ausführlicher und wirft Fragen hinsichtlich der Chronologie auf, die über die bei Niemetschek gegebene zeitliche Abfolge weit hinausgehen.

Als er eines Tages ... da saß, fuhr ein Wagen vor und ein Fremder ließ sich melden. Er [Mozart] nahm ihn an. Ein etwas bejahrter, ernsthafter, stattlicher Mann, von sehr würdigem Ansehen, den weder er noch seine Gattin kannte – trat herein. Der Mann begann:

»Ich komme als Abgesandter eines sehr angesehenen Mannes zu Ihnen.«

»Von wem kommen Sie?« fragte Mozart.

»Der Mann wünscht nicht gekannt zu seyn.«

»Gut – was verlangt er von mir?«

»Es ist ihm eine Person gestorben, die ihm sehr theuer ist und ewig seyn wird; er wünscht alljährlich ihren Todestag still aber würdig zu feyern, und bittet Sie ihm dazu das Requiem zu komponieren.«

Mozart war durch diese Rede; durch das Dunkel, welches über die ganze Sache verbreitet war; durch die Feyerlichkeit des Tons des Mannes, bey seiner jetzigen Gemüthsstimmung, schon innig ergriffen, und versprach das Verlangte zu thun. Der Mann fuhrt fort:

»Arbeiten Sie mit allem möglichen Fleiß: Der Mann ist Kenner.«

»Desto besser.«

»Sie werden durch keine Zeit beschränkt.«

»Vortrefflich.«

»Wieviel Zeit bestimmen Sie sich ohngefähr?«

Mozart, der Zeit und Geld selten zu überrechnen pflegte, antwortete:

»Etwa vier Wochen.«

»Dann komme ich wieder und hole die Partitur. Wie viel verlangen Sie Honorarium?«

Mozart antwortete leicht hin:

»Hundert Dukaten.«

»Hier sind sie.«

sagte der Mann: legte die Rolle auf den Tisch und ging. Mozart versank von neuem in tiefes Nachdenken, hörte auf die Zuredungen seiner Gattin nicht, und forderte endlich nur Feder, Tinte und Papier. Er fing sogleich an an dem Verlangten zu arbeiten. Mit jedem Takt schien sein Interesse an der Sache zuzunehmen: er schrieb Tag und Nacht. Sein Körper hielt die Anstrengung nicht aus: er sank über dem Arbeiten einigemal in Ohnmacht. Alles Zureden zur Mäßigung in der Arbeit war vergebens. Nach einigen Tagen erst erhielt es seine Frau über ihn, daß er mit ihr in den Prater fuhr. Er saß immer still und in sich gekehrt. Endlich verleugnete er es nicht mehr – er glaube gewiß, er arbeite dies Stück zu seiner eignen Todesfeyer. Von dieser Idee ließ er sich nicht abbringen; arbeitete also, wie Raphael seine Verklärung, stets im Gefühl seines nahen Todes, und lieferte, wie dieser, die Verklärung seiner selbst. Ja er äu-

> ßerte sogar über die sonderbare Erscheinung und Bestellung dieses unbekannten Mannes sehr seltsame Gedanken. Wollte man ihm dieses ausreden, so schwieg er, aber unüberzeugt.
>
> Indess nahete sich die Abreise Leopolds nach Prag zur Krönung ...[2]

In dieser Version trifft der Auftrag noch geraume Zeit, bevor Kaiser Leopold die Reise nach Prag antritt, ein (vielleicht im Juli?), und Mozart macht sich sogleich an die Arbeit am Requiem, wobei er sich in einen Zustand der Erschöpfung hineinsteigert. Es ist aber die Rede davon, daß Konstanze im Bilde ist und daß sie ihn zu diesem Zeitpunkt auf eine Ausfahrt mitnimmt. Konstanze war jedoch während des ganzen Juni bis Mitte Juli in Baden; *Die Zauberflöte* war Mitte Juli fertig, mit Ausnahme der Ouvertüre und des Marsches der Priester, wie die Eintragung in Mozarts thematischem Werkverzeichnis besagt. Wir werden sehen, daß *La clemenza die Tito* um die Julimitte in Auftrag gegeben worden sein muß, obwohl noch nicht genau feststand, wer die Hauptdarsteller sein würden. Mozart hatte also gar keine Zeit, ernsthaft mit dem Requiem zu beginnen. Die Chronologie des Rochlitz-Berichts ist falsch: Mehrere Episoden, die sich auf das Requiem beziehen, scheinen miteinander verschmolzen zu sein. In der Version, die für mich die Hauptquelle ist, heißt es klipp und klar, der Unbekannte sei »kurz vor der Krönung« gekommen. Die Tatsache, daß es die Niemetschek-Version (1798) ist, die in die Nissen-Biographie eingegangen ist, läßt vermuten, daß sie der Wahrheit näherkommt (so wie Konstanze sich ihrer erinnerte).

Wir können getrost die Tausende von Seiten übergehen, die zwischen 1792 und 1963 zum Thema Requiem veröffentlicht worden sind, denn erst 1964 überraschte Otto Erich Deutsch die Fachwelt mit einem langen und sensationellen handschriftlichen Bericht von einem, der über das Zustandekommen des Requiems aus erster Hand Bescheid wußte. Endlich, 172 Jahre nach den ersten gedruckten Mitteilungen über das Werk im Jahr 1792, kam der wahre Sachverhalt heraus. Hier ist das unschätzbare Dokument, das im Stadtarchiv von Wiener Neustadt, 50 Kilometer südlich von Wien, verwahrt wird.

Wahre und ausführliche Geschichte des Requiem von W. A. Mozart. Vom Entstehen desselben im Jahre 1791 bis zur gegenwärtigen Zeit 1839. [Von Anton Herzog, Kreis- und Hauptschul-Direktor und Chorregent in Wiener Neustadt]

Herr Franz Graf von Walsegg, Besitzer der Herrschaften Schottwien, Klam, Stuppach, Pottschach und Ziegersberg, in Österreich unter der Enns ... gelegen, lebte seit seiner Verehelichung mit Anna, geborenen Edlen von Flammberg, auf seinem Schloße zu Stuppach, als ein zärtlicher Gatte und wahrer Vater seiner Unterthanen. Er war ein leidenschaftlicher Liebhaber der Musik und des Theaters; daher wurden alle Wochen, am Dinstage und Donnerstage, jedesmahl durch volle drey Stunden, pünctlich, Quartetten gespielt, und am Sonntage Theater gegeben, an welchem letzteren der Herr Graf selbst sammt der Frau Gräfin und deren Frl. Schwester theil nahmen, wie auch alle Beamten, das ganze zahlreiche Hauspersonale, jedes nach seinen Fähigkeiten, Rollen übernehmen mußte. Zum Behufe des Quartettspieles hielt Hr. Graf zwey ausgezeichnete Künstler, Herrn Johann Benaro als Violin- und Herrn Louis Prevost als Violonzellspieler, Herr Graf spielte bey Violin-Quartetten das Violoncello, und bey Flöten-Quartetten die Flöte, und ich gewöhnlich die zweyte Violine oder die Viola. Ich war damahls an der Patronatschule des Hr. Grafen, zu Klam, als Lehrer angestellt.

Damit es aber bey so häufigen Productionen nicht an neuen Quartetten mangle, schaffte Hr. Graf nicht nur alle öffentlich herausgegebenen Musikalien dieser Art an, sondern stand auch noch mit vielen Compositoren, aber immer ohne seinen Nahmen zu nennen, in Verbindung, die ihm Werke lieferten, von denen er sich ausschließlich den Alleinbesitz vorbehielt, und sie daher gut honorierte. Nahmentlich hat Hr. [Franz Anton] Hoffmeister viele Flöten-Quartette geliefert, in welchen die Flötenstimme ganz practikabel, die drey übrigen Stimmen aber ungemein schwer gesetzt waren, damit sich die Spieler recht abarbeiten mußten, wozu Hr. Graf lachte.

Weil Hr. Graf aber nie gestochene Musikalien spielen wollte, ließ er dieselben auf zehnliniges Notenpapier schön ausschreiben, aber nie einen Auctor angeben. Die auf geheimen Wege erhaltenen Partituren, schrieb er gewöhnlich mit eigener Hand ab, und legte sie dann zum Ausschreiben der Auflagstimmen vor. Eine Original Partitur haben wir nie zu sehen bekommen. Die Quartetten wurden dann gespielt, und nun mußten wir den Auctor errathen. Gewöhnlich riethen wir auf den Hr. Grafen selbst, weil er wirklich zuweilen einige Kleinigkeiten komponierte; er lächelte dazu, und freuete sich, daß er uns, nach seiner Meinung, mystifizierte; wir aber lachten, daß er uns für so leichtgläubig hielt.

Wir waren alle junge Leute, und hielten das für ein unschuldiges Vergnügen, was wir unserm Herrn machten. Und auf solche Weise ging das Mystifizieren unter einander einige Jahre fort.

Diese Umstände glaube ich vorausschicken zu müssen, um das, was man bey der Entstehung des *Requiem* geheimnisvoll nennet, mehr beurtheilen zu können.

Am 14. Februar 1791 entriß der Tod dem Hr. Grafen seine geliebte Gattinn in der Blüthe ihres Lebens [sie war noch nicht einundzwanzig]. Er wollte ihr ein doppeltes Denkmahl, und zwar auf eine ausgezeichnete Art, gründen. Er ließ durch seinen Geschäftsträger, Herrn Dr. Johann Sortschan, Hof- und Gerichtsadvokaten, in Wien, bey einem der vorzüglichsten Bildhauer Wiens [Johann Martin Fischer, 1740–1820] ein Epitaphium, und bey Mozart ein Requiem bestellen, von welchem er sich wieder, wie gewöhnlich das alleinige Eigenthumsrecht vorbehielt.

Ersteres, welches über 3000 fr kostete, wurde wirklich in der Aue, nächst dem Schloße Stuppach, nach einer Zeit, aufgestellt, der Leichnam der Verblichenen aus der Familiengruft in Schottwien erhoben, und dort beygesetzt.

ILL. 1: *Eine Seite aus dem Manuskript von Mozarts Requiem (Kyrie) mit drei verschiedenen Handschriften. Die Vokalstimmen (Notenzeilen 8–11) und der Basso continuo (unterste Zeile, mit beziffertem Baß für die Orgel) sind von der Hand Mozarts, die Streicher- und Holzbläserstimmen (Violine I und II. Bratsche, Bassetthörner I und II sowie die Fagotte, Zeilen 1–5) sind von der Hand F. J. Freystädtlers und die Trompeten- und Paukenstimmen (Zeilen 6–7) von derjenigen F. X. Süßmayrs.*

Das Requiem aber, das jährlich am Sterbetage der Frau Gräfin aufgeführt werden sollte, blieb länger aus; denn der Tod überraschte Mozart in der Mitte dieser ruhmvollen Arbeit. Nun war guther Rath theuer. Wer sollte sich herbeylassen einem Mozart nachzuarbeiten? Und doch mußte das Werk vollendet werden; denn die Witwe Mozart, die sich wirklich, wie bekannt ist, nicht in den besten Umständen befand, hatte den Betrag von hundert Dukaten dafür zu empfangen. Ob Vorauszahlungen geschehen waren, ist uns nicht genau bekannt worden, obschon Gründe dafür sprechen.

Endlich ließ sich Süßmayr herbey, das angefangene große Werk zu vollenden, und bekennt in den Briefen an die Musikhandlung in Leipzig [Breitkopf & Härtel], daß er noch bey

Lebzeiten Mozarts, die schon in Musik gesetzten Stücke, nämlich das *Requiem, Kyrie, Dies irae, Domine* u.s.w. öfters mit ihm durchgespielt und gesungen, daß er sich mit ihm über die Ausarbeitung dieses Werkes sehr oft besprochen und ihm den Gang und die Gründe seiner Instrumentierung mitgetheilt hat.

[Herzog berichtet, wie Süßmayr das Werk vollendete und wie Mozarts unfertiges Autograph aussah, mit freigebliebenen Abschnitten etc.] Auf diese Weise war das Werk vollendet. Von dieser Partitur wurden sogleich zwey Copien veranstaltet. Die Handschrift Süßmayrs wurde dem Besteller eingehändigt. Eine Copie wurde an die Musikhandlung in Leipzig zum Drucke übergeben, die zweyte hier behalten und ausgeschrieben; worauf bald zum Besten der Witwe dieses herrliche Werk in dem Jahnischen Saale zum ersten Mahle aufgeführt wurde.[3] [Herzog bezog sein Wissen aus Stadlers veröffentlichten Aufzeichnungen. Er fährt fort:] Folglich hat Herr Graf von Walsegg keine Note des ganzen Requiem, von Mozarts eigener Hand geschrieben erhalten. [Tatsächlich bestand die Walsegg-Kopie aus Mozarts Autograph des »Requiem aeternam«, von Süßmayr »di me W. A. Mozart mpria 792« signiert, und dem Autograph des »Kyrie« mit Ergänzungen von Freystädtler und Süßmayr; der Rest des Manuskripts ist in Süßmayrs Handschrift, und die übrigen Originale von Mozart, soweit sie gingen, wurden von Konstanze einbehalten.] Ob man in dieser Sache mit dem Herrn Grafen von Walsegg aufrichtig, ich will gar nicht sagen, ehrlich handelte, will ich dahingestellt seyn lassen. Man hat ihm nicht einmahl gesagt, wie weit Mozarts Arbeit reichte, er glaubte bis zum Agnus Dei.

Dieses erhellte aus folgendem Umstande. Als ich mir später aus der in Leipzig aufgelegten Partitur, zu meinem Gebrauche, die Auflagestimmen ausschreiben ließ, ersuchte ich den Hr. Grafen um den Organo seines Requiem, weil derselbe in der Partitur wie bekannt, nicht beziffert ist, um mir die Mühe der Bezifferung zu ersparen; er sagte aber, ich würde seine Orgelstimme nicht ganz brauchen können, indem er ein anderes *Agnus Dei* habe. Ich überzeugte Hr. Grafen aber des Gegentheils, weil mir jede Note seines Requiem bekannt war, und mich das *Agnus Dei*, und die kluge Verbindung der darauffolgenden zwey Mozartschen Compositionen: *Requiem* und *Cum sanctis* besonders angesprochen haben.

Daß Herr Graf in seiner Partitur ein anderes *Agnus Dei* haben wollte, als die Leipziger Partitur enthält, suchte er uns dadurch zu beweisen, daß er immer sagte, er sey ein Schüler Mozarts, und habe ihm die Partitur stückweise zum Durchsehen nach Wien geschickt. Kurz vor dem Tode Mozarts habe er ihm gerade das vollendete *Benedictus* zu eben diesem Zwecke übersandt. Nach Mozarts Tode habe man die Partitur des Requiem vom Anfange bis zum *Agnus Dei* gefunden, und man glaubte, es sey Mozarts Composition, weil ihre beyden Handschriften [Walseggs und Mozarts] die täuschendste Ähnlichkeit mit einander haben sollten.

Herr Graf habe dann das Requiem mit Hinzufügung des *Agnus Dei* und des Übrigen vollendet; Süßmayr aber habe dieses mit seiner eigenen Composition ergänzt. Daher komme es, daß Hr. Graf ein anderes *Agnus Dei* habe, als in der Leipziger Partitur erscheine ...

Doch glaube ich überzeugt zu seyn, daß Mozart das *Sanctus* nicht in D dur und in diesem Style geschrieben haben würde; denn obschon der Text der nähmliche ist, wie in einem Hochamte, so sind doch die Umstände bey einem Requiem ganz andere; es wird ein Trauergottesdienst dabey gehalten, die Kirche ist schwarz tapeziert, und die Priester erscheinen im Trauer-Ornate. Dazu schickt sich keine grelle Musik. Man kann heilig, heilig, ausrufen, ohne dabei Paukenwirbel anwenden zu müssen ...

Der Frau Witwe Mozart und ihrer Umgebung mag auch der Vertrag, den ihr seliger Gatte mit dem Hr. Doctor Sortschan eingegangen ist, daß nähmlich Herr Graf von Walsegg alleiniger Eigenthümer des bestellten Requiem seyn sollte, nicht bekannt gewesen seyn; sonst würde man doch nicht zugleich bey der Absendung der Partitur an den Herrn Besteller, ohne dessen Wissen und Willen, eine Abschrift davon zum Verkaufe an die Musikhandlung in Leipzig geschickt haben? Man kann denken, welchen Eindruck es auf den Hr. Grafen machte, als er erfuhr, daß die Partitur seines Eigenthums in Leipzig öffentlich im Drucke erschienen sey. [Konstanze hatte es sich bei der Übergabe der Partitur an Walsegg ausbedungen, daß sie die Partitur an Fürstlichkeiten verkaufen könne, die sie natürlich nicht veröffentlichen würden;[4] aber die Breitkopf-&-Härtel-Unternehmung gehörte zweifellos nicht in diese Kategorie.]

Wirklich wollte Hr. Graf gegen die Witwe Mozart anfänglich ernstliche Schritte machen, die Sache wurde aber, bey seiner Herzensgüte, in der Folge güthlich ausgeglichen.

Nachdem also Hr. Graf von Walsegg die Partitur des Requiem erhalten hatte, schrieb er dieselbe sogleich, nach seiner gewöhnlichen Weise, mit eigener Hand von Note zu Note ganz rein ab, und übergab solche stückweise seinem Violinspieler Benaro, damit er die Auflagestimmen ausschreibe.

Unter dieser Arbeit saß ich oft stundenlang an Benaros Seite, und verfolgte den Gang dieses ausgezeichneten Werkes mit steigendem Interesse; denn zu jener Zeit war mir der ganze Vorgang mit dem Requiem durch den Hr. Oberbeamten [Franz Anton] Leitgeb [1744–1812], der die Abtragung des Honorars dafür, aus der Gypsniederlage in Wien, zu besorgen hatte, durchaus bekannt. [Die Familie Walsegg besaß eine Gipsfabrik in Schottwien.]

Da nun alle Auflagestimmen ausgeschrieben waren, so wurde sogleich die Einleitung zur Aufführung des Requiem getroffen. Weil sich aber in der Umgegend von Stuppach, nicht alle dazu geeigneten Musiker auf bringen ließen, so wurde veranstaltet, daß die erste Aufführung des Requiem in Wiener-Neustadt geschehen sollte. Man traf die Auswahl unter den Musikern so, daß die Solo- und wichtigsten Parte von den besten, wo man sie fand besetzt wurden; daher geschah es, daß der Sopranist Ferenz [ein Chorknabe?] von

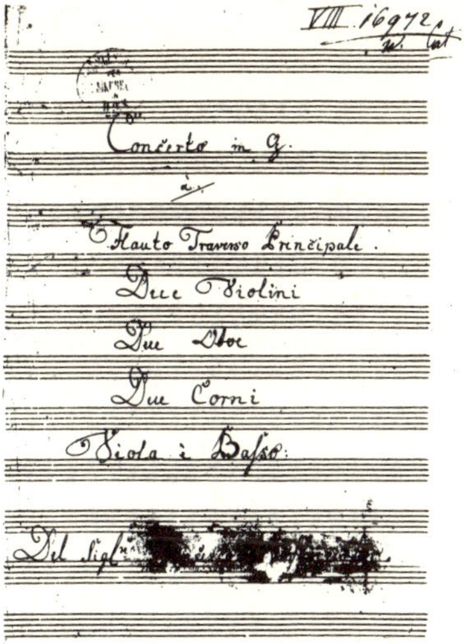

ILL. 2, 3: *Graf Walsegg, der mysteriöse Adelige, der das Requiem in Auftrag gab, führte dieses und andere Stücke österreichischer Komponisten unter seinem eigenen Namen auf. Hier ist ein zeitgenössisches Manuskript eines Werks von Franz Anton Hoffmeister wiedergegeben, in dem der Name des Komponisten durch denjenigen Walseggs ersetzt worden ist.*

[Wiener-]Neustadt, die Altistin Kernbeiß von Schottwein, der Tenorist Klein von Neustadt und der Bassist Thurner von Gloggnitz zu den Soloparten verwendet wurden. Am 12. Dezember 1793 wurde Abends auf dem Chore in der Cisterzienser-Stiftspfarrkirche zu Wiener-Neustadt die Probe, und am 14. Dezember um 10 Uhr ein Seelenamt in der nähmlichen Kirche abgehalten, wobey dieses berühmte Requiem zum ersten Mahle, zu seinem bestimmten Zwecke, aufgeführt wurde.

Herr Graf von Walsegg dirigierte selbst das Ganze. Von allen dabey mitwirkenden Musikern ist, meines Wissens, jetzt, da ich dieses schreibe, sonst keiner mehr am Leben, als ich, und Hr. Anton Plaimschauer, gegenwärtig Thurnermeister [Leiter der Stadtkapelle] hier in Wiener-Neustadt.

Am 14. Februar 1794, dem Sterbetag der Fr. Gräfin wurde das Requiem in der Patronatskirche des Hr. Grafen, zu Maria-

Schutz am Semmering aufgeführt, und von dieser Zeit an wurde davon von dem Hr. Grafen sonst kein Gebrauch gemacht, als daß er dasselbe in Quintetten für Streichinstrumente setzte, deren Partitur ich auch einige Jahre in meiner Verwahrung hatte ...

Diejenige Partitur des Requiem, welche von Süßmayrs Hand geschrieben seyn soll, habe weder ich, noch sonst Jemand, außer dem Hr. Grafen, je zu Gesichte bekommen, und man wußte auch nicht, was Hr. Graf mit derselben sammt den anderen Original-Partituren verschiedener Art, die er noch besessen hat, vorgekehret habe. Die Partitur aber, die mir Hr. Graf zum Einstudieren für die Sänger übergeben hat, war von seiner eigenen Hand geschrieben, und ich würde sie noch auf den ersten Blick erkennen.

Daß uns Herr Graf bey dem Requiem, wie bey den Quartetten mystifizieren wollte, war uns allen eine bekannte Sache; indem er es in unserer Gegenwart als seine Composition ausgab, wozu er aber immer lächelte.

... Nach dem Tode des Hr. Grafen von Walsegg [11. November 1827], brachte von der Schwester und Universalerbinn des Hr. Grafen, Frau Gräfin von Sternberg, Hr. Verwalter Leitner, den ganzen musikalischen Nachlaß käuflich an sich. Unter diesen mögen sich viele werthvolle Musikstücke befinden.

Im Sommer 1838 starb der herrschaftliche Amtsschreiber Haag im Schloße Stuppach, und setzte den dortigen Gerichtsdiener zum Universalerben seiner Verlassenschaft ein. Unter dieser befand sich auch eine kleine Musikaliensammlung. Und, o Wunder! man entdeckte darunter die Partitur des Mozartschen Requiem, die man sogleich als die Original-Partitur, und zwar von Mozarts eigener Hand geschrieben, erkennen wollte. [Das traf auf die ersten zwei Sätze zu, und der Rest sah seiner Handschrift sehr ähnlich, obwohl er in Wirklichkeit von Süßmayr stammte.]

Die Sache kam zur Kenntniß Sr. Exzellenz des Herrn Grafen Moriz von Dietrichstein, wie auch des k. k. Herrn Hofrathes von Mosel, und es wurde sogleich die Einleitung getroffen, daß diese Partitur nach Wien gesendet wurde, um sie für die k. k. Hofbiblitohek anzukaufen, wo sie sich auch gegenwärtig befindet ...

Friede sey der Asche des herrlichen Meisters, und auch der des verehrten Gönners, dessen Liberalität wir ein so schätzbares Kunstwerk zu verdanken haben.[5]

Irgendwie kam das Dokument den Wiener Behörden zur Kenntnis. Vielleicht wollte Herzog es veröffentlichen. Die Behörden allerdings hielten das für eine sehr ernste Angelegenheit. Am Fuß des Dokuments lesen wir:

Nicht zugelassen
Vom kk. Amte
Wien 8. Febr. 1839
Freyberger e.h.

Es ist etwas unendlich Rührendes und Unschuldsvolles an dem Walsegg-Vorgang; wie der sterbende Nelson hätte auch Walsegg flüstern können: »Ich bin kein *großer* Sünder gewesen, Doktor.«[6] Das war er nicht; er war aber sicherlich leicht verrückt, daß er wie die Karikatur eines Grandseigneurs des 18. Jahrhunderts auf seinem schönen und recht abgelegenen Schloß mit seiner prächtigen Aussicht auf den bewaldeten Semmering lebte und dabei vorgab (wenn auch nur leichthin), an ihm sei ein großer Komponist verlorengegangen. Man kann sehen, daß er von seinen Untertanen geliebt wurde; und schließlich verdanken wir ihm das Requiem – in seiner ehrfurchtgebietenden Erhabenheit verbunden mit unendlicher Tröstung –, ihm und dem Tod seiner schönen jungen Frau. Die Geschichte war eines E. T. A. Hoffmann würdig.

Kürzlich hat der hervorragende österreichische Wissenschaftler Otto Biba Reste der Walsegg-Papiere[7] entdeckt, darunter waren von Wiener Notenschreibern angefertigte Notenmanuskripte, auf denen die Herkunftsbezeichnungen geändert worden waren, nämlich von François Devienne beziehungsweise Franz [Anton] Hoffmeister in »Fr. C.[omte] de Walsegg«.

So endet das große Geheimnis um das Requiem, mit dem der Auftraggeber dem geschwächten und kränkelnden Mozart eine solche Angst eingejagt hatte, in einer Farce.

Die Geschichte des Requiems, soweit sie den Komponisten im Jahr 1791 betraf, verlief in zwei Abschnitten: die Periode, in der er den Auftrag erhielt, und diejenige, in der er mit der äußersten Konzentration an ihm zu arbeiten begann. Zwischen diesen zwei Abschnitten lagen die Reise nach Prag und die Uraufführung der *Zauberflöte.*

VIII
Eine Reise nach Prag

La clemenza di Tito (KV 621), Mozarts letzte Oper, führte während des größten Teils des 19. und der ersten Hälfte des 20. Jahrhunderts ein Schattendasein in fast völliger Vergessenheit. Erst in den letzten fünfundzwanzig Jahren ist sie als eine der großen Schöpfungen des Komponisten erkannt worden. Opernhäuser in Europa und Amerika haben bedeutende Produktionen des Werks herausgebracht, es ist sogar fürs Fernsehen verfilmt worden, in einer denkwürdigen Inszenierung von Jean-Pierre Ponnelle, mit den Caracalla-Thermen in Rom als *mise en scène.* Es gab mehrere Gründe für die lange Vernachlässigung der Oper; einer war, daß die Partie des Sextus für einen Kastraten (einen männlichen Sopran oder Alt) geschrieben war, und die Art von Sängern verschwand nicht lange nach der Komposition des Werks aus den Opernhäusern Europas. Heute jedoch haben wir die Oper als ein Werk tiefer psychologischer Erkenntnis zu würdigen gelernt, als ein Werk, das mindestens eine Stunde der großartigsten Musik enthält, die Mozart je geschrieben hat. Das reicht sicher aus, dem Werk Unsterblichkeit zu sichern.

Die Geschichte, wie Mozart dazu kam, *La clemenza di Tito* für die Krönungsfeierlichkeiten in Prag zu schreiben, beginnt ganz unwahrscheinlich: mit Haydn in England. Haydn war von Johann Peter Salomon dorthin eingeladen worden und hatte im ersten Halbjahr 1791 eine ungewöhnlich erfolgreiche Saison erlebt. Wir wissen auch, daß er bis Mitte Juli 5883 Gulden zurücklegen konnte. Am 20. Juli schrieb der Komponist an Fürst Esterházy, daß Salomon ihn aufgefordert habe, noch eine weitere Saison dazubleiben, und bat um eine Verlängerung seines Urlaubs. Haydn muß tief betrübt gewesen sein, als er die Antwort las, die am 21. August in Eisenstadt abgegangen war:

> Mit vielem Vergnügen entnehme ich aus Ihrem Schreiben von 20ten July, wie sehr Ihre Talente in London geschätzet werden, und nehme hieran wahrhaften Antheil; kann aber ihnen hierbei nicht bergen, daß mir ihre dermahlige schon längere Abwesenheit nicht nur sehr beschwersam, sondern auch sehr kostspielig gefallen seye, indem ich mich bei dem in diesem Monat zu Esterhaz fürgewesenen Festien mich an frembte Leute zu verwenden gezwungen ware. Sie werden es mir daher nicht verdencken, daß ich Ihnen die noch auf ein Jahr angesuchte Verlängerung ihrer Urlaub nicht bewilligen könne; sondern vielmehr deme nächstens von ihnen den zeit Punct zu vernehmen gewärtige, wann Sie wiederum allhier zurück eintreffen werden.

Schließlich blieb Haydn aber doch bis Ende Juni 1792, und Fürst Esterházy entließ seinen getreuen Kapellmeister nicht; der Fürst soll, als er den Komponisten bei den Krönungsfeierlichkeiten für den neuen Kaiser Franz II. in Frankfurt traf, lediglich gesagt haben: »Sie hätten mir 40 000 Gulden ersparen können, Haydn.«

Es waren dann im wesentlichen die Festlichkeiten in Eszterháza, die die ganze Kette von Ereignissen auslösten, die Mozart nach Prag brachten. Zwischen dem 3. und 6. August 1791 feierte Fürst Anton Esterházy seine Einsetzung zum Oberhaupt des Komitats Ödenburg (heute Sopron in Ungarn), zu dem Eszterháza gehörte, in dem berühmten Schloß, in dem Haydn von 1766 bis zum September 1790 für die Musik verantwortlich gewesen war.[1] Berichten zufolge gab Esterházy 300 000 Gulden dafür aus, davon 40 000 für eine neue Kantate, *Venere ed Adone,* mit dem Text von Abbate G. B. Casti und der Musik von Haydns Patensohn Joseph Weigl, zu der Zeit Starschüler von Antonio Salieri und nichtamtlicher Dirigent am K. K. Hoftheater in Wien. Um die neue Produktion aufführen zu können, brachte Weigl eine Reihe führender Sänger von der Wiener Oper mit, unter ihnen Cecilia Giuliani, Dorothea Bussani, Vincenzo Calvesi und Joseph Valentin Adamberger, von denen die letzten drei in Mozarts Opern unter seiner Leitung gesungen hatten. Außer der Kantate gab es einen großen Ball, Feuerwerk und Jagden; Schloß und Park waren durch 80000 Öllämpchen illuminiert.[2] Der Kaiser war natürlich eingeladen, aber die vielen Pflichten und Staatsgeschäfte, die der dringenden Erledigung bedurften, verhinderten sein Kommen;[3] dafür waren Erzherzog Franz, der Thronfolger, und die Erzherzöge Karl und Alexander Leopold (Palatin und Fürstprimas von Ungarn) zugegen.

Wegen Weigls Abwesenheit vom Wiener Theater war Salieri gezwungen, seine Pflichten zu übernehmen; deshalb war Salieri gezwungen, ein hochinteressantes Angebot abzulehnen. Wir wissen das alles aus einem eigenhändigen Brief des Komponisten von Ende August 1791 an Fürst Anton Esterházy, der vor kurzem im Esterházy-Archiv in Budapest gefunden wurde.

> Hoheit! Unmittelbar nach der Rückkehr der italienischen Operncompagnie, die die Ehre hatte, Eurer Hoheit bei der jüngsten großartigen Fête in Eszterháza zu Diensten zu sein, wurde mir berichtet, jemand habe Eurer Hoheit geschrieben, ich hätte dem Souffleur des Kaiserlichen Theaters die Genehmigung verweigert, nach Eszterház zu gehen, was bei den Proben für diese Fête gewisse Unannehmlichkeiten verursachte und auch mich den erniedrigendsten Verdächtigungen aussetzt.
>
> Der Person, die etwas derartiges vorbrachte, dürfte sicherlich entgangen sein, daß ich während der letzten sieben Jahre der Lehrer des jungen Weigl gewesen war, für dessen Talent und Habitus ich mir das Verdienst anrechnen kann, indem ich selbst ihm ein Gedicht eines berühmten Poeten für die Oper [die Kantate *Venere ed Adone*] für Eszterháza gab und ihn zur Komposition veranlaßte, nachdem ich schon begonnen hatte, es in Musik zu setzen. Darüber hinaus hatte ich, um meinem Schüler mehr Freiheit zu geben, seine Musik in der zur Verfügung stehenden Zeit zu vollenden, und um sich und seinem Lehrer bei einem derart großartigen Anlaß Anerkennung zu verschaffen, für mehr als zweieinhalb Monate seine

ILL. 4: *Antonio Salieri. Silhouette von Hieronymus Löschenkohl, 1786.*

Pflichten am Hoftheater übernommen, und das in dem Ausmaß, daß ich selbst die kleineren Proben für die *opere buffe* abhielt, insoweit mich die übrige Arbeit meiner Position nicht daran hinderte. Und außerdem mußte ich, ohne es zu bedauern, die Komposition der Oper ablehnen, die für die Krönung in Böhmen in Vorbereitung ist, für welche Oper der Impresario fünfmal von Prag nach Wien kam, um mir den Auftrag aufzunötigen, und mir sogar 200 Zechinen [Dukaten] entgegenhielt, einen Auftrag, den ich nicht annehmen konnte, da ich mich allein den Angelegenheiten des Hoftheaters zu widmen hatte.

Solche Opfer stehen in einmaligem Gegensatz zu den gegen mich vorgebrachten Anschuldigungen. Daß dergleichen Umstände mißachtet oder von der Person mit Absicht ignoriert wurden, die mich in die Rolle des Urhebers der möglichen oder tatsächlichen Unbilden versetzte, würde mich nicht besonders oder auch überhaupt nicht bestürzen, aber ich fühle mich verpflichtet, meine Handlungsweise anläßlich dieses Vorkommnisses Eurer Hoheit zu erklären, da ein ehrenwerter Mann, ein Künstler und Familienvater, der die wenigen freien Stunden, die ihm sein Beruf läßt, nützt, um seinem Nachbarn Gutes zu tun, ohne jegliche Hintergedanken, dasselbe Gute, was ihm unumschränkt durch andere zuteil wurde, ein solcher Mann kann und darf nicht gleichgültig bleiben angesichts solcher Art von Verurteilung, wie sie ihm widerfährt.

Ich weiß durch die Compagnie, daß der wahre Urheber dieser Intrige schließlich entdeckt wurde, aber ich bezweifle, ob diese Tatsache Eurer Hoheit bekannt ist, und das ist der Grund, weshalb ich den Entschluß gefaßt habe, Ihnen diese Rechtfertigung respektvoll vorzutragen, die ich Eure Hoheit bitte, als Zeichen meiner tiefen Hochachtung entgegenzunehmen, mit der ich als Eurer Hoheit untertänigster und gehorsamster Diener unterzeichne,

Antonio Salieri
Primo maestro di capella della
corte imperiale di Vienna.[4]

Aus dieser bisher unbekannten Quelle ersehen wir, daß Antonio Salieri für den Prager Impresario die erste Wahl als Komponist der neuen Krönungsoper war. Dieser Impresario war Domenico Guardasoni, ein italienischer Theaterdirektor, der das Nationaltheater in Prag mit Unterbrechungen seit 1788 geleitet hatte. Einige Zeit nach dem 10. Juni 1791, als Guardasoni von Warschau nach Prag zurückgekehrt war, traten die Böhmischen Stände[5] an ihn heran wegen einer neuen Oper, die anläßlich der Krönung Leopolds II. zum König von Böhmen am 6. September aufgeführt werden sollte. Offenbar hatten die Prager Behörden alles bis zum letzten Augenblick verschleppt. Ihr Vertrag mit Guardasoni trägt das Datum 8. Juli 1791, es sind also weniger als zwei Monate bis zu dem Tag, an dem die neue Oper gegeben werden sollte. Das (italienisch abgefaßte) Dokument lautet:

Spezifikation der Vertragspunkte, die ich als Unterzeichner gegenüber den Hohen Ständen von Böhmen einzuhalten mich einverstanden erkläre ... eine Große Opera Seria betreffend, aufzuführen in diesem Nationaltheater aus Anlaß der Krönung I[hrer] K. K. M[ajestäten] in den ersten Tagen des kommenden Septembers; für welches Vorhaben mir sechstausend Florins bezahlt oder anvertraut werden, oder sechstausendfünfhundert, sollte der Kastrat Marchesi engagiert werden.

Zum ersten verpflichte ich mich, einen Ersten Kastraten ersten Ranges zu engagieren wie z. B. Marchesini [Marchesi] oder Rubinelli oder Crescentini oder Violani, oder einen anderen, aber immer von führender Qualität.

Und gleichermaßen verpflichte ich mich, eine Prima Donna zu engagieren, ebenfalls ersten Ranges und jedenfalls die Beste in dieser Kategorie, die frei ist, und ich erkläre mich damit einverstanden, daß meine Compagnie die restlichen Sänger stellen wird.

Zum zweiten willige ich ein, für die Abfassung des Librettos Sorge zu tragen, entweder über die zwei Themen, die mir von Seiner Exzellenz dem Burggrafen übergeben worden sind, und zu veranlassen, daß sie durch einen berühmten Meister vertont werden; sollte sich das aber in Anbetracht der kurzen Zeit als unmöglich herausstellen, verpflichte ich mich, eine neukomponierte Oper über das Thema des *Tito* von Metastasio zu beschaffen.

Zum dritten verpflichte ich mich, für diese Oper zwei neue Szenerien machen zu lassen.

Und gleichermaßen verpflichte ich mich, neue Kostüme anfertigen zu lassen, insbesondere für die Hauptpartien dieser Oper.

Zum vierten verpflichte ich mich, das Theater zu illuminieren und mit Girlanden zu versehen, jedes Detail besagter Oper in Szene zu setzen und sie an einem Abend gratis aufzuführen, zur Verfügung besagter Hoher Stände, innerhalb der spezifizierten Zeit.

Dringliche Bedürfnisse:

Zum ersten, daß ich einen Vorschuß von sechshundert Florins für meine Reise nach Wien und Italien erhalte auf einer Zahlungsanweisung an eine Bank in Wien und in Italien und daß ich einen Wechsel über etwa zwei Tausend Florins erhalte, für den Fall, daß die Sänger auf einer Vorauszahlung bestehen.

Zum zweiten, daß das verbleibende Honorarium an dem Tag an mich ausbezahlt wird, an dem die Oper exekutiert ist.

Zum dritten, daß wenn innerhalb von vierzehn Tagen nach dem Tag meiner Abreise nach Italien die Oper abgesagt wird, dann nur die Ausgaben der Reise zu zahlen sind.

Zum vierten wird Guardasoni umgehend den Tag bekanntgeben, an dem er einen Sänger engagiert; von diesem Tage an wird besagter Sänger, falls die Oper nicht gegeben wird, entschädigt, wenn er oder sie Italien bereits verlassen haben sollte.

Zum fünften, sollte die Oper nicht gegeben werden, sollen diejenigen Gegenstände, die für das vorgeschossene Geld angeschafft worden sind, einbehalten werden, während diejenigen, für die kein Vertrag ausgefertigt worden ist, zurückgegeben werden sollen; und eine Vergütung soll an Guardasoni gezahlt werden, wenn die Ausgaben für die Reise nachweislich größer waren als der vorgeschossene Betrag.

Prag, 8. Juli 1791
Henrico Conte di Rottenhan [Oberstburggraf][6]
Casparo Ermanno Conte Kinigl [Künigl]
Giuseppe Conte di Sweerth
Giovanni Conte Unwerth
Giovanni Baron d'Hennet

Domenico Guardasoni
Impresario[7]

Aus diesem Dokument geht klar hervor, daß nicht einmal im Juli endgültig feststand, ob es überhaupt eine Krönungsoper in Prag geben würde. Die Stände zeigten keine besondere Vorliebe für einen Komponisten, nur sollte das alte und erfolgreiche Buch *La clemenza di Tito* von Pietro Metastasio gewählt werden, wenn die (uns nicht bekannten) Themen des Grafen Heinrich Rottenhan nicht zu einem Libretto verarbeitet werden könnten. Ein anderer Verfasser oder ein Bearbeiter wird nicht erwähnt.

Guardasoni war in der Tat bereits zwei Jahre zuvor in Mozarts Leben getreten, und zwar in Zusammenhang mit einem anderen Werk. Am Karfreitag (10. April) 1789 hatte Mozart seiner Frau von Prag geschrieben: »Ich ging also zu Guardasoni – welcher es auf künftigen Herbst fast richtig machte mir für die Oper 200 [Dukaten] und 50 Reisegeld zu geben ...«[8] Dieser Plan wurde nicht verwirklicht, weil Guardasoni noch im selben Jahr nach Warschau geholt wurde und erst am 10. Juni 1791 nach Prag zurückkehrte.

Die Truppe, die einem Bericht in der *Prager Oberpostamtszeitung* vom 14. Juni 1791 zufolge im Gasthaus *Blauer Stern* untergebracht war, bestand aus »Herrn Guardasoni, Direktor der italienischen Operncompagnie, Herrn Bassi, Herrn Balleoni [Baglioni], Mad. Perini mit drei Töchtern, Mad. Katharina Mitschelli [Micelli], Mad. Michalowicz, Herrn Bonziani, Herrn Campi, Herrn Lolli, Opernvirtuosen aus Warschau ...«.[9] Viele dieser Sänger sollten in den ersten Aufführungen von *La clemenza di Tito* mitwirken.

Am 9. Juli 1791, dem Tag nach der Vertragsunterzeichnung, erhielt Guardasoni seinen Vorschuß von 600 Gulden und reiste nach Wien und von da nach Bologna, wohin ihm die Böhmischen Stände 2000 Gulden überwiesen hatten, damit er die Sänger engagieren konnte.[10]

Wenn Guardasoni wirklich fünf Reisen von Prag nach Wien unternommen haben sollte, um Salieri dazu zu bewegen, die Krönungsoper zu komponieren – wie Salieri behauptet, was aber schwer zu glauben ist –, unterlag er sicherlich der Fehleinschätzung, Salieri sei der von Hof bevorzugte Komponist. In Wirklichkeit stand Salieri, im Gegensatz zu dem, was allgemein angenommen wird, bei Leopold II. nicht sehr hoch in der Gunst. In seinen Memoiren berichtet Lorenzo da Ponte von einem

Zusammentreffen mit dem Kaiser, bei dem der Kaiser gesagt haben soll:

> Ach was, Salieri! Ich weiß alles über ihn. Ich kenne alle seine Intrigen, und ich kenne die Intrigen der Cavalieri [Salieris Geliebte]. Salieri ist ein unerträglicher Egoist. Er will den Erfolg in meinem Theater nur für seine eigenen Opern und sein eigenes Weibsstück. Er ist nicht nur Ihr Feind. Er ist der Feind aller Komponisten, aller Sänger, aller Italiener; und vor allem, er ist mein Feind, weil er weiß, daß ich ihn kenne. Ich will weder ihn noch dieses deutsche Weib länger in meinem Theater ...

Wenn da Pontes Geschichte auch nur einen Funken Wahrheit enthält – und es gibt Äußerungen Dritter, die Salieris Unbehagen über seine Position bestätigen[11] –, dann war Salieri kaum der vom Hof favorisierte Komponist.

Leopolds Wahl, wenn er überhaupt die Zeit gefunden hätte, sich für dieses Thema zu interessieren, wäre vermutlich auf Domenico Cimarosa gefallen. Der Kaiser plante, Cimarosa aus Rußland (wo er Opern für Katharina die Große komponierte) nach Wien zurückzuholen und Salieri für drei Jahre nach Neapel zu schicken, wohin Cimarosa hätte zurückkehren sollen. Cimarosa kam dann sowieso nach Wien und schrieb im Februar 1792 für das Hoftheater sein Meisterwerk *Il matrimonio segreto*.[12] Dieses Werk gefiel dem Kaiser so gut, daß er persönlich veranlaßte, daß es noch am Abend des Tags der Uraufführung wiederholt wurde; er zahlte Cimarosa 1350 Gulden und schenkte ihm die gesamten Kasseneinnahmen der dritten Aufführung (die, wie die beiden vorangegangenen, ausverkauft war) sowie eine goldene, mit Diamanten besetzte Schnupftabakdose.

Und wie kam nun Mozart ins Bild? Und wie kam es, daß die Stände Guardasoni gleich *La clemenza di Tito* vorgeschlagen hatten für den Fall, daß ein Originallibretto nicht zustande käme? Die Antworten auf diese Fragen geben zeitgenössische Dokumente. Das erste betrifft ein Benefizkonzert, das Mozarts

Freundin Josepha Duschek in Prag gab; die Ankündigung sah folgendermaßen aus:

Mit hoher und gnädigster Bewilligung
Wird heute Dienstag den 26. April 1791
Madame Duschek
die Ehre haben
im königl. Nationaltheater
Eine Musikalische
Academie
zu geben

Vorkommende Stücke:

1^{ens} Eine Symphonie von Herrn Girovetz
2^{ns} Eine Allegro Arie von Herrn Cimarosa
3^{ens} Ein Stück aus einer Simphonie
4^{ens} Eine ganz neu verfertigte große Scene von Herrn Mozart
5^{ens} Ein Konzert auf dem *Forte piano* von Hrn. Mozart gespielt von Hrn. Witassek
6^{ens} Ein Rondo von Herrn Mozart mit obligaten Basset-Horn
7^{ens} Den Beschluß macht ein Stück aus einer Simphonie[13]

Die Identifizierung der vierten Nummer ist mit beträchtlichen Schwierigkeiten verbunden, aber die sechste ist eine ausgesprochene Sensation, denn der einzige Kandidat für ein Mozart-Rondo (in diesem Zusammenhang eine Arie, bestehend aus einem langsamen Teil, dem ein schneller folgt) mit Bassetthorn ist *Non più di fiori,* das Vitellia im II. Akt von *La clemenza di Tito* singt. Aber wie ist das möglich? Der Auftrag für die Oper kann Mozart keineswegs vor dem 14. Juli 1791 erteilt worden sein, und jetzt singt seine Freundin Madame Duschek anscheinend schon im April eine Arie daraus (das vierte Stück könnte ebenfalls aus der Oper sein, wenn es nur zu identifizieren wäre). Daß Madame Duschek das Rondo tatsächlich in ihrem Repertoire hatte, läßt sich daraus ersehen, daß sie es in ihr Wiener Konzert vom 29. März 1798 aufnahm, und zwar als »Rondo mit obbligato Bassetthorn von Mozart, begleitet von Herrn Stadler«. Die Bassetthorn-Partie war also offensichtlich für Mozarts Freund Anton Stadler komponiert, der auch in der Uraufführung der Oper in Prag mitspielte.

Und weiter: Wir haben das Glück, daß das Autograph von *La clemenza di Tito* zum größten Teil erhalten ist; das hilft uns bei der Feststellung, welche Teile der Oper in Prag geschrieben wurden, weil eine der Papiersorten dieselbe ist, die Mozart sowohl für die (bekanntermaßen in letzter Minute geschriebene) Ouvertüre zu *Don Giovanni* verwendete als auch für die Konzertarie *Bella mia fiamma* (KV 528), die Mozart für Madame Duschek komponierte, als er im November 1787 in Prag war. Diese Hinweise auf die Reihenfolge in der Komposition der Oper sollen später erörtert werden, aber es gibt da eine ganz erstaunliche Tatsache, die unser Rondo mit Bassetthorn unmittelbar betrifft. Bevor ich sie offenlege, müssen wir uns mit der Struktur des Stücks, Nr. 23 in der Nummernfolge der Oper, befassen. Sie sieht folgendermaßen aus:

Szene 15 des II. Akts zeigt Vitellia allein; zunächst singt sie ein begleitetes Rezitativ (Nr. 22), *Ecco il punto, o Vitellia,* das mit einer Kadenz in B-Dur schließt. Die nächste Szene, Nr. 23, ist *Rondo* betitelt und wie folgt gegliedert:

Teil I: *Larghetto,* 3/8, F-Dur. Instrumentation: ein Bassetthorn mit Flöte, zwei Oboen, zwei Fagotten und zwei Hörnern. Textanfang: *Non più di fiori.* Takt 1 bis 43.

Teil II: *Allegro,* 4/4, dieselbe Besetzung. Textanfang: *Infelice! qual orrore!* Takt 44–180.
Takt 180: Modulation von F-Dur zur nächsten Nummer als Überleitung zu Nr. 24 (16. Szene), Chor (der Marsch *Che del ciel*).

Teil II ist auf einem Notenpapier geschrieben, das sonst nirgendwo im Autograph von *La clemenza di Tito* erscheint und in der Tat nur ganz selten in Mozarts gesamtem Œuvre. Es findet sich in einigen Werken Haydns (zum Beispiel in einer authentischen Abschrift der Arie der Rosina *Signor, voi che sapete*[14], einer Einlage in *Il matrimonio per inganno* von Anfossi, im Sommer 1785 im Schloß Eszterháza aufgeführt). Die Wasserzeichen lassen auf ein aus Norditalien stammendes Papier schließen: drei Mondsicheln abnehmender Größe, eine Krone über den Buchstaben G/FA. Teil I dagegen steht auf einem Papier, das auch in vielen anderen Nummern der Oper Verwendung fand, und der letzte Takt der Musik, der noch darauf geschrieben ist, ist tatsächlich der erste des nachfolgenden Allegros. Nicht nur das: Es gibt eine frühere, fallengelassene Version von Teil I, und die steht auf dem gleichen Papier. Die Schlußfolgerungen liegen auf der Hand: Das Allegro, Teil II, war ursprünglich Bestandteil eines älteren Werks. Und weiter: Im allerletzten Takt (180) schrieb Mozart ursprünglich drei Fermaten ins Autograph, um anzuzeigen, daß die Musik nach der ersten Note schloß. Nun hängte er im gleichen Takt die Modulation an und begann bei Takt 181 einen neuen Bogen. Sicherlich war damit zumindest das Allegro Teil des Rondos mit Bassetthorn, das Madame Duschek schon früher im Jahr 1791 sang. (Das ganze Rondo, wie es heute vorliegt, kann sie nicht gesungen haben, weil es noch nicht komponiert war; vielleicht gab es eine andere Introduktion, die nicht überlebt hat.)[15]

Der tschechische Musikwissenschaftler Tomislav Volek hat unsere Erkenntnisse über dieses merkwürdige Kapitel in Mozarts Leben mit seiner Entdeckung der Prager Dokumente, die *La clemenza di Tito* betreffen, von Grund aus verändert.[16] Nachdem er bewiesen hatte, daß *Non più di fiori* (zumindest teilweise) früher als der Rest der Oper entstanden war, war es nur ein Schritt zu der Vermutung, Mozart habe schon begonnen, sich mit der Musik für *La clemenza di Tito* zu beschäftigen, lange bevor es die feste Verpflichtung gab, eine Krönungsoper zu schreiben; und daß es sich bei dem Gespräch mit Guardasoni im Jahr 1789 über eine Oper, von dem oben die Rede war, um eine Vorversion von *Tito* gedreht haben müßte. Das ist allerdings Spekulation. Es setzt voraus, daß Mozart mit dem Mann, der schließlich Metastasios Libretto einrichtete und sozusagen »modernisierte«, bereits Kontakt gehabt hätte: mit Caterino Mazzolà, einem Italiener, der Hofdichter in Dresden war. Es gibt aber keine Belege dafür, daß Mozart Mazzolà vor dem Sommer 1791 begegnet ist.

Der Text unserer berühmten Nr. 23 ist aber nicht der aus Metastasios Original, geschrieben in Wien im Jahr 1734 für den Hofkomponisten Antonio Caldara. Im Original steht Vitellias Arie im III. Akt (und nicht wie bei Mozart im II. Akt). Das Rezitativ *Ecco il punto, o Vitellia* ist dasselbe wie Mozarts Nr. 22; mit Ausnahme einer kurzen Streichung am Schluß sind die Texte identisch. Aber in Metastasios Original von 1734 lautet der Text der Arie folgendermaßen:

Getta il nocchier talora
  Pur que' tesori all'onde,
  Che da remote sponde
  Per tanto mar portò.
E, giunto al lido amico,
  Gli Dei ringrazia ancora,
  Che ritornò mendíco,
  Ma salvo ritornò.

In Mozarts Fortsetzung hat das Rondo den Text:

Non più di fiori vaghe catene
discenda Imene ad intrecciar.
Stretta fra barbare aspre ritorte
veggo la morte ver me avanzar.

Non più di fiori, ecc.

Infelice! qual orrore!
Ah di me che si dirà?
Chi vedesse il mio dolore,
pur avria de me pietà,

Non più di fiori, ecc.

Infelice! qual orrore! ecc.[17]

Dieser Text war niemals Teil von Metastasios Original, noch kommt er in irgendeiner anderen Oper des berühmten Dichters vor. Es gibt also keinen Beweis dafür, daß Mozart gemeint haben könnte, er komponierte ein Stück für *La clemenza di Tito,* als er die Bravourarie für Madame Duschek zu schreiben begann. Wer war aber dann der Verfasser des Texts für diese Arie? Stammt er aus einer bislang nicht aufgefundenen Oper? Wenn aber, was nach dem gegenwärtigen Kenntnisstand als wahrscheinlich anzunehmen ist, diese Musik ursprünglich eine große Konzertarie für Madame Duschek war, weshalb wurde sie dann nicht in Mozarts mit peinlicher Genauigkeit geführtes thematisches Werkverzeichnis aufgenommen? Sollte andererseits diese Szene wirklich *kein* Konzertstück, sondern Teil eines Plans für *La clemenza di Tito* gewesen sein, wie paßt das alles mit Caterino Mazzolà zusammen? Wann war Mozart ihm begegnet?

Um diese Frage zu beantworten, müssen wir auf Guardasoni zurückkommen. Als er, offenbar in beträchtlicher Beklemmung, von Prag nach Wien abreiste, hatte er als Ausweichsmöglichkeit eigentlich schon die Absicht, jemanden Metastasios *Tito* umschreiben zu lassen; bevor er aber nur daran denken konnte, einen Komponisten zu engagieren, mußte er einen Textdichter finden, mit dem er die beiden Themen für eine Oper wenigstens erörtern könnte, die Graf Rottenhan vorgeschlagen hatte. Wenn keine Zeit war, nach einem dieser Vorschläge ein neues Libretto zu schreiben, dann müßte dieser Dichter eben *La clemenza di Tito* von 1734 für 1791 auffrischen. Guardasoni muß am oder um den 14. Juli in Wien eingetroffen sein – nachdem er am 10. oder 11. von Prag abgereist war –, und dort wäre es das naheliegendste gewesen, unverzüglich mit dem offiziellen Hofdichter Kontakt aufzunehmen.

Lorenzo da Ponte war im Frühjahr 1791 entlassen worden, und zum Nachfolger hatte der Hof Mazzolà ernannt, der in Dresden tätig gewesen war. Mazzolà reiste über Prag, wo er am 6. Mai eintraf.[18] Die Personallisten der Generalintendanz der Hoftheater in Wien führen Mazzolàs Namen vom Mai bis Ende Juli, als er seinerseits entlassen wurde, um dem viel berühmteren

Dichter und Librettisten Giovanni Bertati Platz zu machen.[19] Mitte Juli war jedoch Mazzolà noch der offizielle kaiserliche[20] Dichter in Wien, und augenscheinlich wandte sich Guardasoni wegen eines Librettos an ihn. Was die Musik angeht, so steht nicht fest, ob er ein letztes Mal Salieri zu bewegen versuchte, die Aufgabe zu übernehmen; aber schließlich ging er zu Mozart, und die Mazzolà-Mozart-Guardasoni-Zusammenarbeit begann.[21]

Über die zukünftige Besetzung von *La clemenza di Tito* konnte Guardasoni nur sagen, daß zwei der führenden Sänger in Italien engagiert werden mußten. Bevor Mozart wußte, wer sie sein würden und welchen Stimmumfang sie besäßen, konnte er schwerlich etwas für sie schreiben außer Ensemblenummern, in denen er Stimmumfänge voraussetzen konnte, die (sozusagen) für jeden Sopran oder jeden Tenor passend sein würden. (A propos Stimmumfang: Das Allegro von Madame Duscheks Rondo reicht vom g unterhalb des mittleren c bis a″, mit Schwerpunkt auf den mittleren und tieferen Brusttönen – ihrer Spezialität –, während die Sängerin, die schließlich für die Partie der Vitellia angeheuert wurde, Maria Marchetti-Fantozzi, einen Umfang vom mittleren c bis zu c″ hatte; doch muß Mozart nach ihrem Eintreffen gesehen haben, daß sie die tieferen Töne in Madame Duscheks Original ebenso bewältigen wie das hohe d″ erreichen konnte.)

Die einzige Stimme, die Mozart gut kannte, war die des zukünftigen Titus – des Tenors Antonio Baglioni, der den Don Ottavio in *Don Giovanni* 1787 in Prag kreiert hatte. Abgesehen von der Musik für diesen einen Sänger, glaubte Mozart, er könne nur einige Ensemblenummern zu schreiben riskieren, solange er die Stimmen nicht kannte, die singen sollten. Er konnte also mit Skizzen und Entwürfen für Nummern beginnen, in denen Vitellia, Sextus, Servilia und Annius mitwirkten; es stand ja laut Vertrag fest, daß Sextus ein Kastrat sein würde.

Der kompositorische Prozeß und sein Verlauf lassen sich anhand einer Untersuchung der verschiedenen von Mozart verwendeten Papiersorten aufhellen. Der englische Musikwissenschaftler Alan Tyson hat in einer umfangreichen Arbeit über die Papiersorten und Wasserzeichen der Skizzen für *La clemenza di Tito*[22] fünf Typen identifiziert. Von diesen war Typ I von Mozart für *Così fan tutte* (1789) und andere 1790 vollendete Werke verwendet worden. Typ II war derjenige, den Mozart verwendete, als er sich noch nicht entschließen konnte, mehr als zwei neue Soloarien in Angriff zu nehmen. Typ III muß für Nummern benutzt worden sein, die geschrieben wurden, nachdem Guardasoni in Italien gewesen und mit genauen Angaben über die Besetzung nach Wien zurückgekehrt war – vor allem die entscheidenden Arien, die Mozart kaum angefangen hätte, bevor er die Information hatte.[23] Nur die letzten acht Bogen einer einzigen Arie gehören Typ IV an, während Typ V für Musik verwendet wurde, die in letzter Minute in Prag komponiert wurde.

So kann mit Hilfe der Papiersorten eine mögliche Chronologie der Ereignisse von Mitte Juli 1791 an wie folgt erstellt werden:

Guardasoni trifft am oder um den 14. Juli 1791 in Wien ein. Am 15. oder 16. Juli kommt er mit dem Dichter Mazzolà zusammen, und die beiden verständigen sich auf *La clemenza di Tito* als Sujet; Mazzolà beschließt, das Libretto zu überarbeiten, hauptsächlich aber zu kürzen. Guardasoni unternimmt noch einen letzten Versuch, Antonio Salieri zu engagieren, doch nach seiner fünften Weigerung (wenn wir dem Komponisten glauben wollen) eilt er zu Mozart, mit dem gleichen Angebot (finanziell dieselben Bedingungen, die Mozart 1789 in Prag offeriert worden waren: ein Honorar von 200 Dukaten plus 50 Dukaten als Reisekosten, also 250 Dukaten oder 1125 Gulden insgesamt). Mozart nimmt an, und Guardasoni setzt seine Reise nach Bologna fort. In der Zwischenzeit beginnt Mozart seine Zusammenarbeit mit Mazzolà und schlägt unter anderem vor, die bereits für Madame Duschek geschriebene Szene (Rondo) in den zweiten Akt der Oper zu integrieren; diese Änderung ist von jeher als besonders geglückt angesehen worden, da sie die ursprüngliche dramatische Situation verstärkt. Wie weit Mozart Mazzolà bei dem Zeitdruck, unter dem beide zu arbeiten gezwungen waren, beeinflußt hat, bleibt offen. Jedenfalls sagte Mozart von Mazzolàs Arbeit, er habe aus *La clemenza di Tito* »eine echte Oper« gemacht. Abgesehen davon kann Mozart zwischen Mitte Juli und Mitte August kaum mehr getan haben, als die in Anhang D (S. 258) auf den Papiertypen I und II aufgelisteten Nummern zu komponieren. Nehmen wir an, Guardasoni war um die Augustmitte wieder zurück in Wien; früher kann er kaum in der österreichischen Hauptstadt eingetroffen sein. Zwischen dem 15. und 25. August wäre Mozart nunmehr in der Lage gewesen, mit den unter Papiertyp III aufgeführten Nummern zu beginnen; wenn er am 28. August in Prag eintraf, wie wir aus der *Prager Oberpostamtszeitung* vom 30. August wissen, dann muß er am 25. abgereist sein, weil die Fahrt in der schnellen Postkutsche drei Nächte und vier Tage dauerte.[24] Vermutlich hatte er einen Vorrat von dem Notenpapier des Typs III bei sich. Sicherlich nutzte er die Zeit in der Postkutsche, die noch fehlenden Nummern im Kopf zu komponieren (das war seine gewohnte Methode: Die eigentliche Niederschrift des Stücks war dann für ihn ein eher mechanischer Vorgang).

Mozart hatte noch einen anderen Ausweg gefunden, diese ganze ziemlich haarsträubende Unternehmung möglich zu machen: Er übertrug seinem Schüler Süßmayr die Aufgabe, alle Secco-Rezitative (Rezitative, die nur vom Cembalo mit einem Cello und einem Kontrabaß begleitet sind) zu komponieren. Süßmayr begleitete das Ehepaar Mozart auf der Reise nach Prag, und obwohl immer gesagt wird, der Schüler habe diese Rezitative geschrieben – Beweise dafür haben wir nicht. Die Autographe der Secco-Rezitative sind nicht erhalten; nur Nissen sagt in seiner Biographie, »die dialogisierenden Rezitative [waren] von seinem Schüler Süßmayr«. Wie dem auch sei, da Süßmayr während der ganzen Probenzeit mit den Mozarts in Prag war, gibt es keinen Grund, die Geschichte anzuzweifeln; und Mozart dürfte sicherlich die Arbeit seines Schülers beaufsichtigt haben.

Es ist erstaunlich, daß Konstanze in der Lage war, mitzukommen. Sie war am 26. Juli von ihrem sechsten Kind, Franz Xaver Wolfgang, entbunden worden (die Taufe hatte im Stephansdom stattgefunden, der zugleich die Pfarrkirche der Mozarts war) und schon einen Monat später dazu bereit, den Säugling in Pflege zu geben (vielleicht bei einer ihrer Schwestern?) und auf eine Reise zu gehen, die für eine Frau in ihrem Zustand durchaus hätte gefährlich werden können. Wolfgang muß sehr viel daran gelegen haben, daß sie ihn begleitete, und sie ihrerseits mag angefangen haben, sich über seine Gesundheit Sorgen zu machen. Sicherlich war Mozart jetzt bedenklich überarbeitet.

Und als sie dabei waren, in die Kutsche zu steigen, tauchte der Bote des Requiems urplötzlich »gleich einem Geiste« auf (schrieben Niemetschek und Nissen) und zupfte Konstanze an ihrem Reisemantel. »Wie wird es nun mit dem Requiem aussehen?« fragte er. Beide Autoren fahren fort:

> Mozart entschuldigte sich mit der Nothwendigkeit der Reise und der Unmöglichkeit, seinem unbekannten Herrn davon Nachricht geben zu können; übrigens werde es bey seiner Zurückkunft seine erste Arbeit seyn; es käme nur auf den Unbekannten an, ob er so lange warten wolle: und damit war der Bote gänzlich befriedigt.[25]

Die letzte Reise mit der Postkutsche in die Stadt, die Mozarts Musik von jeher besonders geliebt und gefördert hatte, fand in der letzten Augustwoche statt, wenn die österreichische Landschaft am schönsten ist: Männer und Frauen bringen auf hochrädrigen Wagen die Ernte ein, die Felder fangen allmählich an, braun zu werden, und der erste Hauch von Rot und Gold zeigt sich auf den Blättern in den Weinbergen nördlich von Wien. Doch da, wo die Postkutsche die Straße nach Znaim emporklettert, sind die Felder zu sehr dem Wind ausgesetzt für Reben, und Gerste, Hafer und Gras wachsen auf den riesigen Feldern, die in sanften Rundungen nach Böhmen hin ansteigen. Die mit vier Pferden bespannte Postkutsche verließ Wien um acht Uhr morgens und brauchte drei Tage mit einundzwanzig Poststationen, ehe sie am Morgen in Prag eintraf. Zuerst ging es an den ausgedehnten Landsitzen des Adels im Donautal vorbei; nach dem geschäftigen Marktflecken Stockerau kam Sierndorf mit dem Schloß der Fürsten Colloredo-Mansfeld und dann Göllersdorf mit dem Ahnensitz der Grafen von Schönborn. Danach erklomm die Kutsche eine Höhe von 250 Metern, und Mozart blickte über die Weinberge von Retz, die einen von den Wienern hochgeschätzten herben Weißwein hervorbrachten; weiter ging es nach Znaim, »malerisch auf dem linken Ufer der Thaya gelegen«, mit dem alten Schloß der Markgrafen von Mähren. Hinter Znaim (290 Meter), der sechsten Poststation, mühte sich die Postkutsche, vorbei an vier weiteren Poststationen, bis Iglau, der Grenzstadt zwischen Mähren und Böhmen, 500 Meter hoch gelegen. Von dort ging es leicht bergab durch Wälder und Felder nach Deutsch-Brod und dem alten Marktflecken Tschaslau (Čáslav) unweit des berüchtigten Schlachtfelds von Chotusitz, wo Friedrich der Große 1742 die Österreicher besiegt hatte. Inzwischen hatte sich die vorherrschende Sprache allmählich von Deutsch zu Böhmisch geändert. Siebzehn Poststationen von Wien entfernt lag Kolin, wo wichtige Straßen nach Zittau in Sachsen und nach Neiße in Schlesien abzweigten. Nahe Kolin gab es eine tröstlichere Erinnerung aus den Kriegen gegen Friedrich den Großen: den Friedrichsberg, auf dem Friedrich die große Schlacht verfolgte, in der er am 18. Juni 1757 durch den österreichischen Marschall Daun besiegt wurde, und wo Fürst Nikolaus Esterházy, damals Oberst der österreichischen Kavallerie, seine wankenden Truppen zum Sieg führte (er hätte sicher nicht gedacht, daß zweihundert Jahre später sein Name mehr mit Haydn als mit der Schlacht von Kolin in Verbindung gebracht werden würde).[26] Die Mozarts werden am vierten Morgen durch das Neuthor in Prag eingefahren sein, einundzwanzig Poststationen oder 250 Kilometer von Wien entfernt.[27]

In Nissens Biographie lesen wir folgendes über die Reise: »Die Arbeit dieser Oper *[Tito]* begann er in seinem Reisewagen auf dem Wege von Wien nach Prag und vollendete sie in achtzehn Tagen in Prag ...«[28] Diese Feststellung ist mehr oder weniger wörtlich der Niemetschek-Biographie entnommen, in der die Information zweimal in leicht unterschiedlicher Form enthalten ist (beide Male mit ausdrücklicher Erwähnung der achtzehn Tage). Sogar unter Berücksichtigung der Genialität Mozarts ist diese Behauptung weithin als eine ziemlich leichtfertige dichterische Freiheit angesehen worden. Aber wenn wir vom Tag der Uraufführung der Oper in Prag am 6. September achtzehn Tage zurückrechnen, dann kommen wir beim 19. August 1791 an. Wir haben gesehen, daß Guardasoni etwa Mitte August mit Einzelheiten der Besetzung aus Italien nach Wien zurückgekommen war, aber vielleicht traf er erst am 18. ein, und Mozart erfuhr die benötigten Details erst am Nachmittag des 19. August. So gesehen würde diese Zahl von achtzehn Tagen vermuten lassen, daß, abgesehen von der vor diesem Datum geschriebenen Musik (auf Papiertypen I und II), der Großteil des *Tito* (unter Verwendung von Typ III und dem Prager Typ V) in diesen achtzehn Tagen komponiert wurde. Das kommt der Wahrheit nahe genug, um auch heute noch Erstaunen auszulösen. – Der Prager Papiertyp V war im Format merklich kleiner; daher stand schon seit langem fest, daß er die Musikteile (einschließlich der bald berühmt gewordenen Ouvertüre) enthalten haben muß, die in letzter Minute in der böhmischen Hauptstadt komponiert wurden (s. Anhang D).

Wir sind jetzt zusammen mit den Mozarts und Süßmayr in der Goldenen Stadt Prag angekommen und könnten uns fragen, wie es die drei bestimmt seit einigen Wochen getan hatten, warum *La clemenza di Tito?*[29] Einerseits offenbar, weil sich dieses Libretto Metastasios als eines seiner erfolgreichsten und langlebigsten bewährt hatte, mit Vertonungen – nach der Caldaras von 1734 – durch führende Komponisten in ganz Europa, darunter J. A. Hasse (dreimal), Wagenseil, Gluck (1752 in Neapel), Holzbauer, Galuppi, Anfossi, Naumann, Traetta, Sarti, Mysliveček, Guglielmi und Haydns Impresario J. P. Salomon.

Der zweite Grund war, daß der Kaiser und mehr noch die Kaiserin glühende Verehrer der Opera seria als Genre waren, und es wäre keinesfalls als schicklich angesehen worden, für die Feierlichkeiten einer Krönung eine komische Oper zu geben.

Zum dritten wurde das Sujet – ein Kaiser, der seinen potentiellen Mördern vergibt und Milde und Güte zeigt – nicht nur als im Einklang mit dem Charakter Leopolds II. (der in der Toskana die Folter abgeschafft hatte) angesehen, sondern auch mit dem Zeitalter der Aufklärung allgemein. *La clemenza di Tito* in Prag sollte ein Ideal verkörpern, die Aufgeklärtheit, in strengem Gegensatz zu den beunruhigenden Ereignissen in Frankreich. Paul Nettl bringt eine weitere interessante Begründung vor, weshalb die Böhmischen Stände einen besonderen Anlaß hatten, den Titus-Stoff zu wählen:

> Freilich man darf auch nicht vergessen, daß Mozart bereits dem Ideenkreis der »Zauberflöte« nahe ist und in der Gestalt des alles verzeihenden Titus freimaurerische Toleranzprinzipien verkörpert sieht.
>
> Von diesen Gedanken mögen auch diejenigen erfüllt gewesen sein, die bei der Auswahl des Stoffes das letzte Wort zu sprechen hatten: Die Grafen Thun, Canal, Pachta, Lažansky, Clary, Hartig, Sporck, Kinigl, sämtlich Mitglieder der Freimaurerloge »Zur wahren Eintracht« oder doch wenigstens Freimaurer, die durch ihr Gelöbnis dazu verpflichtet waren, humanitäre Ideen, wo nur immer möglich, zu propagieren.[30]

Wenn es auch für durchaus angemessen erachtet wurde, Metastasios alte und berühmte Oper zur Krönung aufzuführen, so war es, wie wir gesehen haben, auch notwendig, sie in zeitgemäße Form zu bringen; und Mazzolà besorgte dies mit großem Geschick, indem er einen langatmigen Teil in der Mitte strich und das ganze Drama von drei auf zwei Akte reduzierte. Ob Mozart für einige dieser Veränderungen verantwortlich war oder nicht, das Resultat stand sicher mit seinen Vorstellungen im Einklang. Ein Beispiel hierfür ist die Einfügung eines Quintetts mit Chor am Schluß des ersten Akts (Nr. 12: *Deh conservate, Oh Dei, a Roma il suo splendor*), wohl die bedeutendste Einzelnummer der Oper; das bedingte die Streichung der Szenen 8–13 des zweiten Akts und die Zusammenfassung der früheren Szene 7 und 14–16 des zweiten Aktes mit dem ehemaligen dritten Akt, so daß es nur zwei Akte gab. Auf diese Weise ist der Inhalt dieses großartigen Quintetts mit Chor Nr. 12 diktiert von dem, was dann bei Mazzolà folgt, und wir haben als Resultat ein einzigartiges Finale zum ersten Akt. Die deutsche Musikwissenschaftlerin Helga Lühning meint, daß dieses Vorgehen bis zu einem ähnlichen Eingriff bei der *Entführung aus dem Serail* zurückverfolgt werden kann, als Mozart nach der Vollendung des ganzen ersten Akts seinen Librettisten Stephanie veranlaßte, den zweiten umzuschreiben – »zu anfange des dritten Ackts ist ein charmantes quintett oder vielmehr final – dieses möchte ich aber lieber zum schluß des 2:t Ackts haben. um das bewerkstelligen zu können, muß eine grosse Veränderung, Ja eine ganz Neue intrigue vorgenommen werden ...« (Brief Mozarts an seinen Vater, 26. September 1781).[31]

Mozart und Mazzolà (der übrigens zu dem Ereignis nach Prag kam, wobei wir lediglich wissen, daß er am 13. September 1791 nach Dresden abreiste[32]), haben in der kurzen Zeit, die ihnen zur Verfügung stand, Wunder vollbracht, aber schließlich bleibt *La clemenza di Tito* eben doch eine Opera seria mit einer Kastratenrolle, völlig abseits der Richtung, in die sich Mozarts andere Opern seit 1782 entwickelt hatten. Die absichtliche Unkompliziertheit ihres Ausdrucks ist jedoch irreführend. Sie wird nach langer Vernachlässigung heute wieder ernst genommen, und in der Tat, vieles davon ist auf Mozarts allerhöchstem Niveau – von der herrlichen Ouvertüre bis hin zum Schluß des zweiten Akts, mit dem mitreißenden Marsch mit Chor in G-Dur (Nr. 24), der auf *Non più di fiori* folgt. Und komponiert wurde die Musik entsprechend der neueren italienischen Opera seria in der Art Paisiellos, die, weit davon entfernt, im Sterben zu liegen, in Italien florierte.[33]

IX
Krönungstagebuch

Prag gehört unbestritten zu den schönsten Städten Europas: Die alte Burg (Vyšehrad) mit ihrer beherrschenden Lage, wo der sagenumwobene Fürst Kiok und seine Tochter Libussa mit ihrem Bauerngemahl Premysl gelebt haben sollen, ist eines der Wunderwerke der Stadt. Der heutige Besucher ist fasziniert von der Altstadt (Stare Mesto) mit ihren mittelalterlichen Straßen und den gotischen Bauten. Mozart, nicht gerade ein Freund der Gotik, wäre eher ein Bewunderer der prächtigen adligen Barockpalais auf der Kleinseite (Mala Strana) gewesen – wo die Waldsteins, Rosenbergs, Thuns und Lobkowitzes lebten – und des Strahov-Klosters mit seiner einmaligen Aussicht auf die Stadt. Durch seine vielen jüdischen Freunde würde er das jüdische Viertel (Josephstadt) mit der ältesten Synagoge in Prag, der Altneuschule (Staranová Škola) mit ihrem jüdischen Friedhof (Beth-Khayim, Haus des Lebens) kennen, der seit 1787 (dem Jahr von *Don Giovanni*) unverschlossen ist und dessen moosbewachsene Grabsteine uns mit tiefer Melancholie erfüllen.

Gekrönt wird die Altstadt vom Hradschin (Hradčany), einer viereckigen Anlage, die vom erzbischöflichen Palais und dem damaligen Palais des Fürsten Schwarzenberg eingesäumt ist. Auf seiner Ostseite schloß sich die Hofburg an, in der Leopold II. mit seinem Hofstaat residierte.[1]

Mozarts Freunde, die Duscheks (Josephas Ehemann war der Komponist Franz Xaver, dessen frühe Streichquartette fast zur gleichen Zeit wie die von Haydn entstanden), lebten in der Villa Bertramka in einem Weinberg im Vorort Koschirsch, fünfzehn Minuten von der Palacky-Brücke. Mozart blieb dort gelegentlich über Nacht und war häufig zu Besuch bei der gastlichen Familie.[2]

Das nachfolgende »Tagebuch« berichtet Tag für Tag über die Krönungsfestlichkeiten in Prag und berücksichtigt besonders Mozarts Rolle dabei:

Sonntag, 28. August 1791

Ankunft von Wolfgang und Konstanze Mozart mit Süßmayr; es ist nicht bekannt, wo sie wohnten; da Prag überfüllt war, waren sie vielleicht Gäste der Duscheks, zumindest bis eine Bleibe gefunden worden war. Zwei Tage vorher, am 26., passierte Antonio Salieri mit fünf Kutschen und zwanzig Hofmusikern das Neuthor, die in verschiedenen Quartieren untergebracht wurden. Tatsächlich scheint die Zahl der Musiker aus Wien in letzter Minute wesentlich erhöht worden zu sein. Am 1. Mai hatte der Hof Salieri angewiesen, eine Liste derjenigen Mitglieder der Hofkapelle aufzustellen, die für die Königlich Böhmische Krönung benötigt würden, und sie unverzüglich vorzulegen. Salieri meinte, ein Maestro di Capella (er selbst), ein Organist, ein Baßsänger, ein Tenor, zwei Altisten, zwei Sopranistinnen wären für Prag notwendig, und fügte hinzu, daß man somit auf zwei Bratschen, ein Cello und einen Kontrabaß verzichten könne. Er wollte sicher damit andeuten, daß diese Streicher leicht in den ansässigen Prager Orchestern gefunden werden könnten. Am 8. Juni 1791 gab das Obersthofmeisteramt an den Hofmusikgrafen Wenzel von Ugarte die folgende Anweisung:

> Es sind Seine Majestät gnädigst entschloßen, von hier den 27ten Aug.: nach Prag aufzubrechen, den 31. Aug. zu Prag den öffentlichen Einzug abzuhalten, den 3ten 7bris den Landtag zu eröffnen, den 4ten die Huldigung, und den 6ten die Krönung vorzunehmen. Da nun Seine Maitt. zugleich benehmiget haben, daß zu dieser Krönungs Feyerlichkeit auch der Hofkapellmeister mit täg. 4 f. und sieben Hofmusici mit täg. 2 f. nach Prag abgehen sollen, ... wird Graf Ugarte als Hofmusique-Graf ... daran erinnert, daß das Hoffutteramt den Transport der Hofmusique besorgen wird.

Am 10. Juni hatte Ugarte Salieri aufgefordert, die Musiker zu benennen, unter denen sich, wie sich herausstellte, auch der Hoforganist und Freund Mozarts, Johann Georg Albrechtsberger, befand.[3]

Zu den Werken, die Salieri mitbrachte, gehörten – der Leser wird erstaunt darüber sein – nicht weniger als drei Messen von Mozart in handgeschriebenen Partituren und Stimmen: KV 258 (bekannt als »Piccolomini«-Messe, nicht wegen der berühmten toskanischen Familie, sondern weil die Hofmusiker sie eine *piccolo missa*, eine kleine oder kurze Messe, nannten, eine Bezeichnung, die zu ihrem jetzigen entstellten Namen führte), KV 317 (»Krönungsmesse«) und die prachtvolle, aber heute kaum bekannte KV 337. Diese Messen waren ausschließlich in Salzburg entstanden, die beiden letzteren 1779 und 1780. Der verstorbene Karl Pfannhauser hat darauf hingewiesen, daß sowohl KV 317 als auch KV 337 in Hofmusikkreisen als Krönungsmessen bezeichnet wurden[4], wobei die von 1780 auch den Namen *Missa Aulica* (Hofmesse) trug. Die Hofburg-Partitur von KV 317 ist nicht erhalten, wohl aber die Originalstimmen, um 1790 datiert; und in der Partitur von KV 337 finden sich verschiedene Anmerkungen und Aufführungshinweise tatsächlich in Salieris Handschrift. Pfannhauser konnte nachweisen, daß in I. F. E. von Mosels Salieri-Biographie von 1827 erwähnt ist, daß Salieri bei allen drei Krönungszeremonien »fast genau die gleiche Musik« dirigierte:[5] Frankfurt 1790 (Leopold II.), Prag 1791 (Leopold II.), Frankfurt 1792 (Franz II.), und daß Salieri außer den drei Messen noch einen der großartigsten Chöre aus Mozarts früherer Bühnenmusik zu *Thamos* (KV 345) in einem Arrangement als lateinische Motette aufführte sowie das strenge und großartige d-Moll-Offertorium *Misericordias Domini* (KV 222), von dem sich eine Abschrift in der Kaiserlichen Kapelle mit der Signatur »Authore W. Amad: Mozart Vienae/Aulicae Capellae Magistro/Franco-forti Anno 1792 producta« befindet. Ich teile Pfannhausers Meinung über die Stellung dieser Mozart-Werke in der liturgischen Praxis.

Schwieriger herauszufinden ist jedoch, wie aus sieben Musikern zwanzig werden konnten. Eine Vermutung liegt nahe, daß einige Instrumentalspezialisten wie Mozarts Freund Anton Stadler im letzten Augenblick umsonst befördert wurden. Stadler sollte die Klarinette und die Bassetthorn-Soli in *Tito* spielen, es gibt aber keinen Nachweis darüber, wann er in Prag eintraf (was der Fall gewesen wäre, wenn er allein mit der normalen Postkutsche gekommen wäre).

Am Sonntag abend führte die Sekonda-Truppe im Thun-Theater auf der Kleinseite *Menzikof oder Die Verschwörung gegen Peter den Großen* auf, eine Tragödie in fünf Akten von Herrn Kratter.

Abgesehen von einer Theatertruppe und der Guardasoni-Compagnie, waren in Prag viele andere Gruppen und Einzeldarsteller zu Gast, alle darauf bedacht, den Massen Geld aus der Tasche zu ziehen. Da gab es einen »Persischen Markt«, den Herr Massieri & Co. organisiert hatten, mit einem zweistöckigen Aufbau und an die hundert kleinen Boutiquen. Für seine Darbietungen benötigte Massieri 120 Kinderpaare, viele Erwachsene und mehr als hundert Pferde, von denen einige als Kamele zurechtgemacht waren. Im »Eisernen Thor« in der Michaelergasse boten Messieurs Pierre und Degabriel eine Art Wundertheater an: Man sah verschiedene Prospekte »merkwürdiger Gegenden, Länder und Städte ... verschiedene Wirkungen der Natur z.B. Aufgang der Sonne ... verschiedene mechanische Kunststücke z.B. Automaten, die sich ganz nach dem Willen der Zuschauer bewegen und auf alle Fragen antworten ...«. Außerdem gab es noch Feuerwerke, chemische Experimente und so fort. Die Schau fand täglich um 4 Uhr nachmittags und 7 Uhr abends statt.

Auch ein Zirkus war mit dabei, dessen Direktor Monsieur Balp war, »Kgl. Französischer und Sardinischer Dresseur«; er hatte sich in der Reitschule am Rummelplatz in der Altstadt eingerichtet. Herr Franz Koch produzierte sich vor Gruppen von einem Dutzend bis zu zwanzig Zuhörern auf der Maultrommel. Drei Musiker aus Siebenbürgen, zwei Jagdhörner und eine Klarinette, boten ihre Dienste »einer hohen Herrschaft für Morgen-

Abend- und Tafelmusik« an. Blanchard, der berühmte Ballonpionier, der bereits im Jahr zuvor in Prag gewesen war, hatte jetzt die Absicht, am 14. September zum zweiundvierzigstenmal von einem Feld bei Bubenecz aufzusteigen.

Der Adel veranstaltete Bankette, Gartenfeste, Maskenbälle und musikalische Soireen. Am Krönungstag gingen in der ganzen Altstadt Feuerwerke hoch.

Montag, 29. August 1791

Kaiser Leopold II. trifft mit seinem Hofstaat ein und schlägt seine Residenz oben in der Hofburg auf. Am Abend gibt Guardasonis Truppe Paisiellos *Pirro;* das Schauspiel ist *Das Galeriegemälde* von Karl Friedrich Hensler.

Dienstag, 30. August 1791

Kaiserin Marie-Louise trifft mit ihrem Hofstaat ein und bezieht das als »Lieben« bekannte Stadtschloß, wo sie bei ihrer Ankunft vom Kaiser und dem Kaiserlichen Hof offiziell begrüßt wird. Im Thun-Theater wird das Schauspiel *Das Portrait der Mutter* von Schröder aufgeführt.

Graf von Zinzendorf trifft ebenfalls in Prag ein.

Mittwoch, 31. August 1791

Festprozession zum Anlaß des offiziellen Eintreffens des Königspaars vom Invalidenhaus zum St.-Veits-Dom, der Metropolitankirche Prags, an der Militärs und Stadtwürdenträger in voller Gala teilnehmen. Als das Paar den Dom betritt, ertönen Chöre und Trompeten und Pauken von der Orgelempore. Die Musiker der Hofkapelle führen dann unter der Leitung von Salieri das Antiphon *Ecce mitto Angelum* und ein Tedeum auf. Am Abend bietet das Thun-Theater *Er mengt sich in alles,* gefolgt von *Der weibliche Jakobiner-Chlubb.*

Donnerstag, 1. September 1791

Aus Zinzendorfs Tagebuch besitzen wir den ersten Bericht über ein Stück von Mozart:

> Wir versammelten uns in der Antichambre der Kaiserin, wir dinierten mit 100 Personen im Thronsaal ... Ich befand mich fast am untersten Ende der Tafel zwischen den Charwunschers, Lisette Schönborn und Auguste Sternberg. Diner gut ... Zahllose Zuschauer ... Musik aus Don Juan. Nach Tisch blieben wir noch lange Zeit im Salon trotz des schlechten Geruchs der Anwesenden.[6]

Zinzendorf meint damit Mozarts *Don Giovanni,* als Tafelmusik arrangiert und wahrscheinlich von einer Harmonie-Musique gespielt; die übliche Instrumentation solcher Arrangements sah zwei Oboen, zwei Klarinetten, zwei Fagotte und zwei Hörner vor. Waren das vielleicht die zusätzlichen Musiker, die man in Salieris Kutschen gesetzt hatte? Und was tat Mozart selbst, abgesehen von Proben mit den Sängern und der verzweifelten Anstrengung, *La clemenza di Tito* zu beenden? Glücklicherweise gibt es eine Passage in Nissens Biographie, die nur von Konstanze herrühren kann und die uns eine reizende Anekdote von Mozarts letztem Aufenthalt in Prag zum besten gibt.

> Mozart, während er 1791 die Krönungs-Oper *La Clemenza di Tito* schrieb, besuchte fast täglich mit seinen Freunden ein unweit seiner Wohnung gelegenes Kaffeehaus, um mit Billardspielen sich zu zerstreuen. Man bemerkte einige Tage lang, daß er während dem Spielen ein Motiv ganz leise für sich mit: hm hm hm sang, mehrmals während der Andere spielte, ein Buch aus der Tasche zog, flüchtige Blicke hineinwarf und dann wieder fortspielte. Wie erstaunt war man, als Mozart auf einmal seinen Freunden in Duschek's Haus das schöne Quintett aus der Zauberflöte zwischen Tamino, Papageno und den drey Damen, das gerade mit demselben Motive beginnt, welches Mozarten während des Billardspielens so beschäftigt hatte, auf dem Claviere vorspielte. Nicht nur ein Beweiss von der immerwährenden Thätigkeit seines schöpferischen Geistes, die selbst mitten in Vergnügungen und Zerstreuungen nicht unterbrochen wurde, sondern auch von der

> Riesenkraft seines Genie's, das so verschiedenartige Gegenstände zu einer und derselben Zeit zu bearbeiten vermochte. Bekanntlich hatte Mozart die Zauberflöte schon unter der Feder, bevor er nach Prag reis'te, um da *La Clemenza di Tito* zu componieren und aufzuführen.[7]

Am Abend gibt es August von Kotzebues *Bruder Moritz der Sonderling* im Thun-Theater.[8]

Freitag, 2. September 1791

Das offizielle *Krönungs-Tagebuch* enthält folgende wichtige Ankündigung:

> Heute wird im Altstädter National Theater aufgeführt: *Il dissoluto Punito ossia: Il D. Jiovanni.* Der gestrafte Ausschweifende oder: Don Jeann. Ein komisches Singspiel in 2 Aufzügen. Die Musik ist von Hrn. Mozart.[9]

Ein bislang unveröffentlichter Bericht von dieser Aufführung befindet sich in der *Pressburger Zeitung* No. 73 (10. September):

> Prag, 5. September ... Abends [2. September] beehrten Ihre kais. kön. Majestäten mit Dero durchlauchtigsten Prinzen und Prinzessin k. H. H. das hiesige Altstädter Nationaltheater mit Ihrer höchsten Gegenwart, wo auf höchstes Verlangen die italiänische Oper: *Il dissoluto punito,* oder *Il Don Jiovanni* gegeben wurde. Das Theater war stark mit Lustern beleuchtet, und die kais. Logen verziert.[10]

Christopher Raeburn, der so viel zur Auffindung authentischer Dokumente über die ersten Aufführungen und Besetzungen der Opern von Mozart beigetragen hat, fand die folgende Notiz in der Prager *Oberpostamtszeitung* vom 6. September:

Prag, 4. September.

Vorgestern ... beehrten die allerhöchsten Herrschaften das altstädter Nazionaltheater mit Ihrer Gegenwart, wo die italiänische Oper *Il dissoluto punito* aufgeführt wurde. Das geräumige Theater, welches doch einige tausend Menschen fassen kann, war vollgepfropft, und der Weg, welchen Allerhöchstdieselben nahmen, ganz voll Menschen angefüllt.

Es ist immer behauptet worden, Mozart selbst habe diese Aufführung dirigiert, was jedoch sehr unwahrscheinlich ist. Mozarts Name fällt in keinem der Zeitungsberichte oder in irgendeiner Ankündigung, und es wäre noch eine zusätzliche große Belastung für ihn gewesen, mitten in den Schlußproben zu *Tito.* Ein Augenzeugenbericht erwähnt Mozarts Anwesenheit, aber anscheinend im Publikum; geschrieben wurde er von dem deutschen Autor Franz Alexander von Kleist, der in Prag am gleichen Tag, am 28. August, wie die Mozarts eingetroffen war (»10:45 Herr Kleist, Sächsischer Adeliger, aus Karlsbad«). Er veröffentlichte seine Erinnerungen im folgenden Jahr (*Phantasien auf einer Reise nach Prag von K.*, Dresden und Leipzig 1792):

Nie bin ich so belohnt aus einem Opernhause gegangen, als heut, wo ich in einem Saal soviel merkwürdige Menschen in so verschiedener Lage sah. Der Kaiser nebst seiner Familie sollte heute in die Oper kommen und der ganze Weg vom Schlosse bis zum Opernhaus wimmelte von Menschen, die neugierig waren, einen Kaiser zu sehen, wie er nach einem Schauspiel fährt. Im Hause waren alle Logen und das Parterre mit Menschen angefüllt, und als endlich der Kaiser kam, empfing man ihn mit einem dreimaligen Händeklatschen und Vivat! ... Der Kaiser schien mit seiner Bewillkommnung zufrieden und verneigte sich einigemal gegen die Zuschauer ... [Es folgen einige Bemerkungen über das Publikum und über einige hervorragende Persönlichkeiten der französischen Emigration, so über den General Bouillé, den Herzog von Polignac u.a.] Fort mit diesen Menschen, mir winkt zu

> schöneren Bemerkungen dort ein kleiner Mann im grünen Rocke, dessen Auge verräth, was sein bescheidener Anstand verschweigt. Es ist Mozart, dessen Oper Don Juan heute gegeben wird, der die Freude hat, selbst das Entzücken zu sehen, in welches seine schöne Harmonie die Herzen der Zuschauer versetzt. Wer im ganzen Hause kann stolzer und froher sein als er? Wem gewährt sein eigenes Selbst mehr Befriedigung als ihm? Umsonst würden Monarchen Schätze verschwenden, umsonst der Ahnenstolz seine Reichthümer; er kann auch nicht ein Fünkchen dieses Gefühls erkaufen, mit welchem die Kunst ihren Geliebten belohnt! ... Alles muß den Tod fürchten, nur der Künstler fürchtet ihn nicht. Seine Unsterblichkeit ist ihm Hoffnung, sie ist Gewißheit! ... Er wirkt noch auf künftige Geschlechter, wenn längst die Gebeine der Könige vermodert sind. Und mit allen diesen Überzeugungen konnte Mozart dastehen, als tausend Ohren jedes Beben der Saite, auf jedes Lispeln der Flöte lauschten, und hochwallende Busen, schnell schlagende Herzen die heiligen Empfindungen verriethen, die seine Harmonien weckten ... Sei es Schwärmerei, oder richtiges Menschengefühl, genug, ich wünschte in diesem Augenblicke lieber Mozart als Leopold zu sein ...[11]

Über die Besetzung der Aufführung wissen wir, daß Luigi Bassi die Titelpartie sang, die er 1787 als Einundzwanzigjähriger kreiert hatte.[12] Da es kaum irgendeine seriöse Beschreibung seiner Stimme gibt, ist man froh über einen Bericht vom Dezember 1794 von Niemetschek unter dem Titel *Neuigkeiten über den Zustand des Theaters in Prag,* veröffentlicht im *Allgemeinen europäischen Journal* (Brünn):

> Herr Bassi ist ein recht braver Schauspieler, aber kein Sänger, denn er hat das erste Requisit dazu nicht – die Stimme! Ich wünsche ihm diese zu seinen übrigen Vorzügen, dann würden wir keinen besseren Don Giovanni, Almaviva und Axur uns wünschen können, welche Rollen er unvergleichlich

> spielt. Er hat den besten Geschmack unter allen seinen Mitbrüdern und erkennt die Vorzüge der deutschen Künstler. Alle die Jahre seines Engagements in Prag behält er die Gunst unseres Publikums.

Für die Partie des Don Ottavio konnte Guardasoni auch hier mit einem Tenor rechnen, der die Partie mit Mozart studiert und die Uraufführung von 1787 gesungen hatte – Antonio Baglioni (dem wir bereits in Verbindung mit *La clemenza di Tito* begegnet sind). In dem gleichen Artikel schrieb Niemetschek:

> Dieser Sänger ging vor einem Jahr von der Gesellschaft ab und hielt sich einige Zeit in Italien auf; hier sammelte er nun alle Unarten der italienischen Künstler und Nichtkünstler emsig auf und so begabt kehrte er zum Herrn Guardasoni zurück. Er spricht keine Note so aus, wie sie der Kompositeur gesetzt hat und haben wollte, ersäuft den schönsten Gedanken in seinen welschen Sprüngen und Trillern und läßt uns sein einförmiges Herumschlagen mit Händen für Akzion gelten, so daß man Noth hat, die Arie zu erkennen, wenn er sie singt. Freilich bedarf er solcher Schnörkel, um seine mangelhafte Stimme, die mehr ein mezzo basso ist, zu bedecken; aber weil Herr Baglioni seine Arien in Mozarts »Così fan tutte« nicht aussingen kann, soll er deshalb die Arien ja nicht für schlecht geschrieben ausgeben; denn der große Mozart, dessen Geist allerdings für faselnde Welsche zu unverständlich ist, hat sich Hrn. Baglioni bei seiner Arbeit nicht zum Maßstabe genommen!

Der Artikel enthüllt, daß italienische Sänger (und zweifellos besonders Tenöre) schon um 1794 Mozarts Musik mit wesentlich größerer Unverdrossenheit ornamentierten, als es dem Komponisten lieb war. Niemetschek tadelt Madame Campi dafür, daß sie nicht einfach genug singt, und fügt hinzu: »Das Weglassen der unnötigen Schnörkel bei Mozarts einfachem Gesang würde noch mehr Würde geben.«[13]

Aus Kleists interessanten Bemerkungen geht hervor, daß das Prager Publikum von *Don Giovanni* wie seit eh und je fasziniert war, ebenso von seinen vielen neuen Effekten, theatralisch wie auch musikalisch. Aufschlußreich ist auch folgender Bericht eines sechzehnjährigen böhmischen Jungen, aus dem ein respektabler Komponist werden sollte: Wenzel Johann Tomaschek, der in seiner Autobiographie seine Eindrücke von der Oper beschreibt – und ganz besonders die erste dramatische Darstellung des Horrors auf der Opernbühne – als er das Werk 1790 in Prag gehört hatte.

> In Mänteln gehüllt saßen wir [Tomaschek und sein Bruder] neben einander, den Anfang erwartend. Die Ouverture beginnt, ihre großartigen Ideen, und ihr rascher bedingter Fortgang mit der reichen Instrumentirung, überhaupt das edle Leben des organischen Kunstwerkes, ergriff mich dermaßen, daß ich wie ein Träumer und kaum athmend da saß, und in meinem Freudenhimmel eine Sonne aufgehen sah, die, mir dunkel Geahntes erhellend, meine ganze Seele mit Zaubergewalt erwärmte. Mit jedem Moment steigerte sich nun mein Interesse für das Ganze, und bei der Scene, wo der Geist des Gouverneurs eintritt, sträubte sich vor Schauder mein Haar. Am Heimwege dankte ich mit Thränen in den Augen dem Bruder, drückte ihm die Hand, und schied, ohne ein Wort reden zu können, von ihm. Dieser Abend hatte unleugbar den entschiedensten Einfluß auf meine musikalische Laufbahn. [Tomaschek spricht dann vom hervorragenden Ruf der Oper unter Guardasoni, erwähnt viele der Sänger und fährt fort:] Da läßt sich doch nichts anderes, als Vollendetes erwarten, besonders wenn der Sänger von einem so vorzüglichen Orchester, wie es damals war, electrisirt wird. Mozart, der doch alle Orchester Deutschlands genau kannte, pflegte immer zu sagen: Mein Orchester ist in Prag.[14]

Ein Umstand bedarf besonderer Erwähnung: Obwohl das Königspaar anscheinend eine »vorgefaßte Abneigung« gegen Mozarts Kompositionen hegte, gab es ungewöhnlich viele Aufführungen von seiner Musik, in der Tat fast täglich. *Don Giovanni* für Blasmusik am 1. September, die Oper selbst am nächsten Tag »auf höchstes Verlangen« (heißt das, daß Leopold und Marie-Louise ausdrücklich den Wunsch nach der Aufführung der Oper eines Komponisten äußerten, dessen Musik sie nicht mochten?) sowie Kirchenmusik am 6., 8. und 12. und dazu noch *Tito* am 6. September und, wenn wir richtig vermuten, eine Menge Tanzmusik von Mozart am 12. Das klingt recht merkwürdig. Wenn der Kaiser und seine Gemahlin Mozarts Musik wirklich so sehr mißbilligten, waren sie dann tatsächlich machtlos, die Aufführung zu unterbinden?

Samstag, 3. September 1791

Die Sekonda-Truppe gibt am Abend *Die Sonnen-Jungfrau,* ein Drama in fünf Akten von August von Kotzebue, im Nationaltheater.

Sonntag, 4. September 1791[15]

Die erste der eigentlichen Krönungszeremonien, die Erbhuldigung, findet im St.-Veits-Dom statt. Die Hofmusik unter Salieri führte eine neu komponierte Krönungsmesse des Prager Domkapellmeisters Johann Anton Koželuch (1738–1814) auf, eines Vetters des bekannteren Leopold, der in Wien lebte und zu den Ereignissen ebenfalls eine Kantate verfaßte. Außerdem dirigierte Salieri das *Veni, Sancte Spiritus,* das Graduale und das Offertorium; wer die Komponisten dieser Stücke waren, ist nicht bekannt, aber es ist durchaus möglich, daß Salieri Mozarts Offertorium *Misericordias Domini* (KV 222) wählte, weil sein strenger und feierlicher Stil dem erhabenen Treueid mehr entsprach als den farbenprächtigeren Krönungsriten. Jedenfalls ist ziemlich sicher, daß Salieri das Offertorium von Mozart während der Prager Krönungsfeierlichkeiten dirigierte.[16]

Montag, 5. September 1791

In seinem thematischen Katalog verzeichnet Mozart die neue Oper wie folgt:

ATTO PRIMO.

SCENA PRIMA.

Logge a vista del Tevere negli appartamenti di VITELLIA.

VITELLIA, E *SESTO*.

VITELLIA.

MA che! Sempre l'istesso,
Sesto, a dir mi verrai? So che sedotto
Fu Lentulo da te; che i suoi seguaci
Son pronti già; che il Campidoglio acceso
Darà moto a un tumulto, e sarà il segno,
Onde possiate uniti

K 2 Tito

ATTO II.

SCENA PRIMA.

Portici.

SESTO solo col distintivo de' Congiurati sul manto.

OH Dei, che smania è questa!
Che tumulto ho nel cor! Palpito, agghiaccio,
M'incammino, m'arresto: ogn'aura, ogn'ombra
Mi fa tremare. Io non credea che fosse
Sì difficile impresa esser malvagio.
Ma compirla convien. Già per mio cenno
Lentulo corre al Campidoglio. Io deggio
Tito assalir. Nel precipizio orrendo

E' scor-

4

INTERLOCUTORI.

TITO VESPASIANO,	*Imperator di Roma.*
VITELLIA,	*Figlia dell' Imperator Vitellio.*
SERVILIA,	*Sorella di Sesto, amante d' Annio.*
SESTO,	*Amico di Tito, amante di Vitellia.*
ANNIO,	*Amico di Sesto, amante di Servilia.*
PUBLIO,	*Prefetto del Pretorio.*

La Scena è in Roma.

III *ASSOCIATI.*

valiere di Camera di S. E. Reverendiss. Monsig. Vescovo di Padova.
Mainetti, Illust. Sig. Girolamo.
Malaguti, Illust. Sig. Ab. Dot. Francesco
Manetti, Reverendiss. Sig. D. Giuseppe, Pievano alle Gambarare.
Mancorti, Illust. Sig. Camillo.
Manzini, Sig. Giovanni.
Marasca, Rev. Sig. D. Giacomo.
* *Marini*, Rev. Sig. D. Anselmo Bibliotecario dell' Eccellentiss. Casa Albani.
Marinucci, Illustriss. Sig. Giovanni Francesco, Chirurgo sostituto nell'Arciospedale di S. Spirito.
Marsilj Illust. Sig. Pietro.
Martelli, Sig. Giovanni Luigi.
Martinelli, Illust. Sig. Dottore ...
Masetti, Illust. Sig. Dottore Antonio.
Masini, Signora Veronica.
* *de Matha*, Illust. Sig. March. Giovanna.
Mattei, Illust. Sig. Ab. Domenico Maria.
Mattei, Sig. Giacomo.
Mazzarini, Illust. Sig. Domenico Giampaolo, Luogotenente.
Mazzolà, Sig. Caterino, Poeta all'attual servizio di S. A. S. E. di Sassonia.
Merli, Sig. Giovanni.
Migliori, Sig. Michele, Studente in S. Spirito di Roma.
Miotti, Reverendiss. Sig. D. Bartolommeo, Parroco di Crespignago.

Mis-

ILL. 5–8: *Vier Seiten aus Metastasios La clemenza di Tito. Diese Ausgabe von A. Zatta in Venedig ist die, die Mozart besaß. ill. 7 zeigt die Dramatis personae, ill. 8 einen Ausschnitt aus der Liste der Subskribenten der Ausgabe, darunter der Dresdener Hofdichter Caterino Mazzolà, der das umfangreiche Libretto für Mozart verdichtete und einrichtete.*

> den 5:t September. – aufgeführt in *Prag den 6:t September.* La Clemenza di Tito. opera Seria in Due Atti per l'incoronazione di sua Maestà l'imperatore Leopoldo II. – ridotta á vera opera dal Sig:re Mazzolà. Poeta di sua A:S: l'Elettore di Saßonia. – Atrici: – Sig:ra *Marchetti fantozi.* – Sig:ra *Antonini.* – Attori. Sig:re *Bedini.* Sig:ra *Carolina Perini* / da Uomo / Sig:re *Baglioni.* Sig:re *Campi.* – e Cori. – 24 Pezzi.[17]

Ohne jeden Zweifel war alles, was mit der Oper zusammenhing, mit unsäglicher Anstrengung verbunden. Das offizielle Krönungstagebuch berichtet von einer Erkrankung Mozarts, als er die letzten Stücke komponierte. In Nissens Biographie lesen wir: »... die Zeit zur Bearbeitung [der Oper] war so kurz, daß Mozart die unbegleiteten Recitative nicht selbst schreiben konnte, und jede davon gefertigte Nummer, so bald sie fertig war, sogleich in Stimmen aussetzen lassen mußte, damit zu rechter Zeit das Ganze fertig war ...«[18]

Und wieder ist es Christopher Raeburn, der die Besetzung der Uraufführung ausfindig machen konnte:[19]

Titus	Antonio Baglioni
Vitellia	Maria Marchetti-Fantozzi (recte)
Servilia	Signora Antonini
Sextus	Domenico Bedini
Annius	Carolina Perini (Hosenrolle)
Publius	Gaetano Campi

Wahrscheinlich fand die Generalprobe am Nachmittag statt, da das Theater am Abend wegen einer Aufführung von Ifflands *Der Herbsttag,* Drama in fünf Akten, gespielt von der Sekonda-Truppe, nicht frei war.[20]

Krönungstag, Dienstag, 6. September 1791

Der Krönungsgottesdienst fand im St.-Veits-Dom statt. Leopold wurde zum König von Böhmen gekrönt, und unter Antonio Salieri wurde folgende Musik gespielt:

Antiphon *Ecce mitto angelum*
Messe – wahrscheinlich Mozarts Krönungsmesse in C-Dur (KV 317), möglicherweise auch die andere Krönungsmesse in C-Dur (KV 337)
Offertorium – wahrscheinlich die Motette *Splendete te, Deus* (KV Anh. 121), das ist das Arrangement des ersten Chors *Schon weichet dir, Sonne* aus *Thamos, König in Ägypten* (KV 345)
Tedeum[21]

Bei der eigentlichen Zeremonie entblößte der Erzbischof von Prag die linke Schulter des Kaisers und salbte sie mit geheiligtem Öl; nach Erteilung des Segens wurde das Öl mit Brot und Salz abgerieben. Der Kaiser empfing sodann die Krone des heiligen Wenzeslaus, die ihm aufs Haupt gesetzt wurde; dann wurden ihm das Szepter und der goldene Reichsapfel in die Hand gelegt und ein zeremonielles Schwert um seine Lenden gegürtet. Trompeten und Pauken ertönten, als er den feierlichen Eid leistete, und Kanonen wurden abgefeuert.[22]

Tito wurde am selben Abend im Nationaltheater (heute bekannt als das Tyl-Theater) uraufgeführt. Als das Publikum ins Theater strömte (der Eintritt war an jenem Abend frei, obgleich die vorderen Sitze für prominente Ausländer reserviert waren), erwartete es ein unkompliziertes Libretto. Das *Argomento* faßt die Handlung sehr kurz zusammen: Der Kaiser Titus Vespasianus erfreut sich allgemeiner Beliebtheit und wird das Entzükken der Menschheit genannt. Und dennoch verschwören sich zwei junge Patrizier gegen ihn, einer von ihnen der kaiserliche Günstling. Das Komplott wird aufgedeckt, und der Senat verurteilt beide zum Tode. »Aber der gnädigste Caesar, zufrieden, sie auf väterliche Art zu warnen, vergibt ihnen und ihren Mitverschwörern in einer allgemeinen Begnadigung . . .«[23] Das Libretto wurde offensichtlich verfaßt, bevor die endgültige Besetzung feststand, denn keiner der Sänger ist aufgeführt, noch findet sich seltsamerweise irgendeine Erwähnung des Dichters Caterino Mazzolà und nicht einmal Pietro Metastasios (fast jeder im Publikum hätte über den primären Anteil des letzteren Bescheid gewußt, aber nur wenige über Mazzolàs Rolle). Weiter heißt es im zur Uraufführung erschienenen Textbuch: »Die Musik ist völlig neu, komponiert von dem berühmten Sig. Wolfgango Amadeo Mozart, derzeit Kapellmeister im Dienst Seiner Majestät des Kaisers. Die ersten drei Dekorationen sind die Erfindung des Sig. Pietro Travaglia, derzeit im Dienst Seiner Hoheit des Fürsten Esterazi [sic!]. Die vierte Dekoration ist von Sig. Preisig aus Koblenz. Die sämtlich neuen Kostüme sind die reiche und reizende Erfindung des Sig. Cherubino Babbini aus Mantua.«

Man weiß nicht, wie Pietro Travaglia, der jahrelang zusammen mit Haydn am Theater in Eszterháza gearbeitet hatte und später ein Engagement am Wiener Hoftheater erhielt, zu diesem ehrenvollen Auftrag kam. Wir wissen so gut wie nichts über Preisig oder Babbini, außer daß es sich um Johann Breysig (1766–1831) handelte.[24]

Der lückenloseste Bericht über dieses Ereignis steht in Zinzendorfs Tagebuch:

> Um 5 Uhr zum Theater in der Altstadt in die von den Ständen gegebene Aufführung. Mir wurde eine Loge im ersten Rang zugewiesen; dort waren Mr de Braun, seine Nichte Melle Destary, Melle de Klebersberg und Mr Tourinette, Melle [Maréchal] Wallis und der venezianische Botschafter ... Der Hof traf erst nach 7:30 ein. Man gab uns die überaus langweilige Oper *La clemenza di Tito.* Rotenhan war in der Loge des Kaisers ... Marchetti sang recht ordentlich, der Kaiser war entzückt von ihr. Es war sehr schwer, aus dem Theater zu kommen. ... Sehr schöner Tag ...[25]

Es folgen einige zeitgenössische Berichte:

> *Tagebuch der böhmischen Königskrönung:* Abends war Freyopera, in welche sich Se. Majestät mit der durchlauchtigsten Familie und dem Hofstaate in die für Höchst dieselben zubereiteten Logen nach 8 Uhr begaben, wohin dieselben ein allgemeines freudiges Vivatrufen durch alle Gässen beglei-

tete, mit welchem Höchstdieselben auch im Theater empfangen wurden.

Krönungsjournal für Prag

Festivitäten der Herren Stände

Am 6ten als am Krönungstage gaben die Herren Stände, um diesen Tag Sr. Majestät zu verherrlichen, eine ganz neu komponirte Oper, deren Text zwar nach dem Italiänischen des Metastasio, von Hrn. Mazzola [sic!] aber, Theaterdichter in Dresden, verändert worden. Die Komposition ist von dem berühmten Mozart, und macht demselben Ehre, ob er gleich nicht viel Zeit dazu gehabt und ihn noch dazu eine Krankheit überfiel, in welcher er den letzten Theil derselben verfertigen mußte.

An die Aufführung derselben hatten die Herren Stände alles gewandt, sie hatten den Entrepreneur nach Italien gesandt, der eine *prima donna* und einen ersten Sänger mit sich gebracht ... Der Eintritt war frey, und viele Billets waren ausgetheilt. Das Haus fasset eine große Anzahl Menschen, dennoch aber kann man sich denken, daß bei einer solchen Gelegenheit der Zulauf nach den Billets so groß ist, daß sie endlich ein Ende nehmen, daher auch manche Einheimische und Fremde, selbst Personen vom Stande wieder weggehen mußten, weil sie sich nicht mit Billets versehen hatten.

Se. Majestät erschienen um halb acht Uhr, und wurden mit lautem Zujauchzen der Anwesenden empfangen. Die Herren Stände Mitglieder nahmen selbst die Billets ein, und sahen auf die gehörige Ordnung, damit niemand auf sein Billet zurückgewiesen werden, und keiner ohne Billet eindrängen sich mögte.

Von den Schauspielen

Der Hof ist einmal in dem Nazionaltheater gewesen, und hat die Oper *Don Juan oder der bestrafte Verschwender* aufführen sehen, dessen Text von *da Ponte*, und die Musik von *Mozart* ist. Man muß gestehen, daß die Gesellschaft des Herrn Guardasoni dieses Stück vortrefflich aufführt, und daß viele Individuen sich besonders auszeichnen ...

Indessen sind die Schauspiele nicht sehr besetzt. Sind die übrigen Ergötzlichkeiten daran schuld, oder ist es der hohe Preis, der die Liebhaber abschrekt. Weder die zum zweitenmal aufgeführte Oper der Herren Stände, noch das Haus auf der kleinen Seite hatten viel Zuschauer.[26]

Als die Serie der Aufführungen zu Ende gegangen war, richtete Guardasoni eine Petition an die Böhmischen Stände wegen verschiedener Geldbeträge, die ihm seiner Meinung nach zustanden.[27] Bei einer dieser Forderungen ging es um zwei neue Dekorationen, die, wie Graf Rottenhan in seinen Bemerkungen auf dem Dokument feststellte, sicherlich nur deshalb ausgeführt wurden, »da das alte Scenarium gar zu sehr abgenutzt war, um zur neuen opera dienen zu können«. Außerdem forderte Guardasoni, für die miserablen Kasseneinnahmen für die neue Oper entschädigt zu werden. Das wäre lediglich ein Gnadenakt, war Rottenhans Kommentar, weil alles im Vertrag vereinbart worden sei. »Allein es ist allgemein bekannt, daß wegen der vielen Hof Feste und der Balle und Gesellschaften, die in den Privat Haysern gegeben wurden beyde Theater Enterprenneurs [außer Guardasonis Operncompagnie gab es noch eine zweite Truppe, die Sprechstücke aufführte] sehr wenig zulauf gehabt haben, zeigte sich auch bey Hof wider Mozarts Composition eine vorgefaste Abneigung, allso da die Oper nach der ersten feyerlichen Vorstellung fast gar nicht mehr besucht ward, die ganze Speculation des Entreprenneurs war darauf gebaut, das nebst der bewilligten Gaabe der H. Stände auch die Entrée einen beträchtlichen Beytrag abwerfen wurde, und das hat gänzlich fehlgeschlagen.« (Eines der Mitglieder der Stände meinte, Guardasoni habe recht und sollte eine *ex-gratia*-Zahlung von 150 Dukaten bekommen. In diesem zweiten Protokoll erschien zusätzlich die Bemerkung, »es zeigte sich bey Hof gegen Mozarts Komposition eine vorgefaßte starke Abneigung«. Guardasoni erhielt tatsächlich eine Entschädigung von 150 Dukaten oder 675 Gulden.

Als Graf Hartmann Guardasonis Petition abwägte, für die schlechten Kasseneinnahmen entschädigt zu werden, meinte er, der Impresario muß sich für sein Geld schadlos gehalten haben, weil er »Decorationen und Kleidungen nicht mit dem einem solchen Feste angemessenen Glanze hergestellt« habe, und fügte hinzu: »Ich berief mich, was diesen Gegenstand betrifft, auf die allgemeine und hierüber völlig einige Stimme des Publikums.«[28] War also die Ausstattung doch etwas dürftig ausgefallen?

Der interessanteste Bericht darüber stammt wiederum von Niemetschek, der 1794 schrieb:

> Tito wurde zur Krönungszeit als Freioper und dann einigemal noch gegeben; aber da es das Ungefähr so haben wollte, daß ein elender Kastrat und eine mehr mit den Händen als der Kehle singende Primadonna, die man für eine Besessene halten mußte, die Hauptparten hatten; da der Stoff zu simpel ist, als daß er eine mit Krönungsfeierlichkeiten, Bällen und Illuminazionen beschäftigte Volksmenge hätte interessieren können, und da es endlich – (Schande unserem Zeitalter) – eine ernsthafte Oper ist, so gefiel sie minder im Allgemeinen, als sie es vermög ihrer wahrhaft himmlischen Musik verdiente. Es ist eine gewisse griechische Simplizität, eine stille Erhabenheit in der ganzen Musik, die das fühlende Herz leise, aber desto tiefer trifft; die zu dem Karakter des Titus, den Zeiten und ganzen Sujet so richtig paßt, und dem feinen Geschmacke Mozarts, so wie seinem Beobachtungsgeiste, Ehre macht. Dabei ist der Gesang durchgängig, vorzüglich aber im Andante, himmlisch süß, voll Empfindung und Ausdruck, die Chöre pompös und erhaben; Kurz, Glucks Erhabenheit ist darin mit Mozarts origineller Kunst, seinem strömenden Gefühle und seiner ganzen hinreißenden Harmonie vereinigt. Unübertreffbar, und vielleicht ein non plus ultra der Musik, ist das letzte Terzett und Finale des ersten Akts. Die Kenner sind im Zweifel, ob *Titus* nicht noch sogar den *Don Giovanni* übertreffe. Dieses göttliche Werk des unsterblichen Geistes [i. e. *Don Giovanni*] gab uns Hr. Guardasoni am

> 3ten Dezember d.J. [i.e. 1794] bei gedrängt vollem Hause und unter dem ungetheiltesten Beifalle des Publikums ...[29]

In der Mozart-Literatur ist immer wieder behauptet worden, Kaiserin Marie-Louise habe *La clemenza di Tito* »una porcheria tedesca« – eine deutsche Schweinerei – genannt: Es gibt keinen zeitgenössischen Beleg für diesen Ausspruch, doch wenn er tatsächlich wahr ist, und die oben erwähnten Umstände rücken ihn in den Bereich des Möglichen, dann hat sie dem Werk für alle Zeiten einen Stempel aufgedrückt. Und das Mißfallen des Hofes äußerte sich ganz sicher in leeren Häusern, vor denen die Oper spielte, ausgenommen, wie wir noch sehen werden, die letzte Vorstellung, die am Tag (30. September) der Uraufführung der *Zauberflöte* in Wien stattfand. (Mozart erfuhr von der Aufnahme dieser letzten Aufführungen des *Tito* in Prag durch Anton Stadler, der noch dort geblieben war, um am 16. Oktober ein Benefizkonzert zu geben, bei dem Mozarts letztes vollendetes Instrumentalwerk, das Klarinettenkonzert A-Dur [KV 622], uraufgeführt wurde.)

Donnerstag, 8. September 1791

Die Erzherzogin Maria Anna wird zur Äbtissin des Königlichen Damenstifts geweiht. Die musikalische Umrahmung der Zeremonie in der dortigen Stiftskirche oblag Salieri und der Hofkapelle; aufgeführt wurden

> Eine kurze Messe, wahrscheinlich Mozarts C-Dur-Messe (KV 258), auch »Piccolomini«-Messe genannt, von der in der Hofburgkapelle eine Partitur von dem gleichen Wiener Kopisten existiert, der auch diejenige von KV 337 angefertigt hat; dieses Werk ist die kürzeste der drei Messen, die bei den Krönungszeremonien von 1791 zur Aufführung gelangten.
> Offertorium
> Tedeum[30]

Freitag, 9. September 1791

In dem Buch *Rococo-Bilder* von Alfred Meissner findet sich ein interessanter Bericht über Mozarts Teilnahme an einer Freimaurerloge etwa um diese Zeit. Meissner, dessen Großvater August Gottlieb das Prager Verlagshaus Schönfeld übernommen hatte, in dem das Libretto von *La clemenza di Tito* 1791 erschien, ist kein besonders zuverlässiger Zeuge; aber seine Information, die er von seinem Großvater bezogen haben mag, soll, trotz aller wissenschaftlicher Bedenken, wiedergegeben werden (Deutsch hat den Bericht ebenfalls für seine Dokumente akzeptiert).[31]

> [Mozart besuchte während seines letzten Aufenthalts in Prag im Jahr 1791 mehrmals die Loge *Wahrheit und Einigkeit zu den drei gekrönten Säulen.*] Als er das letztemal kam, hatten sich die Brüder in zwei Reihen aufgestellt, und der Eintretende wurde mit der Cantate »Maurerfreude« [KV 471], die er 1785 zu Ehren [Ignaz von] Borns komponirt, empfangen. [Born war der Meister der Wiener Loge *Zur wahren Eintracht,* zu der Haydn gehörte; er war dem Orden in Prag beigetreten und hielt eine freundschaftliche Verbindung zu den Prager Brüdern aufrecht.] Diese Aufmerksamkeit rührte Mozart tief und als er dafür dankte, äußerte er: er werde demnächst dem Maurerthume eine bessere Huldigung darbringen. Er meinte damit die »Zauberflöte«, welche bereits in seinem Geiste reifte.

Am Abend spielte die Sekonda-Truppe »auf Allerhöchstes Begehren« – das heißt Leopolds II. und/oder seines Hofstaats – nochmals *Der Herbsttag* und *Der weibliche Jakobiner-Chlubb* im Nationaltheater.[32]

Samstag, 10. September 1791

Niemand scheint das Datum der zweiten Aufführung von *La clemenza di Tito* festgehalten zu haben. Möglicherweise fand sie am heutigen Abend statt, da keine Schauspielaufführung im Nationaltheater feststellbar ist.

Sonntag, 11. September 1791

Welche Messe im St.-Veits-Dom aufgeführt wurde, ist nicht bekannt, aber es ist durchaus möglich, daß es eine Messe von Mozart war, weil sich der Komponist in der Stadt aufhielt.

Montag, 12. September 1791

Krönung von Marie-Louise zur Königin von Böhmen in der Metropolitankirche von Prag (das heißt im St.-Veits-Dom). Antonio Salieri und die Hofburgkapelle trugen Sorge für den angemessenen musikalischen Rahmen:

Antiphon *Ecce mitto angelum*
Messe, wahrscheinlich Mozarts andere Krönungsmesse in C-Dur (KV 337), möglicherweise auch die erste Krönungsmesse, ebenfalls in C-Dur (KV 317)
Offertorium
Tedeum

Im Nationaltheater fand an diesem Abend eine Festlichkeit ganz anderer Art statt, nämlich ein Galasouper und ein Ball. Während des Soupers sang Josepha Duschek eine neue Kantate *(Huldigungskantate)* von August Gottlieb Meissner mit der Musik von Leopold Koželuch in Anwesenheit Ihrer Majestäten.[33] Über den Ball gibt es eine interessante Notiz in der *Pressburger Zeitung* Nr. 77 vom 24. September:

> Prag den 12ten ... war Abends ständischer Freyball in dem am Nationaltheater neu aufgeführten Gebäude. Drey Orchester im neuen Saale, und zwey in dem mit diesem in Verbindung gesetzten Nationaltheater, waren mit beiläufig 300 Musikanten besetzt, und dazu waren die geschicktesten Tonkünstler gewählt.

Mit Sicherheit wurde bei dieser Gala viel Musik von Mozart gespielt, darunter einige jener Menuette und Deutschen Tänze, die beim Prager Publikum so beliebt waren.

Haydns Aufenthalt in England hatte einen komplizierten Ablauf von Ereignissen ausgelöst, der dann zu Mozarts *La clemenza di Tito* führte. In vielen Berichten – einschließlich derer, die über die Oper am 6. September schrieben – wurde Mozarts Name einfach übergangen, obwohl er derjenige Komponist war, der bei den Krönungsfeierlichkeiten am meisten vertreten war, und zwar mit zwei Opern, drei Messen, einem Offertorium, einer Motette und wahrscheinlich vielen Menuetten und Deutschen Tänzen. Was muß in Haydn vorgegangen sein, als er in London am 21. November 1791 die *Morning Chronicle* aufschlug und einen Bericht über die Krönungsfeierlichkeiten las, in dem Koželuchs Name gleich zweimal genannt wird, einmal als Komponist der unter dem 12. September aufgeführten Kantate und einmal als Dirigent des großen Orchesterkonzerts, Mozart und *La clemenza di Tito* jedoch nicht einmal erwähnt sind?[34] Haydn hielt nicht viel von Koželuch, und Beethoven hatte die beste Beschreibung für ihn: *miserabilis*![35]

Mozarts Biograph Niemetschek ließ Breitkopf & Härtel wissen, daß er sich mit Mozart während der Krönungsfeierlichkeiten anfreundete. Er schrieb der Leipziger Firma im Jahr 1799: »Leopold Koželuch ... ich habe ihn nicht nennen wollen, wegen der kleinlichen Eifersucht, mit der er Mozart in Prag immer verfolgte. Er hat ihn hier in der Krönungszeit Kaiser Leopolds auf das Bübischste verläumdet, ja sogar seinen moralischen Charakter angegriffen. Koželuch hat allen Credit verloren – ich habe *diesen kleinen Menschen und kleinen Kompositeur* kennen gelernt, da er bei einem meiner Freunde wohnte und die Kantate von Meissner innerhalb vier Wochen nicht schrieb, sondern im Schweiße seines Angesichts zusammenstoppelte und mit einem Fluche ... einen Wechselbalg gebar.«[36]

Die Kantate hatte viel Erfolg. Sie mußte wiederholt werden. Leopold Koželuch, *miserabilis*, wurde am 12. Juni 1792 Hofkomponist in Wien mit einem Salär, doppelt so hoch wie das Mozarts. Er sollte Opern und Oratorien komponieren; seine Musik war von der Art, daß sie dem Mann in der Straße wie auch den Hofräten wirklich gefiel und von ihnen verstanden wurde.

X
Die Zauberflöte

Der Anfang

Nach dem Tod Kaiser Josephs II. bekam Mozart bezeichnenderweise keine Aufträge mehr, Opern für den Wiener Hof zu schreiben, an dem Antonio Salieri Kapellmeister war. Seine Kaltstellung am offiziellen Hoftheater wurde Mozart im Frühjahr 1791 noch deutlicher bewußt, als sein Koautor bei drei italienischen Opern, Lorenzo da Ponte, nach mehreren Skandalen, in die er verwickelt worden war, schließlich auf kaiserlichen Befehl als Theaterdichter entlassen wurde. Damit ging eine der größten Zusammenarbeiten in der Geschichte der Oper zu Ende. Es ist schwer zu sagen, ob Mozart und da Ponte eine enge Freundschaft verband. Sehr wahrscheinlich ist es nicht; aber da Pontes Entlassung muß für Mozart ein großer Schock gewesen sein. Was auch immer da Ponte für den Komponisten bedeutet haben mag, der gerissene Italiener war Mozarts wichtigste Verbindung mit der offiziellen Hofoper gewesen und vielleicht sogar eine Art Prellbock zwischen ihm und Salieri.

Da Ponte, der sich in großen Unannehmlichkeiten befand, nicht nur mit Kaiser Leopold II., sondern auch mit dessen Gemahlin Kaiserin Marie-Louise (»die mir bereits nicht mehr wohlgesinnt war«), erhielt zu dieser Zeit ein Angebot, nach St. Petersburg zu gehen, wo sein Freund Martini (Martin y Soler) Hofkomponist war; aber Leopold weigerte sich zunächst, da Pontes Vertrag zu annullieren, der noch fast sechs Monate Gültigkeit hatte. Dreißig Tage später jedoch, etwa Anfang März 1791, besann sich der Wiener Hof eines anderen. Man bezahlte ein noch unfertiges Libretto, an dem da Ponte arbeitete, sowie sein noch ausstehendes Gehalt; aber da hatte er bereits nach St. Petersburg geschrieben,

ILL. 9: *Josepha Hofer, später Mayer. Mozarts Schwägerin, die erste Königin der Nacht in der Zauberflöte. Anonyme Silhouette.*

daß ... ich für viele Monate nicht [nach Rußland] würde kommen können. Da ich den Verdacht hegte, sie hätten bereits wegen eines Dichters nach Italien geschrieben, besprach ich mich mit Mozzart [sic!] und versuchte, ihn zu überreden, mit mir nach London zu gehen. Da er jedoch kurz zuvor vom Kaiser Joseph als Anerkennung für seine göttlichen Opern eine Pension auf Lebenszeit erhalten hatte und gerade dabei war, eine deutsche Oper *(Die Zauberflöte)* zu komponieren, von der er sich neuen Ruhm erhoffte, erbat er sich sechs Monate Bedenkzeit, und ich wurde mittlerweile das Opfer von Umständen, die mich nolens volens dazu zwangen, völlig andere Wege zu gehen.[1]

Kurz zuvor war ein alter Freund Mozarts aus dem Ausland zurückgekehrt und hatte die Direktion des Theaters auf der Wieden, bekannt als das *Freyhaustheater,* übernommen (so genannt, weil es in einem Komplex von Gebäuden mit dem Namen Freyhaus stand).[2] Dieser Freund war Emanuel Schikaneder, Schauspieler, Impresario, Verfasser von Theaterstücken und Opern und dazu ausersehen, nach da Ponte der erste der beiden neuen Opernkoautoren, mit denen Mozart 1791 zusammenarbeitete (der andere war Caterino Mazzolà), zu werden. Schikaneder eröffnete sein Theater am 12. Juli 1789 mit der deutschen komischen Oper *Der dumme Gärtner aus dem Gebirge, oder die zween Anton;* der Text war von Schikaneder selbst und die Musik von zwei Mitgliedern seiner Truppe, dem Tenor Benedikt Schack und dem Bassisten Franz Xaver Gerl (der Mozarts erster Sarastro sein sollte). Die Oper war sofort ein Erfolg und hatte 1789 zweiunddreißig Aufführungen. Ihre »Arien« wurden zu »Schlagern« in der Stadt, vor allem *Ein Weib ist das herrlichste Ding auf der Welt.* Wie wir gesehen haben, verwendete Mozart diese Arie zu Beginn des Jahres als Thema für Klaviervariationen. Die von Schikaneder zusammengestellte Truppe verfügte über ein paar hervorragende Sänger wie Mozarts Schwägerin, die brillante Koloratursopranistin Josepha Hofer (Königin der Nacht in der *Zauberflöte*). Das Orchester bestand aus fünfunddreißig Spielern mit fünf ersten und vier zweiten Violinen, vier Bratschen, drei Celli, drei Kontrabässen, je zwei Flöten, Oboen, Klarinetten, Fagotten, Hörnern und Trompeten sowie drei Posaunen und Pauken.[3] Das war zwar ein Provinz-(das heißt Vorstadt-)Orchester, aber viel größer als sonst üblich. Auch bei den Hoftheatern gab es kaum Posaunen, nur bei besonderen Anlässen wie Aufführungen von *Don Giovanni.* Mozarts Orchester für das Frankfurter Konzert im Jahr 1790 war wesentlich kleiner gewesen (nur fünf oder sechs Violinen).

Wie kam es zur Entstehung der *Zauberflöte*? So viele Legenden ranken sich um diese Opernzusammenarbeit, daß es heute schwerfällt, Fakten und Erfindung voneinander zu trennen. Der folgende Bericht stammt aus der Biographie Nissens und stützt sich wie schon so oft auf Konstanzes Wissen und Mitarbeit.[4] Zu der Vielzahl von Werken, die Mozart während der letzten vier Monate seines Lebens schrieb, bemerkt Nissen, »wo er schon kränkelte und zwey Reisen machte« (wenn man von Reisen nach Baden absieht, unternahm Mozart jedoch nur eine größere Reise in diesen vier Monaten, nämlich nach Prag für die Krönungsoper):

Schon über der ersten dieser Opern [gemeint sind *Die Zauberflöte* und *La clemenza di Tito*] versank er, dem Tag und Nacht gleich war, wenn ihn der Genius ergriff – durch Anstrengung öfters Ermattung und Minuten lange Ohnmacht und Bewußtlosigkeit.

Die *Zauberflöte* componirte er für das Theater des Schikaneder, der sein alter Bekannter war, auf dessen Bitte, um ihn aus seinen bedrängten Umständen zu retten. Die Dichtung ist von Schikaneder selbst, der auf diese Weise mit zur Unsterblichkeit hinüber geschleppt wurde.

Schikaneder war nämlich, theils durch eigene Schuld, theils durch Mangel an Unterstützung des Publicums, ganz herunter gekommen. Halb verzweifelnd kam er zu Mozart, erzählte seine Umstände und beschloß damit, dass nur er ihn retten könnte.

Ich? – Womit? –

Schreiben Sie eine Oper für mich, ganz im Geschmacke des heutigen Wiener Publicums; Sie können dabey den Kennern und Ihrem Ruhme immer auch das Ihrige geben, aber sorgen Sie vorzüglich auch für die niedrigen Menschen aller Stände. Ich will Ihnen den Text besorgen, will Decorationen schaffen u.s.w., Alles, wie man's jetzt haben will –

Gut – ich will's übernehmen!

Was verlangen Sie zum Honorar?

Sie haben ja nichts! Nun – wir wollen die Sache so machen, damit Ihnen geholfen, und mir doch auch nicht aller Nutzen entzogen werde. Ich gebe Ihnen einzig und allein meine Partitur; geben Sie mir dafür, was Sie wollen, aber unter der Bedingung, dass Sie mir dafür stehen, dass sie nicht abgeschrieben werde. Macht die Oper Aufsehen, so verkaufe ich sie an andere Directionen, und das soll meine Bezahlung seyn.

Der Herr Theater-Directeur schloß den Vertrag mit Entzücken und heiligen Betheuerungen. Mozart schrieb emsig, schrieb brav und ganz nach dem Willen des Mannes. Man gab die Oper, der Zulauf war groß, ihr Ruf flog in ganz Deutschland herum, und nach wenigen Wochen gab man sie schon auf mehren auswärtigen Theatern, *ohne dass ein Einziges die Partitur von Mozart erhalten hätte!* Als Mozart die Betrügerey dieses Menschen erfuhr, war Alles, was er sagte: *Der Lump!* – und damit war es vergessen. Durch Undankbarkeit liess sich Mozart nicht stören; kaum Minuten lang wurde er unwillig darüber.

Es ist unklar, woher (mit oder ohne Konstanzes aktive Beteiligung) diese recht kuriose Beschreibung über die Anfänge der Oper stammt. Sollen wir wirklich glauben, Mozart habe kein Honorar genommen (es wäre ihm ja kaum noch Zeit verblieben, das Werk ins Ausland zu verkaufen)? Daß Schikaneder ihm nichts für *Die Zauberflöte* bezahlt haben soll? Bei aller brüderlichen Sympathie scheint das eine wenig wahrscheinliche Geschichte zu sein. Im Frühjahr 1791 war Mozart kaum in der Lage, sich für einige Monate zurückzuziehen, um auf gut Glück eine große Oper zu schreiben. Ich möchte vermuten, daß er 200 Dukaten nahm.

Diese Version scheint doch mehr Legende zu sein. Um 1791 war Schikaneder sicher nicht in nennenswerten finanziellen Schwierigkeiten; im Gegenteil, seine neuen Opern waren große Erfolge, und er verfügte bis zum Mai 1791 über ein ganzes Repertoire deutscher Theaterstücke und Singspiele (Stücke mit Musik), die ganz auf den Spaß der Wiener an naiver Komödie und am bodenständigen Dialekt zugeschnitten waren (Wiener Dialekt ist fast ebenso farbig wie der Berliner, und beide haben die gleiche Art von verschrobenem Humor). Natürlich war Mozart entzückt davon, sich wieder an einer deutschen Oper zu versuchen, denn der phänomenale Erfolg von *Die Entführung aus dem Serail* in ganz Deutschland war ihm sehr wohl gegenwärtig (er hatte sogar eine Aufführung gesehen, als er 1789 in Berlin war).

Wie groß Mozarts Anteil am Libretto der *Zauberflöte* ist, wurde fast zweihundert Jahre lang heftig diskutiert, ohne daß irgendwelche konkreten Ergebnisse dabei herausgekommen wären, außer den vergleichsweise geringfügigen Veränderungen zwischen dem gedruckten Libretto von 1791 und Mozarts Originalmanuskript. Sie sind Details und geben überhaupt keine Antwort auf die prinzipielle Frage. Noch viel mehr ist die Entstehung des Librettos erörtert worden und die vermutete Beteiligung anderer Autoren als Schikaneder.[5] Eine der Hauptquellen hat von jeher festgestanden: die Oper *Oberon* des Hofkapellmeisters Paul Wranizky (oder Wranitzky), die Schikaneder 1789 herausbrachte und die Mozart gut kannte (er nahm an der Uraufführung teil und besaß ein gedrucktes Textbuch). Eine plagierte Fassung war für Schikaneder von Mozarts Freimaurerbruder und Mitglied der Freyhaus-Truppe Karl Ludwig Gieseke angefertigt worden, der später vorgab, er habe einen wesentlichen Teil der *Zauberflöte* geschrieben. Auch das Schauspiel *Thamos, König in Ägypten* von Tobias Phillip von Gebler, einem Freimaurer und Vizekanzler der k. k. böhmischen Hofkanzlei, für das Mozart Bühnenmusik in bisher nicht dagewesenem Ausmaß (KV 345) geschrieben hatte, trug zum Libretto der Zauberflöte bei. Das Hauptthema dieses Stückes ist der Sieg der Treue jeglichen Widrigkeiten zum Trotz; und die Musik, die der Komponist teils 1773 in Wien und teils 1775 und 1779 in Salzburg schrieb, ist voller Hinweise auf den zukünftigen Mozart und vor allem auf den Mozart der *Zauberflöte*. Eine weitere Quelle ist Christoph Martin Wielands dreibändige Sammlung von Märchen, *Dschinnistan,* in deren letztem Band (1789) eine Geschichte namens *Lulu, oder die Zauberflöte* enthalten war, die der neuen Oper den Titel gab.

Ob Gieseke oder auch ein Pater namens Cantes, »Co-operator« der Pauliner,[6] beteiligt waren, soll im Hinblick auf den eingegrenzten Aspekt unserer Untersuchungen nicht weiter erörtert werden. Erstellt und auch weitgehend geschrieben wurde das Libretto mit Sicherheit von Schikaneder, für den auch die Partie des Papageno konzipiert war. Mozart fand die erstaunliche Verschiedenartigkeit des Sujets offensichtlich attraktiv. Sie reicht in der endgültigen Fassung von Haydnschen Volksmelodien für die »einfachen« Wesen, Papageno und Papagena, bis hin zu der mystischen und rituellen Musik für Sarastro und sein Gefolge, von den Wahnsinnskoloraturen der Königin der Nacht (dem entfesselten Sturm und Drang der zweiten Arie in d-Moll, *Der Hölle Rache*, die an so viele andere Werke Mozarts in dieser Tonart erinnert) zu der Verwendung einer altertümlich anmutenden norddeutsch-lutherischen Choralmelodie (»Ach Gott, vom Himmel sieh' darein«), gesungen von den zwei Geharnischten. Es war ebendiese Verschiedenartigkeit, die Beethoven so beeindruckte[7] (der ohnehin da Pontes Texte für die italienischen Opern als zu frivol mißbilligte) und die auch uns beeindruckt.

Die Botschaft

Als das erste gedruckte Libretto der *Zauberflöte* zusammen mit der Uraufführung erschien, sahen die Leser, wenn sie es aufschlugen, ein gestochenes Titelbild, das vom Drucker selbst, Ignaz Alberti, stammte, einem Mitglied von Mozarts Freimaurerloge *Zur gekrönten Hoffnung*. Den Uneingeweihten dürfte dieses Blatt wie eines der damals gängigen Bilder von einer archäologischen Ausgrabung in Ägypten erschienen sein: links der Sockel einer Pyramide mit Symbolen (einschließlich Ibis); in der Mitte verschiedene Gewölbe, die zu einer Mauer mit Nischen und einem Rundportal hinführen, alles in Licht getaucht. Vom mittleren Gewölbe hängt eine Kette mit einem fünfeckigen Stern herunter. Zur Rechten sieht man eine kunstvolle Rokokovase mit seltsam kauernden Figuren am Sockel; im Vordergrund sind eine Kelle, zwei Kompasse, ein Stundenglas und geborstene Mauerteile. Viele Leute werden an ein abstruses orientalisches Phantasiebild gedacht haben; einigen bürgerlichen Damen und Herren fiel bestimmt der Isis- und Osiris-Kult ein. Aber mancher im Publikum wußte, daß der Symbolismus auf eine ganze Reihe unverwechselbarer Zeichen der alten und ehrwürdigen Freimaurer hindeutete. Diese Männer – Damenlogen gab es nur in Frankreich –, die der um 1791 bereits im Absterben begriffenen Loge noch angehörten und die längst nicht mehr die strahlende Elitegesellschaft waren wie Mitte der achtziger Jahre, als Mozart und Haydn ihr beitraten, mögen sich gefragt haben, ob dies einem Verrat an ihren Geheimnissen gleichkomme. Und wenn sie, wie es viele tun, die zum erstenmal ein Textbuch in die Hand nehmen, gedankenlos die letzte Seite (107) aufschlugen, dann konnten sie mit einigem Entsetzen diese Zeilen lesen:

Heil sey euch Geweihten! Ihr drängt durch die Nacht!
Dank sey dir, Osiris und Isis, gebracht!
Es siegte die Stärke, und krönet zum Lohn
Die Schönheit und Weisheit mit ewiger Kron.

Im Ritual der Johannisfreimaurer wären am Schluß einer Logenzusammenkunft ebendiese Worte: »Weisheit ... Schönheit ... Stärke« gefallen; sie bilden auch das zentrale Dreieck des Dreiunddreißigsten Grades des schottischen Freimauerrituals – eine Parallele oder Erweiterung der Johanniszeremonie.

Viele Brüder im Publikum von 1791 warteten beklommen auf etwas, was entfernt mit dem Freimaurerritual zu tun haben könnte. Ein noch größerer Schrecken dürfte es für sie gewesen sein, als in der Mitte der Ouvertüre die Musik innehielt und nach einer Pause in sehr langsamem Tempo (Adagio) mit dreimal drei Akkorden im folgenden Rhythmus wieder anhob:

Philippe A. Autexier erläutert in einer Arbeit über Mozart und die Freimaurer (die für das Mozart-Kompendium 1989 vorgesehen ist), daß »zu Mozarts Zeiten das in den Wiener Logen ausgeübte Ritual für jeden Grad charakteristische Rhythmen vorsah: – o – für den Lehrlings-, o – – für den Gesellengrad und o o – für den der Meistermaurer«. Es gab auch große Unterschiede bei der Anwendung dieser Klopfsymbole zwischen den St. Johannislogen und den französischen, deren Mutterloge *Le Grand Orient* in Paris war (gerade im Begriff, ihr »Licht ausgelöscht« zu haben). Um 1790 gab es eine französisch orientierte Loge in Prag, die von dem Schauspieler Joseph Anton Christ aufgesucht wurde und der in seinen Memoiren über sie berichtete.[8] Er habe die französischen Schauspieler in der böhmischen Hauptstadt kennengelernt, und es »reizte mich ungemein, auch die französische Maurerei kennenzulernen ... Ich besuchte seine [Herrn Chapisons] Loge ... bezahlte das von mir geforderte Quantum und ward Maître ...« Mozart mag das ebenfalls getan haben.

Der Fortgang der Oper dürfte die Freimaurer im Publikum verblüfft haben: Ein Symbol nach dem anderen stammte vom Orden. Die symbolische Zahl Drei beherrscht das gesamte Werk: Drei B sind die Vorzeichnung für die Haupttonart (Es-Dur), dann gibt es drei Knaben und drei Damen. Tamino wird anfangs als »Profan« (das heißt als Nicht-Freimaurer) gezeigt, dann als »Suchender« (man denke an seine Unterhaltung mit dem Sprecher, I. Akt, Szene 15: Der Sprecher fragt ihn, »Wo willst du kühner Fremdling hin? Was suchst du hier im Heiligtum?«), dann als junger Freimaurer im Lehrlingsgrad (mit seiner Zeremonie des Reisens und der Verschwiegenheit), dann im zweiten (Gesellen-)Grad (mit seinem Fastengelübde) und schließlich im dritten Grad, dem des Meisterfreimaurers (II. Akt, Szene 21). Die symbolische Wanderung von der Dunkelheit ins Licht, ein integraler Bestandteil der Johanniszeremonie, ist mit großartiger Wirkung in der *Zauberflöte* ganz eindeutig und kündigt sich unübersehbar in der Illustration des Textbuchs von 1791 an.

Aber Mozart und Schikaneder wollten mehr zeigen als die Johanniszeremonie der Freimaurer; sie wandten sich auch der Darstellung der höheren Grade zu (der sogenannten »Schottischen Grade«). Wenn sich in Szene 28 des II. Akts der Vorhang öffnet, sieht man zwei Männer in schwarzem Harnisch und später Tamino und Pamina. Das ist der Beginn der berühmten Feuer- und Wasserprobe und führt uns in eine weitere Freimaurerwelt, in die des »Le souverain prince Rose-croix«, dem achtzehnten im »Ancient and Accepted Scottish Rite 33«. Das Originallibretto von 1791 weist diskret darauf hin, daß »sie [die Geharnischten] ihm [Tamino] die transparente Schrift vorlesen, welche auf einer Pyramide geschrieben steht«. Bei den Worten

»Feuer, Wasser, Luft und Erde« wurde vermutlich das geheiligte Tetragramm JHVH gezeigt, der zentrale Bestandteil dieses »Souveränen Rosenkreuzgrads«. Die 33. Szene des II. Akts, in der der Mohr Monostatos zusammen mit der Königin der Nacht und ihrem Gefolge versuchen, Sarastros Tempel zu stürmen und zu zerstören, symbolisiert den Grad 30 im Schottischen Ritus, den »Grad der Rache«, während der Schluß der Oper, II. Akt, Szene 33, nachdem die Dunkelheit (Königin der Nacht) besiegt und das Licht (Sarastro, Tamino/Pamina, Papageno/Papagena) triumphiert, den höchsten Grad (33°) des Schottischen Ritus repräsentiert – in dem Dreieck, das »Weisheit, Schönheit, Stärke« bedeutet und im Textbuch wiedergegeben ist. Das Motto des 33. Grades ist *Ordo ab Chao* (Ordnung aus dem Chaos) oder von der Dunkelheit ins Licht.[9]

Für den musikalischen Teil dieser zentralen souveränen Rosenkreuz-Szene mit den Geharnischten wählte Mozart eine Art Choralvorspiel, das die alte lutherische Melodie *Ach Gott, vom Himmel sieh' darein* von 1524[10] verwendet (er hatte sie bereits 1784 in einem ganz anderen Zusammenhang als Kontrapunktaufgabe ins Notenheft seiner Schülerin Barbara Ployer oder von jemand anderem geschrieben)[11]. Die Feierlichkeit dieses Opernabschnitts ist somit weit entfernt von jeglichem österreichischen oder katholischen Empfinden. Sie ist von biblischer Erhabenheit – und mit biblisch meine ich wörtlich aus der Bibel stammend. Siehe Jesaja 43/2:

> Wenn du durch Wasser gehst, will ich bei dir sein, daß dich die Ströme nicht ersaufen sollen; und wenn du ins Feuer gehst, sollst du nicht brennen, und die Flamme soll dich nicht versengen.

Falls der Leser diese ganze Numerologie mit Skepsis zu verfolgen beginnt, möchte ich nur noch erwähnen, daß die Orchestereinleitung dieser Szene aus genau achtzehn Gruppen von Tönen besteht. Sarastro, der Hohepriester (also der Verehrungswürdige Meister vom Stuhl), erscheint erstmals in Szene 18, I. Akt.

Im Anfang des II. Akts treten Sarastro und seine Priester auf: Es sind (wie das Libretto von 1791 ausdrücklich erwähnt) genau achtzehn Priester und achtzehn Stühle, und der erste Abschnitt des Chors *O Isis und Osiris,* den sie singen, ist achtzehn Takte lang. Als Papageno die häßliche Alte, die sich als Papagena entpuppen wird, fragt, wie alt sie ist, antwortet sie »achtzehn« (woraufhin das Publikum jedesmal lacht). Und wenn die drei Knaben in einem über der Bühne schwebenden Flugapparat erscheinen, ist er (wie das Libretto von 1791 festhält) »mit Rosen bedeckt«. Aber wenn wir jetzt von dieser fast hypnotischen Faszination mit dem 18.° (Rosenkreuz) Abschied nehmen, dann sollten wir uns vergegenwärtigen, daß achtzehn aus sechs mal drei zustande kommt – und die Drei ist in der Tat die entscheidende und grundlegende symbolische Zahl der Oper. (Während der Schottische Ritus von jeher eine ziemlich elitäre Organisation war, dürften dem verbreiteteren Johannisritual die Wiener Freimaurer angehört haben, die bei der Uraufführung der *Zauberflöte* anwesend waren.)

In einer 1725 in London gedruckten Broschüre mit dem Titel *The Grand Mystery of the Free Masons discovered* (Das Große Mysterium der Freimaurer enthüllt) lesen wir unter »Prüfung bei Eintritt in die Loge«:

F. Wie viele kostbare Juwelen?
A. Drei; ein viereckiges Tablett, ein Diamant und ein Winkelmaß.
F. Wie viele Lichter?
A. Drei; ein Rechtes Ost, Süd und West.
F. Was stellen sie dar?
A. Die Dreieinigkeit, Vater, Sohn und Heiliger Geist.
...
F. Wie viele Grade gehören zu einem rechten Maurer?
A. Drei.
...
F. Wie viele besondere Tugenden zeichnen einen Freimaurer aus?

A. Drei; Brüderlichkeit, Treue und Verschwiegenheit.
F. Wofür stehen sie?
A. Brüderliche Liebe, Helfen und Treue unter allen rechten Freimaurern; wofür alle Maurer geweiht wurden im Gebäude des Turms von *Babel* und im Tempel von *Jerusalem.*

In einem anderen Druck von 1723 steht:

Wenn du ein Meister-Maurer werden willst,
Beachte gut die *Regel der Drei* ...[12]

Wenn dann für unseren Freimaurer im Freyhaustheater auf der Wieden *Die Zauberflöte* ihrem Ende zuging, wußte er, daß er die erste Freimaureroper erlebt hatte. Natürlich war das genaue Ritual auf der Bühne nicht nachvollzogen, aber es gab genug davon, in Andeutungen vorgeführt und dick unterstrichen durch Numerologie, denn es sollte keinen Zweifel an dem freimaurerischen Inhalt des Werks geben. Aber wie war das möglich? In der oben erwähnten Veröffentlichung von 1725 lesen wir:

F. Im Namen von etc. bist du ein Maurer? Was ist ein Maurer?
A. Ein Mann vom Mann gezeugt, geboren von einer Frau, Bruder einem König.
F. Was ist ein Geselle?
A. Ein Gefährte eines Prinzen.
F. Wie soll ich erkennen, daß du ein Freimaurer bist?
A. Nach Zeichen, Griff und der Wiederholung der Umstände meiner Aufnahme.
F. Welche sind die Umstände deiner Aufnahme?
A. Ich höre und schweige unter der Strafe, meine Kehle durchschnitten und meine Zunge aus meinem Kopf herausgerissen zu haben.

Es muß dringliche Gründe dafür gegeben haben, daß Mozart und Schikaneder dieses Gesetz des Schweigens brachen (die annähernd gleiche Formel gab es auch im deutschsprachigen St.-Johannisritual). Und da wir bei diesem Thema sind: Schon vor langer Zeit war gemutmaßt worden (und diese Vermutung ist von drei deutschen Ärzten in einem Buch mit dem Titel *Mozarts Tod* aus dem Jahr 1971, in dem sie tatsächlich das Wort »Ritualmord« verwendeten, in noch stärkerem Ausmaß aufrechterhalten worden), daß die Freimaurer Mozart getötet hätten. Es gibt zwei Tatsachen, die diese Theorie – die sich sogar heute noch in manchen Kreisen hält – nicht nur unwahrscheinlich erscheinen lassen, sondern auch dagegen sprechen. Die erste ist, daß niemand Schikaneder tötete, der genauso dafür verantwortlich war wie Mozart, »freimaurerische Geheimnisse verraten« zu haben (Schikaneder war in Regensburg Freimaurer gewesen, war aber nie einer Wiener Johannisloge beigetreten). Schikaneder erreichte ein für damalige Begriffe gesegnetes Alter von einundsechzig Jahren und starb 1812 (dafür, daß sich sein Geist verwirrte, konnten die Freimaurer nichts. Schikaneder starb erst siebzehn Jahre nach der offiziellen Auflösung der Freimaurerlogen im Jahre 1795). Noch überzeugender ist vielleicht die zweite Feststellung: Mozarts eigene Loge *Zur gekrönten Hoffnung* hielt eine Trauerloge für ihren Komponisten ab, druckte die Hauptrede sowie die Freimaurerkantate (KV 623), die Mozart kurz vor seinem Tod komponiert hatte.

Es muß also noch einen anderen Grund gegeben haben, der es Mozart und Schikaneder erlaubte, für ein Opernsujet die Freimaurerei zu wählen. Dies ist ein Aspekt, den viele Wissenschaftler entweder übergangen oder nicht begriffen haben. Er kann aber aufgeklärt werden, wenn man die Akten studiert, die die österreichische Polizei zu dieser Zeit führte. Bekannt ist, daß die Freimaurerlogen in Österreich in akuter Gefahr waren, aufgelöst zu werden – wie akut, zeigt sich daran, daß die Freimaurer 1794 ihre Logen freiwillig schlossen, während 1795 ein neuer und junger Kaiser alle geheimen Gesellschaften, natürlich die Freimaurer eingeschlossen, verbot. Der Grund dieser plötzlichen Gefahr für die Freimaurer war ihre angebliche Verstrickung in die Französische Revolution und das Jakobinertum und in eine ähnliche Bewegung in Österreich, deren Existenz die Geheimpolizei vermutete – zu Recht, wie sich herausstellte.

Dieses Liebäugeln mit revolutionärem Gedankengut reichte weiter zurück als 1789, dem Beginn der Französischen Revolution: Im Jahrzehnt zuvor waren die meisten der führenden Amerikaner, die sich von England lossagten und ihre Unabhängigkeit erklärten, Freimaurer gewesen, unter ihnen Franklin, Washington, Jefferson (der die extrem freimaurerisch klingende *Declaration of Independence* formulierte) und so weiter. Das war nicht nur den Mitgliedern des Ordens in Europa bekannt, sondern auch den Herrschern und der Polizei. 1789 waren viele der führenden Mitglieder jener Gruppierungen, die sich für eine republikanische Staatsform in Frankreich aussprachen, Freimaurer gewesen. Aber schließlich brach der Orden unter dem Terror zusammen: Die Loge *Le Grand Orient* in Paris schloß ihre Pforten im Jahr 1791, und um 1794 hatte die Freimaurerei in Frankreich praktisch aufgehört zu existieren. Viele französische Freimaurer hatten eine republikanische Regierungsform gewünscht, aber im Jahr 1789 hatten sie mit Sicherheit keinen Königsmord im Sinn. Ganz im Gegenteil, viele führende Freimaurer waren Aristokraten und/oder Mitglieder der königlichen Regierung. Als ein couragierter Freimaurer *Le Grand Orient* 1795 neu konstituieren konnte, mußte er feststellen, daß die meisten Mitglieder nicht mehr am Leben waren. Ein Freimaurer-Historiker aus dem 19. Jahrhundert meint: »Wenn wir bedenken, daß die Mitglieder von *Le Grand Orient* weitgehend aus Persönlichkeiten bestanden, die in einer oder anderer Form mit dem Hof Ludwigs XVI. verbunden waren, werden wir nicht überrascht sein zu erfahren, daß sogar noch am 24. Juni 1797 die Zahl derer, die sich einfanden, nur vierzig betrug ... Das erste neue Statut erhielt am 17. Juni 1796 eine Genfer Loge; und der Bericht vom 24. Juni 1797 umfaßt nur achtzehn Logen, von denen drei in Paris arbeiteten.«[13]

Zur Zeit der Aufführungen der *Zauberflöte* verfolgte Leopold II. in Wien die Ereignisse in Frankreich mit wachsendem Unbehagen, und dieses Unbehagen steigerte sich zur fast paranoiden Angst in den Köpfen der Geheimpolizei und anderen Angehörigen der österreichischen Regierung. Bei seinem Regierungsantritt war Leopold II. den Logen keineswegs feindlich gesinnt, und Graf Zinzendorf will tatsächlich in Erfahrung gebracht haben, daß Leopold ein Mitglied des Souveränen Fürst-Rosenkreuzes in Italien gewesen sei[14] – ein Bericht, der weder bestätigt noch widerlegt werden kann. Jedenfalls erschienen dem Kaiser und seinen Ratgebern Organisationen wie die *Illuminaten*, die Strikte Obervanz, die Asiatischen Brüder, die Johannisfreimaurer und (wenn es zutrifft, daß er ihm angehörte) sein damaliges Rosenkreuz jetzt um so gefährlicher.

Johann Anton Graf von Pergen war Präsident der niederösterreichischen Regierung von 1782 bis 1789 und Polizeiminister ab 1789, bis er von diesem Posten im März 1791 zurücktrat (1793 bewog ihn der neue Kaiser Franz II., ihn wiedereinzunehmen). In einem Memorandum vom 4. Januar 1791[15] behauptete Pergen, die Freimaurer in Österreich und mehr noch in Frankreich hätten zur Verbreitung revolutionärer Gedanken beigetragen.

> Es gab zu allen Zeiten geheime Gesellschaften, deren Mitglieder sich durch Bande der Bruderschaft verknüpften, auf einen gewissen Zweck gemeinschaftlich arbeiteten, und über ihre Ansichten so wohl, als die Mittel solche zu erhalten, den Schleyer des tiefsten Geheimnisses zogen. Aber nie war die Wuth solche geheime und zweydeutige Verbindungen zu errichten stärker als in unsern Tagen, man weiß es als Thatsache, daß mehrere dieser geheimen Gesellschaften, die unter verschiedenen Namen bekannt sind, nicht wie sie vorgeben, blos vernünftige Aufklärung und thätige Menschenliebe zum Zwecke haben, sondern daß ihre Ansicht auf nichts weniger gehe, als das Ansehn, und die Macht der Monarchen nach und nach zu untergraben, Freyheitssinn bey den Nazionen aufzuregen, die Denkungsart des Volkes umzustimmen, und solches durch eine geheime Oberherrschaft nach ihren Absichten zu lenken. Der Abfall der engländischen Kolonien in America ist die erste Operation dieser geheimen Oberherr-

> schaft, von da suchte sie sich weiter auszubreiten, und es ist unbezweyfelt, daß der Umsturz der Französischen Monarchie das Werk einer solchen geheimen Gesellschaft sey. Daß diese hiebey es nicht zu bewenden Sinnes ist, beweisen die ausgeschickten Emissäre in allen Reichen, und die Aufforderungsschreiben, welche sie in andern Ländern in Umgang zu bringen weiß; besonders suchen die französischen Freymaurerlogen ähnliche Gesinnungen bey ihren Mitbrüdern in andern Staaten hervorzubringen. Auffallend ist die Stelle eines solchen Schreibens der Loge von Bordeaux, wo gesagt wird: Die weisen Grundsätze der neuen französischen Verfassung stehen mit den maurerischen Grundbegriffen der Freiheit, Gleichheit, Gerechtigkeit, Toleranz, Philosophie, Wohltätigkeit und Ordnung in so enger Beziehung, daß sie die schönsten Erfolge versprechen – in der That ist in Zukunft jeder gute französische Bürger wert, Maurer zu sein, weil er frey ist …

Es gab zahlreiche Vorstöße, Leopold II. zu bewegen, die Bruderschaft zu reformieren – ohne sie jedoch abzuschaffen. Man machte Vorschläge, wie die Gefahr des französischen Systems innerhalb der Freimaurerlogen bekämpft werden könnte, und man wollte einen Bürgerbund gründen mit drei Männern aus Pest unter dem Namen »Leopoldorden«.[16] Er sollte den Bürger zum Stolz auf seinen Status und zum Kampf gegen die unangemessene große Macht des Adels erziehen. Ein pensionierter Regierungssekretär namens Anton Feldhofer verfaßte am 15. August 1790 ein Memorandum über die Freimaurerei, in dem er behauptete, daß »das Rad der gegenwärtigen Irrungen und Revolutionen Europens von der Bruderschaft der Freymaurer getrieben werde«.[17] Feldhofer wollte die Bruderschaft nicht beseitigt, sondern reformiert sehen. »Nicht zwar diese Gesellschaft schon izo gänzlich aufzuheben: aber ihr inzwischen solche Schranken zu sezen, damit dieselbe Euer Majestät, dem Staat und allen Unterthanen, soviel es immer möglich, unschädlich bleibe.« Feldhofer war der Ansicht, das »Freimaurerische Patent«, das Joseph II. 1785 eingeführt hatte, sei nicht weit genug gegangen in seiner Absicht, die Freimaurer unter strenge Kontrolle zu bringen.

Wie konnte angesichts solcher Verdächtigungen und Feindseligkeiten die Freimaurerei geschützt werden? Wie konnte ihre Größe und Universalität der Öffentlichkeit vorgeführt werden? Die beiden Freimaurer, Mozart und Schikaneder, beschlossen, die erste Freimaureroper – *Die Zauberflöte* – zu schreiben. Klugerweise behandelten sie das Thema auf zweierlei Weise: mit Würde, Liebe und Respekt – als echte Brüder –, aber auch nicht ohne Humor, ja sogar mit einem Anflug von maliziöser Satire. Schon immer wurde behauptet, der Figur des Sarastro habe als Vorbild der große Wissenschaftler Ignaz von Born, Meister von Haydns Loge *Zur wahren Eintracht*, gedient. Aber Born hatte auch menschliche Schwächen – er war eitel und duldete kaum jemals andere Meinungen als seine eigenen (die zugegebenermaßen weise und weitreichend waren). Als er die neue, am 12. März 1781 gegründete Loge übernahm, beabsichtigte er, aus ihr eine Art wissenschaftlicher Gesellschaft zu machen, und innerhalb von ein paar Jahren wurde aus ihr die Eliteloge Wiens, in der er Schriftsteller, Wissenschaftler, katholische und protestantische Kleriker und Regierungsbeamte versammelte – und Joseph Haydn, der im Februar 1785 beitrat. Das war etwa sechs Monate, bevor Joseph II. seine berüchtigte und folgenschwere Verfügung erließ (am 11. Dezember 1785), in der er die Freimaurer zu zentralisieren und ihre Macht zu beschränken suchte. Es war in der Tat, wie bereits festgestellt, der Anfang vom Ende der großen Freimaurerzeit in Österreich gewesen (und der Beginn des Niedergangs von Borns Loge und letztendlich von Born selbst als führender Meisterfreimaurer; er trat 1786 von der Loge zurück, nachdem diese Ende 1785 aufgelöst worden war). Er lebte noch bis zum Juli 1791, gerade als Mozart seine neue Oper in sein thematisches Werkverzeichnis eintrug (ausgenommen die Ouvertüre und den Marsch der Priester, die erst vor der Uraufführung im September vollendet wurden).[18]

Ob Born einer Legende zufolge für Operndetails zu Rate

gezogen wurde und ob er wirklich wußte, daß Sarastro ein Symbol seiner selbst als Quintessenz von Toleranz, Weisheit und Gerechtigkeit werden sollte, das wird nie nachweisbar sein. Es gibt aber Merkmale in Sarastros Charakter, die nicht *nur* sympathisch und sicherlich nicht freimaurerisch sind: Er hält Sklaven; er sagt von seinem Sklaven, dem Mohren Monostatos, er habe eine Seele so schwarz wie seine Haut (rassische Diskriminierung würden wir das heute nennen); er verurteilt ihn zu siebenundsiebzig Stockschlägen auf die Fußsohlen. Und Monostatos zu Paminas Wächter zu bestellen, ihn damit mehr oder weniger in die Lage zu versetzen, sie im Schlaf zu vergewaltigen, ist nicht unbedingt das Vorgehen eines weisen Meisters.

Mozart und Schikaneder überreizten ihre Hand keineswegs. Die freimaurerischen Grunddogmen werden mit großem Einfühlungsvermögen dargestellt, und Mozart war offensichtlich auf der Höhe seiner Kunst in den Szenen, die die Erleuchtung glorifizieren *(In diesen heil'gen Hallen, O Isis und Osiris* und ganz besonders in den unermeßlichen Dimensionen des Schlußchors *Heil sey euch Geweihten!*). Aber Sarastro, wie Born, ist alles andere als perfekt, und es wird kein Versuch unternommen, die Frauenfeindlichkeit der Freimaurer zu verbergen (ein Aspekt, den Leopold II. übrigens auch als lächerlich ansah). Die Freimaurerei hatte ihre Informanten und Verräter, besonders nach dem josephinischen »Patent« von 1785; Sarastro hat Monostatos. Aber das Publikum vom September 1791 ging nach Hause mit dem Gefühl, daß die Freimaurer die Verkörperung der josephinischen Aufgeklärtheit waren – und außerdem war vieles in der Oper ein echter Spaß. In ihr gab es für jeden etwas: Connaisseur und Banause gingen zutiefst befriedigt aus dem Theater. Die Logenbrüder mögen sich in der Hoffnung gewiegt haben, die Freimaurerei sei vielleicht gar vor ihrem Ende bewahrt worden. Das erwies sich jedoch als falsch; 1794 hörte sie in Österreich auf zu existieren.

Der große Mozart-Forscher Otto Erich Deutsch schrieb 1937 über das Libretto der *Zauberflöte* und warnte davor, es ausschließlich als Freimaureroper zu beurteilen.

Mysteriöser als die tatsächlichen Zusammenhänge mit der Freimaurerei ist die wesentliche Entstehungsgeschichte des Werkes, das im Texte einen fühlbaren Bruch hat, wahrscheinlich begründet in äußerlichen Umständen, wie die Konkurrenz des Leopoldstädter Theaters; und das doch auch textlich ein Meisterwerk geworden ist, wirksam auf Alt und Jung, auf Arm und Reich, einst wie jetzt und wohl zu allen Zeiten. Selbst die Unbeholfenheit mancher Verse Schikaneders hat nicht gehindert, daß einige davon geflügelte Worte geworden sind.[19]

Die Uraufführung

Das Freyhaus (oder in der heutigen Rechtschreibung Freihaus) war eine große Länderei, einst auf einer Insel inmitten des Flusses Wien gelegen. Egon Komorzynski beschrieb das Freyhaus zur Zeit, als Mozart im Theater (und im Gasthaus in einem der Höfe nahe dem Theater) verkehrte, als

> ein ungeheures Gebilde von zusammengebauten Häusern mit sechs großen Höfen, 32 Stiegen und 225 Wohnungen; es hatte eine eigene eingebaute Kirche, die der heiligen Rosalia geweiht war, Werkstätten fast aller Handwerker, eine der Familie Marsano gehörige Ölpresse, eine Apotheke und eine Mühle, deren Rad von dem aus der Wien abgeleiteten »Mühlbach« getrieben wurde. »Freihaus« nannte man es, weil es infolge der Verdienste seiner Besitzer von allen Steuern befreit war. Im großen Hof befand sich ein Ziergarten mit Alleen, Blumenbeeten und einem hölzernen Lusthäuschen, in der Mitte ein schöner Brunnen. In einer Ecke dieses Hofes standen unter Bäumen Tische und Bänke, die zu der im Freihaus bestehenden Gastwirtschaft gehörten – dort versammelten sich die Leute Schikaneders nach den Proben und nach den Vorstellungen, oft bis in die späte Nacht ein lärmendes Treiben verursachend, bei dem der joviale Direkteur,

der die Schauspieler »seine Kinder« nannte, mit guter Laune den Vorsitz führte. Die eine Breitseite des großen Hofes nahm das Theater ein, ein stattlicher, aus Steinen errichteter Bau, mit Ziegeln gedeckt, den Schikaneder vergrößern und erhöhen ließ. Es faßte 1000 Zuschauer, war 30 Meter lang, 15 Meter breit, die Bühne 12 Meter tief, war mit allen Erfordernissen der Sicherheit, Bequemlichkeit und Bühnentechnik versehen; es hatte ein erstes und ein zweites Parterre, zwei Reihen Logen und, zu Mozarts Zeit, als Schikaneder es übernahm, zwei Galerien; Schikaneder ließ später eine dritte Galerie dazubauen.

Da in der riesenhaften Anlage kein Mangel an Wohnungen war, wohnten der Direktor und die meisten Mitglieder im Freihaus ...[20]

Haydns Geliebte, Luigia Polzelli, lebte dort (in der Wohnung Nr. 161), als Haydn in England war, bevor sie etwa im August 1791 nach Italien ging.[21] (Teile des Freyhauses blieben bis in die fünfziger Jahre des 20. Jahrhunderts erhalten. Dann aber fiel leider der Rest dieses historischen Baus den Bulldozern zum Opfer.)

Der oben erwähnte hölzerne Pavillon steht jetzt im Garten des Mozarteums in Salzburg. Das Mobiliar befindet sich auf dem Familienbesitz der Grafen (später Fürsten) von Starhemberg in Eferding in Oberösterreich; die Starhembergs sind die Besitzer des Grundstücks, auf dem das Freyhaus stand. Mozart soll Teile der *Zauberflöte* in diesem kleinen Pavillon geschrieben und ihn auch für Proben genutzt haben (wenn man an ein Clavichord oder Spinett als kleines Instrument zur Begleitung der Sänger denkt, ist diese Vermutung nicht abwegig).

Der Dichter Ignaz Franz Castelli, der im Wiener Distrikt Mariahilf aufgewachsen war, besuchte das Theater in den letzten Tagen seines Bestehens regelmäßig. 1798 war er zum erstenmal dort und zahlte 7 Kreuzer. Er beschrieb das Theater als einen großen, kastenförmigen Bau. Im Inneren war es einfach gehalten; auf der Seite der Tür, durch die man es betrat, war die

Bühne, und vor ihr standen zwei lebensgroße Statuen, rechts ein Ritter mit Dolch und links eine halbnackte Schönheit. Eintrittskarten fürs Parkett kosteten 17 Kreuzer und für die oberste Galerie eine Sieben-Kreuzer-Münze.

Um einen billigen Platz zu bekommen, mußte Castelli sich bereits um drei Uhr nachmittags einfinden.

> Als einer der ersten beim Aufsperren ... mußte ich drei Glockenstunden sitzen, mitten in Qualm und Hitze, durch Knoblauchdünste von den verkauften Selchwürsten geschwängert ... Endlich wurden die Lampen heraufgeschoben, meine Sonne ging auf. Die Musiker kamen einer nach dem andern in das Orchester, die Glücklichen, die täglich da sitzen konnten ...[22]

Castelli spielte einmal einen Affen in der *Zauberflöte.*

Schikaneder kam auf folgende Weise zu dem Theater: Es war 1786 renoviert und unter der Direktion von Christian Rohrbach, Prinzipal einer Gruppe von Wanderschauspielern, wiedereröffnet worden. Zwei Jahre später übernahm es Johann Friedl mit Erfolg; er starb aber sehr bald, und in seinem Testament vermachte er die Leitung des Theaters der fünfundzwanzigjährigen Madame Schikaneder, die bald ihren Ehemann, der damals in Regensburg war, kommen ließ, um ihr zu helfen, das Theater auf die Beine zu stellen. Schikaneder erlangte die amtliche Lizenz hierfür von Kaiser Joseph II., und sehr rasch gewann er ein großes und anhängliches Publikum mit seinen »Maschinenkomödien« (Stücke, in denen raffinierte Maschinen unglaubliche Kunststücke vollführten, manchmal auch unter Einbeziehung der Darsteller) und mit Märchenspielen und Zauberopern – alle auf deutsch oder im Wiener Dialekt.

Schikaneder war ein Theatermann durch und durch, aber auch ein gerissener Impresario und darauf bedacht, sein Publikum nicht hinters Licht zu führen. Im Vorwort zu seinem Libretto *Der Spiegel von Arkadien,* Wien 1795 (Uraufführung am Theater auf der Wieden am 14. November 1794, Musik von Süßmayr), bemerkt er:

> Ich schreibe fürs Vergnügen des Publikums, gebe mich für keinen Gelehrten aus. Ich bin Schauspieler – bin Direkteur – und arbeite für meine Kaße; nicht etwa das Publikum ums Geld zu betrügen: denn betrügen läßt sich der vernünftige Mensch nur einmal.

Mozart war kurz nach dem 15. September 1791 wieder in Wien, weniger als zwei Wochen vor den Schlußproben zur *Zauberflöte*. Am 28. September trug er in seinen thematischen Katalog die beiden letzten noch zu komponierenden Stücke ein, den Marsch der Priester und die Ouvertüre;[23] die Uraufführung im Freyhaustheater fand nur zwei Tage später statt.

Auf dem Theaterzettel,[24] der wie durch ein Wunder erhalten geblieben ist, steht:

K. K. priv. Wiedner Theater
Heute Freytag den 30ten September 1791.
Werden die Schauspieler in dem Kaiserl. königl. privil. Theater auf der Wieden die Ehre haben aufzuführen
Zum Erstenmale:
DIE
ZAUBERFLÖTE
Eine grosse Oper in 2 Akten, von Emanuel Schikaneder.

Personen

Sarastro	Hr. Gerl.
Tamino	Hr. Schack.
Sprecher	Hr. Winter.
Erster	Hr. Schikaneder der ältere.
Zweiter Priester	Hr. Kistler.
Dritter	Hr. Moll.
Königin der Nacht	Mad. Hofer.
Pramina [sic!], ihre Tochter	Mlle. Gottlieb.
Erste	Mlle. Klöpfer.
Zweite Dame	Mlle. Hofmann.
Dritte	Mad. Schack.
Papageno	Hr. Schikaneder der jüngere.
Ein altes Weib	Mad. Gerl.
Monostatos ein Mohr	Hr. Nouseul.
Erster	Hr. Gieseke.
Zweiter Sklav	Hr. Frasel.
Dritter	Hr. Starke.

Priester, Sklaven, Gefolge.

Die Musik ist von Herrn Wolfgang Amade Mozart, Kapellmeister, und wirklicher K. K. Kammerkompositeur. Herr Mozard [sic!] wird aus Hochachtung für ein gnädiges und verehrungswürdiges Publikum, und aus Freundschaft gegen den Verfasser des Stücks, das Orchester heute selbst dirigieren.

Die Bücher von der Oper, die mit zwey Kupferstichen versehen sind, wo Herr Schikaneder in der Rolle als Papageno nach wahrem Kostum gestochen ist, werden bei der Theater-Kassa vor 30 kr. verkauft.

Herr Gayl Theatermahler und Herr Nesslthaler als Dekorateur schmeicheln sich nach den vorgeschriebenen Plan des Stücks, mit möglichsten Künstlerfleiss gearbeitet zu haben.

Die Eintrittspreise sind wie gewöhnlich.
Der Anfang ist um 7 Uhr.

In der Reihenfolge, in der die Sänger (und Schauspieler) bei diesem historischen Ereignis aufgeführt sind, handelte es sich um: Franz Xaver Gerl (Baß); Benedikt Schack (Tenor), ein guter Freund der Mozarts; Winter (der Sprecher) war ein Anfänger. Die Rolle des Ersten Priesters übernahm Schikaneders älterer Bruder Urban; Johann Michael Kistler (Tenor) spielte den Zweiten Priester und ein Bassist namens Moll den Dritten. Josepha Hofer, Konstanze Mozarts Schwester, sang die Königin der Nacht. Anna Gottlieb (Pamina) hatte die Barbarina in der Uraufführung von *Le nozze di Figaro* im Jahr 1786 (Burgtheater Wien) gesungen; sie war damals zwölf Jahre alt und jetzt siebzehn. Berichten zufolge war sie Mozarts Schülerin, war verliebt in ihn und zog sich nach der *Zauberflöte* von der Bühne zurück; keiner von ihnen wird durch irgendwelche zeitgenössische Quellen belegt. Die ersten drei Damen sangen eine Soubrette (Fräulein Klöpfer), ein Fräulein Hofmann (die sonst »verliebte junge Damen« spielte) und Benedikt Schacks Ehefrau, geb. Weinhold. Schikaneder war natürlich der Papageno. Das alte Weib wurde von Gerls Ehefrau Barbara, geb. Reisinger, gespielt. Johann Joseph Nouseul (Monostatos), ein Schauspieler – sie alle konnten in jenen Tagen ein wenig singen und wurden für beides engagiert –, kam vom Burgtheater. Den Ersten Sklaven gab jener Karl Ludwig Gieseke (der eigentlich Metzler hieß), der später als Professor der Mineralogie nach Dublin ging und behauptete, er habe große Teile des Librettos geschrieben. Zweiter Sklave war Wilhelm Frasel und der Dritte ein Statist namens Starke. Die drei Knaben sind nicht genannt. Die Kulissen stammten von Joseph Gayl, und O. E. Deutsch hat den Dekorateur als den Onkel des Malers Andreas Nesslthaler identifiziert, der seit 1789 in Salzburg lebte.

Mozart dirigierte allem Anschein nach vom Hammerklavier aus. Die Berichte über die Aufnahme durch das Publikum, über die wir verfügen, scheinen vornehmlich aus dem 19. Jahrhundert zu stammen. Die meisten von ihnen sind nicht verifizierbar, und diejenigen, die es sind, lassen sich als reine Erfindungen entlarven. (Der junge Komponist Johann Schenk soll im letzten

Augenblick noch einen Orchestersitz bekommen und in der Totenstille, die nach der Ouvertüre einsetzte, ans Pult geschlichen sein und Mozarts Hand geküßt haben. Dieses reizende Märchen findet sich angeblich in Schenks handschriftlicher Autobiographie im Stift Göttweig; aber eine derartige Begebenheit sucht man in ihr vergeblich.)[25]

Nach ihrer Rückkehr von Prag blieb Konstanze noch bis zur Premiere der *Zauberflöte* in Wien, ging aber in der ersten Oktoberwoche wieder nach Baden, um ihre Kur fortzusetzen. Am Ende der ersten Woche im Oktober, am 7. und 8., schrieb Mozart seiner Frau:

freytag [7. Oktober] um halb 11 Uhr
Nacht

liebstes, bestes Weibchen! –

Eben komme ich von der Oper; – Sie war eben so voll wie allzeit. – das Duetto *Mann* und *Weib* etc: und das Glöckchen Spiel im ersten Ackt wurde wie gewöhnlich wiederhollet – auch im 2:t Ackt das knaben Terzett – was mich aber am meisten freuet, ist, der *Stille beifall*! – man sieht recht wie sehr und immer mehr diese Oper steigt. Nun meinen lebenslauf; – gleich nach Deiner Abseeglung Spielte ich mit Hr: von Mozart (der die Oper beim Schikaneder geschrieben hat) 2 Parthien Billard. – dann verkauffte ich um 14 duckaten meinen Kleper. – dann ließ ich mir durch Joseph den *Primus* [sein Diener] rufen und schwarzen koffé hollen, wobey ich eine herrliche Pfeiffe toback schmauchte; dann Instrumentirte ich fast das ganze Rondò [des Klarinettenkonzerts A-Dur, KV 622] vom Stadtler. in dieser zwischenzeit kamm ein brief von Prag vom Stadler; – die Duscheckischen sind alle wohl; – mir scheint Sie [Josepha Duschek] muß gar keinen Brief von dir erhalten haben – und doch kann ich es fast nicht glauben! – genug – Sie wissen schon alle die herrliche aufnahme meiner teutschen Oper. –

das sonderbareste dabei ist, das den abend als meine neue

Oper mit so vielen beifall zum erstenmale aufgeführt wurde, am nemlichen abend in Prag der Tito zum letztenmale auch mit ausserordentlichen beifall aufgeführet worden. – alle stücke sind applaudirt worden. – ... auch schrieb er (der *Stodla*) daß ihn ... [später von Nissen durchgestrichen; vermutlich »Ich muß zugeben, ich hatte unrecht] und nun einsehe daß er [Süßmayr] ein Esel ist – ... versteht sich, nicht der Stodla –– der ist nur ein bissel ein Esel, nicht viel – aber der [Süßmayr] – Ja der, der ist ein rechter Esel. –

um halb 6 uhr gieng ich beim Stubenthor hinaus – und machte meinen favorit Spaziergang über die Glacis ins Theater [Theater auf der Wieden] – was sehe ich? – was rieche ich? –– Don Primus ist es mit den Carbonadeln! – che gusto! – izt esse ich deine Gesundheit – eben schlägt es 11 uhr; – vielleicht schläfst du schon? – St! St! St! – ich will dich nicht aufwecken! –

*Samstags den 8*ᵗ. – du hättest mich gestern beim Nachtessen sehen sollen! – das alte Tischgeräth habe ich nicht gefunden, folglich habe ich ein schneblümelweisses hergegeben – und den dopelten leuchter mit wachs vor meiner! ... Nun wirst du wohl im besten Schwimmen seyn, da ich dieses schreibe. – der friseur ist accurat um 6 uhr gekommen – und Primus hat schon um halb 6 uhr eingefeuert, und mich um 3/4 geweckt. – warum muß es izt eben regnen? – ich hoffte daß du ein schönes Wetter haben solltest! – halte dich nur hübsch warm, damit du dich nicht erkältest; ich hoffe, daß dir das Baad einen guten Winter machen wird – denn nur dieser Wunsch, daß du gesund bleiben möchtest, hieß mich dich antreiben nach Baaden zu gehen. – mir wird izt schon die zeitlang um dich – das sah ich alles vor. – hätte ich nichts zu thun, so würde ich gleich auf die 8 tage mit dir hinaus gegangen seyn; – ich habe aber *daraus* gar keine *bequemlichkeit* zum arbeiten; – und ich möchte gerne, so viel möglich, aller *verlegenheit* ausweichen; nichts angenehmeres als wenn man etwas ruhig leben kann, deswegen muß man fleissig seyn, und ich bin es gerne. –

Dem ... [Name getilgt; vermutlich »Süßmayr«] meinen Namen ein paar tüchtige Ohrfeigen, auch lasse ich die ... [Name ebenfalls durchgestrichen; wahrscheinlich Konstanzes Schwester Sophie] (welche 1000mal küsse) bitten, ihm ein paar zu geben – lasst ihm nur um göttes willen keinen Mangel leiden! –

[Es folgen ein paar derbe Vorschläge, was mit Süßmayr zu tun sei.] adieu liebes Weibchen! – der Wagen will abfahren. – ich hoffe heut gewis etwas von dir zu lesen, und in dieser süssen Hofnung küsse ich dich 1000mal und bin Ewig dein

dich liebender Mann
W. A. Mozart

Noch am gleichen Tag schreibt Wolfgang Konstanze abermals über *Die Zauberflöte:*

Mit grösten Vergnügen und freude=gefühle fand ich bey meiner zurückunft aus der Oper deinen Brief; – die Oper ist, obwohl sammstag allzeit, wegen Postag ein schlechter Tag ist, mit ganz vollem Theater mit dem gewöhnlichen beifall und repetitionen aufgeführt worden; morgen wird Sie noch gegeben, aber Monntag wird ausgesetzt – folglich muß Siessmayer [sic! Mozart schreibt den Namen, wie er im Wiener Dialekt klingen würde] den [Anton] Stoll *dienstag* herein bringen, wo Sie wieder zum *Erstenmale* gegeben wird – ich sage zum *Erstenmale,* weil Sie vermuthlich wieder etlichemal nacheinander gegeben werden wird [Stoll sollte die *Zauberflöte* sehen].

... Gleich nach Tisch gieng ich wieder nach Hause und schrieb [bis] zur Oper zeit. Leitgeb [der Hornist Leutgeb] bat mich ihn wieder hinein zu führen, und das that ich auch. – Morgen führe ich die *Mama* [Mozarts Schwiegermutter] hinein; – das büchel hat ihr schon vorher Hofer zu lesen gegeben. – bey der Mama wird's wohl heissen, die *schauet* die Oper, aber nicht die *hört* die Oper. – [Die hier folgenden Namen wurden von Nissen unleserlich gemacht] ... hatten heute eine Loge. – ... zeugten über *alles* recht sehr ihren beifall, aber Er, der allwissende, zeigte so sehr den *bayern*, daß ich nicht bleiben konnte, oder ich hätte ihn einen Esel heissen müssen; – Unglückseeligerweise war ich eben drinnen als der 2:te Ackt anfieng, folglich bey der feyerlichen Scene. – er belachte alles; anfangs hatte ich gedult genug ihn auf einige Reden aufmerksam machen zu wollen, allein – er belachte alles; – da wards mir nun zu viel – ich hiess ihn *Papageno*, und gieng fort – ich glaube aber nicht daß es der dalk verstanden hat. – ich gieng also in eine andere Loge, worinn sich *flamm* [Franz Karl Flamm, Angestellter im Wiener Magistrat und ein guter Amateurmusiker] mit seiner Frau befand; da hatte ich alles Vergnügen, und da blieb ich auch bis zu Ende. – nur gieng ich auf das theater bey der Arie des Papageno mit dem Glocken-Spiel, weil ich heute so einen trieb fühlte es selbst zu Spielen. – da machte ich nun den Spass, wie Schikaneder einmal eine haltung hat, so machte ich eine Arpegio – der erschrack – schauete in die Scene und sah mich – als es das 2:te mal kamm – machte ich es nicht – nun hielte er und wollte gar nicht mehr weiter – ich errieth seinen Gedanken und machte wieder einen Accord – dann schlug er auf das Glöckchenspiel und sagte *halts Maul* – alles lachte dann – ich glaube daß viele durch diesen Spass das erstemal erfuhren daß er das Instrument nicht selbst schlägt. – Übrigens kannst du nicht glauben, wie charmant man die Musick ausnimmt in einer Loge die nahe am Orchestre ist – viel besser als auf der gallerie; – so bald du zurück kömmst must du es versuchen. –

Am Freitag, 14. Oktober, schrieb Mozart wieder über die Oper:

Liebstes bestes Weibchen

Gestern Donnerstag den 13:ten ist Hofer mit mir hinaus zum Carl [Mozarts siebenjähriger Sohn, der auf dem Land in Perchtoldsdorf bei Wien in Pflege gegeben worden war], wir speisten daraus, dann fuhren wir herein, um 6 Uhr hohlte ich Salieri und den [recte: »die«] Cavalieri mit dem Wagen ab, und führte sie in die Loge – dann gieng ich geschwind die Mama und den Carl abzuhohlen, welche unterdessen bey Hofer gelassen habe. Du kannst nicht glauben, wie artig beide [Salieri und Cavalieri] waren, – wie sehr ihnen nicht nur meine Musick, sondern das Buch und alles zusammen gefiel. – Sie sagten beide ein *Opera,* – würdig bey der größten festivität vor dem größten Monarchen aufzuführen, – und Sie würden sie gewis sehr oft sehen, den sie haben noch kein schöneres und angenehmeres Spectacel gesehen. – Er hörte und sah mit aller Aufmerksamkeit und von der Sinfonie bis zum letzten Chor, war kein Stück, welches ihm nicht ein bravo oder bello entlockte, und sie konnten fast nicht fertig werden, sich über diese Gefälligkeit bei mir zu bedanken Sie waren allzeit gesinnt gestern in die Oper zu gehen. Sie hatten aber um 4 Uhr schon hinein sitzen müssen – da sahen und hörten Sie aber mit Ruhe. – Nach dem Theater ließ ich sie nach Hause führen, und ich supirte mit Carl bei Hofer. – dan fuhr ich mit ihm nach Hause, allwo wir beyde herrlich schliefen. Dem Carl hab ich keine geringe Freude gemacht, daß ich ihm in die Oper abgeholt habe. – Er sieht herrlich aus – für die Gesundheit könnte er kein bessers Ort haben, aber daß übrige ist leider Elend! – einen guten Bauern mögen sie [die Landleute, bei denen Carl untergebracht war] wohl der Welt erziehen! – aber genug, ich habe weil Montag erst die großen Studien [beginnen] (daß Gott erbarm) den Carl bis Sonntag nach Tisch ausgebeten; ich habe gesagt, daß du ihm gerne sehen möchtest – Morgen Sonntag [Samstag, es sei denn, der am Freitag begonnene Brief wurde einen Tag lang unterbrochen] komme ich mit ihm hinaus zu dier – dan kannst du ihn behalten, oder ich führe ihn Sonntag nach Tisch wieder zu Hecker [Wenzel Bernhard Heeger in Perchtoldsdorf]; – überlege es, wegen einen Monath, kann er eben nicht verdorben werden, denke ich! – unterdessen kann die Geschichte wegen den Piaristen [der kirchliche Orden, zu dem Mozart Carl geben wollte] zu Stande kommen, woran wirklich gearbeitet wird. – übrigens ist er zwar nicht schlechter, aber auch um kein Haar besser als er immer war. er hat die nähmlichen Unform, plaget gerne wie sonst, und lernt fast *noch weniger gern*, weil er daraus nichts als vormittags 5 und nach Tisch 5 Stunden im Garten herumgeht, wie er mir selbst gestanden hat, mit einem Wort die Kinder thuen nichts als Essen, trinken, schlafen und spazieren gehen ... Gestern ist mit der Reise nach Bernstorf [Mozart meint Perchtoldsdorf, von den Einheimischen »Petersdorf« genannt] der ganze Tag darauf gegangen, darum konnte ich dir nicht schreiben – aber daß du mir 2 Tage nicht geschrieben, ist unverzeihlich, heute hoffe ich aber gewiß Nachricht von dir zu erhalten. und Morgen selbst mit dir zu sprechen, und dich von Herzen zu küssen.

Lebe wohl Ewig dein

Mozart

d. 14. $8^{br.}$ 791

Die Sophie küsse ich tausendmahl, mit N. N. mache was du willst. adieu.[26]

Das ist der letzte Brief Mozarts, der erhalten ist. Er zeigt ihn – wie gewöhnlich – mit äußerster Anspannung an der Arbeit, zuerst am Klarinettenkonzert, das nicht für die Klarinette geschrieben war, sondern für ein dem Bassetthorn ähnliches Instrument in A mit nach unten erweitertem Tonumfang – das Autograph hat nicht überlebt – und das erstmals von Anton Stadler (für den es komponiert war) bei seinem Benefizkonzert im Prager Theater am 16. Oktober 1791 gespielt wurde.[27] Nachdem das Konzert vollendet und nach Böhmen abgeschickt war, arbeitete er am Requiem. Obwohl ständig überfordert, schreibt Mozart Konstanze in seinem üblichen, gewohnt liebevollen Ton; er macht einen heiteren, zuversichtlichen und mit dem Erfolg der *Zauberflöte* äußerst zufriedenen Eindruck. Interessant ist in diesen Briefen, daß es ihm ganz besonders gefiel, Salieris Lob des Librettos zu erwähnen (was auch auf Mozarts stillschweigende Billigung hindeutet), und daß jemand die ernsthaften maurerischen Hintergründe unbeachtet ließ. Wollte Mozart etwa einem »profanen« Hörer Inhalt und Botschaft des II. Akts erläutern (»anfangs hatte ich gedult genug ihn auf einige Reden aufmerksam machen zu wollen...«)? Und in allen diesen Briefen macht Mozart den Eindruck eines jungen Mannes, voller Humor und Fröhlichkeit, auf der Höhe seines Daseins, der mit Schikaneder aus den Kulissen des Theaters scherzte und glücklich verheiratet war mit einer Frau, die seine Zuneigung offensichtlich erwiderte.

Eingedenk der gegenwärtig kursierenden Legenden über Salieri ist es eine Wohltat, Mozarts genaue Beschreibung des Lobs durch den Maestro zu lesen – das zweifellos seiner Darstellung entsprach. Salieri mag nach wie vor auf Mozart eifersüchtig gewesen sein – er wäre übermenschlich gewesen, auf ein derartiges Genie nicht eifersüchtig zu sein –, aber beide Männer waren sehr darauf bedacht, die Etikette zu wahren; und es war Mozarts Zuvorkommenheit, Salieri und die bestrickende Cavalieri in einer Kutsche abzuholen.

Etwa drei Wochen später, am 6. November, sah Graf Zinzendorf das neue Werk. Er schrieb:

> Um 6 Uhr 30 ins Starhemberg-Theater in der Wiedener Vorstadt in der Loge von M. und Mme. Auersperg, um die 24. Vorstellung der *Zauberflöte* zu hören. Die Musik und die Dekorationen sind hübsch, der Rest eine unglaubliche Farce. Eine Unmenge Leute. M. de Seilern und de Kinsky in unserer Loge...[28]

Es kann keinen Zweifel darüber geben, daß *Die Zauberflöte* schon damals der größte Opernerfolg in Mozarts Leben war. Sie hätte der Auftakt zu einer neuen Ära für ihren Komponisten werden können – und doch sollte diese neue Ära genau einen Monat nach Zinzendorfs Besuch der vierundzwanzigsten Vorstellung zu Ende sein.

Dieser letzte Monat wurde Zeuge der wohl größten Tragödie in der Musikgeschichte.

XI
Die letzte Krankheit

Mozart lebt als Strohwitwer in der Rauhensteingasse. In seinen Briefen an Konstanze während des Oktobers, als sie in Baden war, ist nichts von Todesgedanken oder von einem Zustand totaler Erschöpfung zu lesen. Im Gegenteil, wir sehen einen Mann, der, wenn er auch zu hart und zu konzentriert arbeitet, in jeder Hinsicht als normal erscheint. Andererseits steht in einem Bericht aus dieser Zeit in der *Allgemeinen Musikalischen Zeitung* (19. Dezember 1798) von Rochlitz, daß Mozart bereits am Ende seiner Kräfte aus Prag zurückgekehrt sei.

Er fiel nun, des Gebraußes, der Pracht und Verschwendung überdrüßig, mit Heißhunger über die Fortsetzung der unterbrochenen Arbeit an seinem Requiem her. Die von ihm selbst bestimmten vier Wochen waren indeß verflossen, und kaum war er zurück, als der fremde Mann wieder erschien.

»Ich habe mein Wort nicht halten können« – sagte Mozart.

»Ich weiß es« – war die Antwort;

»Sie haben recht gethan sich nicht zu binden. Wie lang bestimmen Sie nun Ihre Zeit?«

»Noch vier Wochen – die Arbeit ist mir selbst immer interessanter geworden; ich führe sie viel weiter aus, als ich erst wollte.« –

»Brav – Indeß müssen Sie auch deshalb mehr Bezahlung haben. Hier sind noch hundert Dukaten.« –

»Mein Herr – wer schickt Sie?«

»Der Mann will unbekannt bleiben« –

»Wer sind S i e?«

»Das thut noch weniger zur Sache – in vier Wochen bin ich wieder bey Ihnen.« –

> Damit ging er. Man ließ Achtung geben, wohin er ginge: aber entweder waren die nachgeschickten Leute zu saumselig, oder sie wurden irre geleitet – kurz, sie erfuhren nichts. Nun war Mozart fest überzeugt (ich will es nur gestehen) der Mann mit dem edlen Ansehen sey ein ganz ungewöhnlicher Mensch, der mit jener Welt in näherer Verbindung stehe, oder wohl gar zu ihm gesandt sey, ihm sein Ende anzumelden. Er entschloß sich also noch ernstlicher, seinem Namen ein würdiges Denkmal zu stiften. Mit diesen Ideen arbeitete er weiter, und da ist es ja wohl kein Wunder, daß so ein vollendetes Werk zu Stande kam. Bey dieser Arbeit sank er noch öfter in gänzliche Ermattung und Ohnmacht. Noch vor dem Ende der vier Wochen war er fertig, aber auch – entschlummert.[1]

Es gibt gewisse Vorbehalte gegenüber diesem ausführlichen und fesselnden Bericht (der schließlich nur sieben Jahre später geschrieben wurde). Der erste ist, daß er die gesamte Chronologie des Requiem-Geschehens durcheinanderwirft. Allerdings gibt es keinen Grund, daran zu zweifeln, daß der Abgesandte nach Mozarts Rückkehr von Prag sich wieder bei ihm meldete und daß Mozart eine weitere Zahlung erhielt. So ziemlich alle Quellen erwähnen diesen Sachverhalt, obwohl die Endsumme kaum 200 Dukaten erreicht haben dürfte. Das war nämlich das Honorar für eine Krönungsoper. (Eine Aufstellung von 1792 nennt den Betrag von zweimal 30 Dukaten, also insgesamt 60. Als das Ganze in der Öffentlichkeit bekannt wurde und Graf Walsegg sich an Konstanze wandte, sagte er, er habe dem Komponisten 50 Dukaten gezahlt.) Konstanze ließ sich 100 Dukaten (450 Gulden) im Jahr 1792 vom preußischen Gesandten für eine Abschrift des Requiems zahlen; wie wir sehen werden, hatte sie das größte Interesse daran, die Legende aufrechtzuerhalten, daß das Requiem vollendet gewesen sei, bevor Mozart starb.

Zweifellos war es nach seiner Rückkehr von Prag nicht das Requiem, das Mozarts dringlicher Aufmerksamkeit bedurfte, sondern das Klarinettenkonzert für Stadler. Und nicht einmal dem Klarinettenkonzert konnte er sich zuwenden, bevor nicht die *Zauberflöte* vollendet war. Jetzt aber stand dem Requiem nichts mehr im Wege.

Wenn meine Rechnung zutrifft, komponierte Mozart am Requiem oder an dem, was von ihm überlebte (einige Skizzen müssen verlorengegangen sein), nur vom 8. Oktober bis zum 20. November (als er bettlägerig wurde); von dieser Zeit müssen wir auch noch die Stunden für die Komposition und die Niederschrift der *Kleinen Freymaurer-Kantate* (KV 623) abziehen, die in Mozarts Autograph immerhin einen Umfang von sechsunddreißig Seiten hat. Wenn wir vier oder fünf Tage für die Kantate einräumen (er komponierte die viel längere »Linzer« Symphonie [KV 425] 1783 in fünf Tagen,[2] schrieb aber im November 1791 viel langsamer) und zwei Tage, um Konstanze am 16. Oktober von Baden zurückzuholen und sich wieder in der Wiener Wohnung einzurichten, dann bleibt wenig mehr als ein Monat, in dem der größte Teil des Requiems niedergeschrieben wurde.

Es muß erneut gesagt werden, daß *lediglich* das Requiem aeternam (Introitus) ganz von Mozart instrumentiert wurde: Alle anderen Stücke von der Kyrie-Fuge bis zum Schluß des Hostias waren in Mozarts üblicher Particell-Form skizziert. Die fehlende Instrumentation des Kyrie wurde von einem ansässigen Dirigenten und Komponisten namens D. J. Freystädtler hinzugefügt mit Ausnahme der Trompeten- und Paukenstimmen, die ganz eindeutig Süßmayrs Handschrift zeigen.[3] Mozart komponierte im Particell insgesamt neunundneunzig Blätter, eine überwältigende, kaum glaubliche Menge Musik in wenig mehr als einem Monat, wenn auch nur in skizzierter Form. Mozart schrieb das Requiem nicht in seiner liturgischen Reihenfolge, deshalb wurde das Lachrymosa – das vor dem Offertorium steht – unvollendet gelassen mit nur acht skizzierten Takten. Vermutlich ist das die letzte Musik, die Mozart komponierte.

Das Autograph des Requiems[4] verwendet zwei verschiedene Papiersorten (mit dem dazugehörigen Wasserzeichen); es befindet sich in der Österreichischen Nationalbibliothek in Wien:

Sorte I Introitus (Requiem aeternam)

Kyrie bis Takt 45
Sequenz: Dies irae bis Takt 10 des Recordare

Sorte II Rest des Kyrie (Takte 46ff., Blatt 9)

Rest der Sequenz (Recordare, Takte 11ff., Confutatis) Fragment des Lachrymosa (8 Takte)
Offertorium: Hostia, an dessen Ende die letzten Worte standen, die Mozart geschrieben hat: »Quam olim da capo« [das heißt Wiederholung der Musik von »Quam olim Abrahae« aus dem vorhergegangenen Satz], die aber 1958 von einem Dieb aus dem Autograph herausgerissen wurden.[5]

Immer wieder wurde der Versuch unternommen, diese Papiersorten mit dem folgenden Zeitplan in Einklang zu bringen: Mozart beginnt mit dem Requiem, sobald er den Auftrag im Juli erhält. Er verwendet Sorte I. Dann muß er nach Prag reisen, und bei seiner Rückkehr nimmt er das Requiem wieder auf, wobei ihm mittlerweile das Papier von der Sorte I ausgegangen ist. Dann verwendet er die Sorte II. Allerdings setzt diese Teilung, so plausibel sie auch erscheinen mag, voraus, daß Mozart die Arbeit an der *Zauberflöte* liegenließ und, sobald der »Abgesandte« auftauchte, einen wesentlichen Teil des Requiems im Particell schrieb (die Instrumentation des Requiem aeternam wurde vom Komponisten später ausgeführt, mit anderer Tinte und möglicherweise einer anderen Feder). Doch das ist reine Spekulation. Die Verwendung verschiedener Papiersorten könnte genausogut ganz einfach mit dem Umstand erklärt werden, daß Mozart beim Komponieren sein Vorrat der Sorte I ausgegangen war; oder es könnte sein, daß Konstanze die Sorte II kaufte, als ihr Mann krank war (was eine Erklärung dafür wäre, daß sich viel weniger Musik darauf befindet – Mozarts Kräfte begannen zu schwinden).

Das ist, von der Musik aus gesehen, an der Mozart arbeitete, das Szenarium seiner letzten Lebensperiode; und daran müssen wir denken, wenn wir den biographischen Teil rekonstruieren. Im Hinblick auf den Ernst des Themas und die häufigen Fehlinterpretationen der Quellen (und auch ihre tatsächlichen Fälschungen) führt der beste Weg über die Prüfung der authentischen Dokumente. Diese sind zahlreicher, als manche vermuten, und nur durch ihr Studium werden wir jemals der Wahrheit dieses tieftraurigen Geschehens näherkommen.

Der erste Bericht, chronologisch gesprochen, ist Niemetscheks Biographie des Komponisten (1798), die Haydn gewidmet und unter der aktiven Mitarbeit Konstanzes zustande gekommen ist; daß er sich auf ihre mündlichen Zeugnisse berief, läßt sich daran ablesen, daß sie teilweise in Nissens Biographie wörtlich wiederholt wurden. »Der Verfasser erzählt die Begebenheit, wie er sie oftmals aus dem Munde der Wittwe gehört hatte ...« Anstatt beide Versionen, Niemetscheks und Nissens, wiederzugeben, die fast identisch sind, habe ich mich für die von Nissen entschieden, die als die maßgeblichere angesehen werden mag (da sie von Konstanzes zweitem Ehemann stammt):

> Nach Mozart's Zurückkunft von Prag nach Wien nahm er sogleich seine Seelenmesse vor, und arbeitete mit ausserordentlicher Anstrengung und einem lebhaften Interesse daran; aber seine Unpässlichkeit nahm in demselben Verhältnisse zu und stimmte ihn zur Schwermuth. Mit inniger Betrübniss sah seine Gattin seine Gesundheit immer mehr hinschwinden. Als sie eines Tages an einem schönen Herbsttage [27. oder 28. Oktober][6] mit ihm in den Prater fuhr, um ihm Zerstreuung zu verschaffen, und sie Beyde einsam saassen, fing Mozart an vom Tode zu sprechen, und behauptete, dass er das Requiem für sich setze. Dabey standen ihm Thränen in den Augen, und als sie ihm den schwarzen Gedanken auszureden suchte, sagte er: »Nein, nein, ich fühle mich zu sehr, mit mir dauert es nicht mehr lange: gewiss, man hat mir Gift gegeben! Ich kann mich von diesem Gedanken nicht loswinden.«
>
> Zentnerschwer fiel diese Rede auf das Herz seiner Gattin;

sie war kaum im Stande, ihn zu trösten und das Grundlose seiner schwermüthigen Vorstellungen zu beweisen. In der Meinung, dass seine Krankheit mehr wachse und die Arbeit des Requiem ihn zu sehr angreife, consultirte sie einen Arzt und nahm ihm die Partitur des Requiem weg.

Wirklich besserte sich sein Zustand etwas, und er war während dessen fähig, am 15ten November 1791 eine kleine Kanatate: *Das Lob der Freundschaft* [*Eine kleine Freymaurer-Kantate,* KV 623],[7] die von einer Gesellschaft für ein Fest bestellt wurde [zur Eröffnung neuer Räumlichkeiten], zu fertigen. Die gute Aufführung derselben und der grosse Beyfall, mit dem sie aufgenommen wurde, gab seinem Geiste neue Schnellkraft. Er wurde nun etwas munterer und verlangte wiederholt sein Requiem, um es fortzusetzen und zu vollenden. Seine Frau fand nun keinen Anstand, ihm seine Noten wieder zu geben. Doch kurz war dieser hoffnungsvolle Zustand; in wenig Tagen verfiel er in seine vorige Schwermuth, wurde immer matter und schwächer, bis er endlich ganz auf das Krankenlager hinsank, von dem er, ach! nimmer wieder aufstand...

Mozart blieb während seiner Krankheit bey vollkommenem Bewusstseyn bis an sein Ende; er starb zwar gelassen, doch sehr ungern. Jedermann wird diess begreiflich finden, wenn man bedenkt, dass Mozart, als er von Prag zurückgekommen war, das Anstellungs-Decret als Kapellmeister an der St. Stephanskirche, mit allen Emolumenten, die von Alters her damit verbunden waren, bekam, und zugleich, ausser seinen für das Wiener [Schikaneder?] und Prager [Guardasoni?] Theater bestellten Arbeiten, aus Ungarn und Amsterdam ansehnliche Accorde auf periodische Lieferungen, und hiermit eine frohe Aussicht in eine von Nahrungssorgen gänzlich freye Zukunft erhielt.

Allein zu spät! Schon fühlte er die Abnahme seiner Kräfte. Und dies ging wohl sehr natürlich zu, ohne dass man, wie er selbst, den Grund in erhaltenem Gifte zu suchen brauchte. Er war eine früh gereifte Frucht, deren Existenz nur kurz dauert.

In dem zarten Alter, wo die Natur noch am Hervorbringen und Sammeln der Lebensgeister arbeitet, hinderte er ihr Geschäft nicht nur durch sitzende Lebensart, sondern consumirte auch schon anhaltend einen Theil der Lebensgeister durch ununterbrochenes Componiren. Auch beschleunigte diese Begierde zu schreiben noch seinen Tod, wozu seine Celebrität nur zu vielen Anlass gab. Wie war einem von Natur schwachen und durch Krankheit zerrütteten Körper möglich, eine Anstrengung wie die der letzten vier Monate zu überstehen? Und nicht etwa mit so leichten Partituren wie Pergolesi und Hasse, sondern in seiner Manier, mit reicher, voller Behandlung der Stimme etc.

Dieses sonderbare Zusammentreffen so glücklicher Vorboten eines bessern Schicksals, seine gegenwärtigen traurigen Vermögensumstände, der Anblick einer trostlosen Gattin, der Gedanke an zwey unmündige Kinder: Alles dieses war nicht geeignet, einem bewunderten Künstler, der nie Stoiker gewesen ist, in seinem 35sten Jahre die Bitterkeit des Todes zu versüssen. »Eben jetzt,« so klagte er oft in seiner Krankheit, »soll ich fort, da ich ruhig leben würde! Jetzt meine Kunst verlassen, da ich nicht mehr als Sclave der Mode, nicht mehr von Speculanten gefesselt, den Regungen meiner Empfindungen folgen, frey und unabhängig schreiben könnte, was mein Herz mir eingiebt! Ich soll fort von meiner Familie, von meinen armen Kindern, in dem Augenblicke, da ich im Stande gewesen wäre, für ihr Wohl besser zu sorgen!« ...

Seine Todeskrankheit, wo er bettlägerig wurde, währte 15 Tage. Sie begann mit Geschwulst an Händen und Füssen und einer beynahe gänzlichen Unbeweglichkeit: derselben, der später plötzliches Erbrechen folgte, welche Krankheit man ein hitziges Frieselfieber nannte. Bis zwey Stunden vor seinem Verscheiden blieb er bey vollkommenem Verstande; das Gefühl seines bevorstehenden Todes und seine Betrübniss, Frau und Kinder unversorgt zu hinterlassen, verdreyfachte wohl die Marter seiner Krankheit ...

Am Tage seines Todes liess er sich die Partitur des Requiem

an sein Bette bringen. »Hab' ich es nicht vorher gesagt, dass ich dieses Requiem für mich schreibe?« so sprach er, und sah noch einmal das Ganze mit nassen Augen aufmerksam durch. Es war der letzte schmerzvolle Blick des Abschiedes von seiner geliebten Kunst ...

Baron van Swieten kam gleich nach seinem Tode, um mit der Wittwe zu weinen, die sich in ihres entschlafenen Mannes Bett gelegt hatte, um angesteckt zu werden und mit ihm zu sterben ... Der Tod Mozart's erregte öffentliche Theilnahme. Am Sterbetage selbst blieben viele Leute vor seiner Wohnung stehen und gaben ihre Theilnahme auf mancherlei Art zu erkennen. Schikaneder ging herum und schrie laut auf: »Sein Geist verfolgt mich allenthalben: er steht immer vor meinen Augen.«

Immer war Mozart's Gesundheit, die in der letzten Zeit sichtlich dahinschwand, sehr zart gewesen, und wie alle Menschen von weichlichem Gemüthe, so fürchtete auch er den Tod sehr.[8]

Im Jahr 1829 reisten der britische Komponist und Verleger Vincent Novello und seine Frau Mary von London auf den Kontinent. Ihr Ziel war Salzburg, wo sie (wie es die Herausgeberin ihrer Tagebücher formulierte) »Mozarts betagter und kranker Schwester eine bescheidene Summe Geldes, gezeichnet von Novello und seinen Musikerkollegen, übergeben, aber auch Material für eine geplante Biographie des Komponisten selbst sammeln wollten; sie beabsichtigten auch, in Paris für die musikalische Ausbildung ihrer kleinen Tochter Clara Sorge zu tragen, die bald eine der berühmtesten Sängerinnen ihrer Zeit werden sollte.«

Beide Novellos hielten in ihren Tagebüchern ihre Gespräche mit Konstanze unmittelbar danach fest, und das Tag für Tag; diese Informationen sind von unschätzbarem Wert. In den nachfolgenden Aufzeichnungen, die erst 1955 veröffentlich wurden, sind Vincent Novello mit V. N. und seine Frau Mary mit M. N. abgekürzt. Konstanzes Schwester Sophie Haibel und auch Mozarts jüngerer Sohn Franz Xaver Wolfgang waren ebenfalls anwesend.

M. N. 17. Juli. Etwa sechs Monate [Wochen?] vor seinem Tod war er besessen von der Vorstellung, vergiftet worden zu sein – »Ich weiß, ich muß sterben,« rief er aus, »irgend jemand hat mir *acqua toffana** verabreicht und den genauen Zeitpunkt meines Todes vorausberechnet – wofür sie ein Requiem bestellt haben, es ist für mich selbst, daß ich es schreibe.« Seine Frau flehte ihn an, er möge es sie beiseite legen lassen, indem sie ihm sagte, er sei krank, sonst hätte er keine so absurden Ideen. Er willigte ein und schrieb eine freimaurerische Ode, die die Gesellschaft, für die sie geschrieben war, so entzückte, daß er ganz frohgemut zurückkam: »Wüßte ich nicht, daß ich besseres geschrieben habe, würde ich meinen, das ist das Beste in meinem Werk, aber ich will es in Partitur schreiben. Ja, ich sehe, daß ich krank war, um eine derart absurde Idee zu haben, Gift genommen zu haben, gib mir das Requiem wieder und ich will damit weitermachen.« Aber in ein paar Tagen war er so krank wie je zuvor und von der gleichen Idee besessen.

Nur drei Tage vor seinem Tod erhielt er vom Kaiser das Dekret seiner Berufung zum Musikdirektor an St. Stephan, das ihn mit einem Mal von den Kabalen und Intrigen Salieris und der Sänger befreite. Er weinte bitterlich: »Jetzt, nachdem ich eine Position übertragen bekommen habe, in der ich nach Belieben schreiben könnte und fühle, daß ich imstande wäre, Großes zu vollbringen, jetzt muß ich sterben ...«

Kurze Zeit vor seinem Tod sang er mit Madame [Konstanze] und Süßmayr das Requiem, einige der Sätze ließen ihm die Tränen kommen, er schrieb das *Recordare* und wich-

* Ein einer Neapolitanerin namens Tofana zugeschriebenes Gift, das im 18. und frühen 19. Jahrhundert Anwendung fand; seine Hauptingredienzen waren Arsen und Bleisäure, und es hatte einen Langzeiteffekt mit tödlicher Wirkung, ohne irgendwelche für die damalige Zeit erkennbare Spuren zu hinterlassen.

tige Stimmen zuerst, wobei er sagte: »Wenn ich nicht lebe, dann sind diese von größter Wichtigkeit.« Als sie zu Ende waren, rief er Süßmayr zu sich und wünschte, sollte er sterben, bevor er das Werk vollendet habe, daß die Fuge, die er am Anfang geschrieben hatte, wiederholt werde, und erläuterte, wo und wie andere Stimmen, die bereits skizziert waren, einzutragen wären. Das hatte zur Folge, daß Süßmayr nachher Breitkopf in Leipzig schrieb, er hätte den Hauptteil dieses Requiems geschrieben, doch wie Madame zu Recht meinte, jeder hätte das, was er tat, schreiben können, die Skizzen und präzisen Anweisungen Mozarts befolgend, und nichts, was Süßmayr jemals tat, vorher oder nachher, bewies, daß er irgendein Talent ähnlicher Art besaß.

Die Schmähungen, die gewisse Personen auf dieses letzte Werk Mozarts gehäuft haben, nahmen ihren Anfang mit Weber, dem Herausgeber der [Zeitschrift] *Cäcilia* [nicht mit C. M. von Weber verwandt], der ebenfalls ein Requiem geschrieben hatte, das aber, weil nicht vom gleichen Genre wie Mozarts, nicht gefiel. Neid ließ ihn diesen Grad von Perfektion, den er nicht erreichen konnte, herabwürdigen, aber das war eine schwierige Sache, denn er machte sich lächerlich mit seinen Anstrengungen; sein Ziel war demnach, Mozart abzusprechen, daß er es jemals schrieb, und er behauptete dies in einer von einer Anzahl Zeitschriften, die er herausgibt. Da sind immer eine Menge armseliger Geister, die nur zu gern in das Gezeter gegen ein großes Genie einstimmen, dem sie niemals nacheifern oder ihre Würdigung zuteil werden lassen können, und bei dieser Gelegenheit gab es manch einen, der diesem Schreiberling Gehör schenkte. Nachdem ihm das gelungen war, verstieg er sich dazu, seinen Wert in Frage zu stellen und kurzum, er bewies seine Ignoranz, indem er ihm als das Werk von Süßmayr jegliche Verdienste absprach – dabei aber übersah, wie es geschehen konnte, wäre es durch letzteren entstanden, daß dieser weder vor- noch nachher irgend etwas wie dieses schrieb.

15. Juli. Salieris Feindschaft entstand über Mozarts Komposition von *Così fan tutte,* die er selbst ursprünglich begonnen, aber als unwert musikalischer Erfindung aufgegeben hatte. Der Sohn verneint, Salieri habe seinen Vater vergiftet, obwohl letzterer es glaubte, und Salieri selbst bekannte sich in seinen letzten Augenblicken dazu, aber da sein ganzes Leben von Kabalen und Intrigen verbittert war, darf zu Recht von ihm gesagt werden, daß er sein [Mozarts] Leben vergiftet hat, und dieser Gedanke, meint der Sohn, hat den bemitleidenswerten Mann bei seinem Tod verfolgt.

V. N. 15. Juli. Salieri versuchte zuerst, diese Oper zu komponieren, scheiterte aber, und der große Erfolg Mozarts, etwas zu bewerkstelligen, woraus er [Salieri] nichts machen konnte, war als der erste Anlaß zu seiner Feindseligkeit und Heimtücke gegenüber Mozart vermutet worden (Süßmayr ein Freund Salieris). Es war etwa sechs Monate [Wochen?], bevor er starb, daß er von dem entsetzlichen Gedanken erfüllt war, jemand habe ihn mit *acqua toffana* vergiftet – er kam zu ihr eines Tages und klagte über große Schmerzen in seinen Lenden und allgemeine Mattigkeit, die sich schrittweise ausbreitete – und daß es einem seiner Feinde gelungen sei, ihm die giftige Mixtur einzuflößen, die seinen Tod bewirken würde, und daß sie bereits genau den Zeitpunkt vorausberechnen könnten, zu dem er unausweichlich eintreten würde. Sein Engagement mit dem Requiem bereitete ihm große Pein, da es diese traurigen Gedanken nährte, die natürlich von seinem geschwächten Gesundheitszustand herrührten.

Der große Erfolg seiner kleinen Freimaurer-Ode, die er gerade zu dieser Zeit schrieb, munterte ihn für eine Weile auf, aber seine melancholischen Vorahnungen kehrten in ein paar Tagen zurück, als er die Arbeit am Requiem wiederaufnahm. Einmal probierte er zusammen mit Süßmayr und Madame einen Teil des Requiems aus, aber einige Passagen erregten ihn derart, daß er die Tränen nicht zurückhalten konnte und nicht mehr imstande war weiterzumachen.

Es war mir eine Genugtuung, daß ich mit der Annahme recht hatte, das *Recordare* (eines der himmlischsten und berückendsten Sätze, die jemals geschrieben wurden) sei eines seiner eigenen Lieblingsstücke gewesen.

Sie bestätigte auch, daß es zutreffe, er habe nur drei Tage vor seinem Tod gesagt: »Mir ist eine Position übertragen worden, die mir die Muße gewähren wird, in Zukunft das zu schreiben, *wozu ich Lust habe,* und ich fühle mich imstande, etwas zu vollbringen, das dem Ruhm ebenbürtig ist, der mir zuteil geworden ist, doch stattdessen sehe ich, daß ich sterben muß.«

Welch herrliche Hervorbringungen sind der Welt durch diesen unseligen frühen Tod verlorengegangen – denn so unvergleichlich seine Werke auch sind, so hege ich doch nicht den geringsten Zweifel, daß er noch herrlichere Dinge geschrieben hätte wie Oratorien und andere umfangreiche Werke (der epischen Art), hätte er gelebt.[9]

Zu den interessantesten Musikverlagen in Deutschland gehörte die Firma André in Offenbach am Main. Es war Haydn, der auf der Durchreise durch Offenbach auf dem Weg von England im Jahr 1792 die Verbindung zu Konstanze herstellte und dem Kodirektor Johann Anton André nahelegte, er und sein Vater (der die Druckerei gegründet hatte) sollten schnellstens von der Witwe alles an Mozarts Werken erwerben, was zu haben wäre. Einige Zeit später reiste der junge André nach Wien, und gerade das war es, was er tat. Konstanze hatte mit dem viel besser bekannten Verlagshaus Breitkopf & Härtel in Leipzig Geschäftsverbindungen unterhalten, aber André war ein überredungsbegabter junger Mann und erwarb im Jahr 1800 eine Menge von Autographen Mozarts; in den kommenden Jahrzehnten brachte er sie in Ausgaben heraus, die für die damalige Zeit bemerkenswert wissenschaftlich und genau waren, zum Beispiel die Messe in c-Moll (KV 427), in der er diejenigen Stellen in Mozarts Particell frei ließ, die der Komponist selbst nicht ausgefüllt hatte, sowie das Kyrie d-Moll (KV 341). In beiden Fällen sind die

Autographe verlorengegangen (von der Messe existiert noch einiges Material, jedoch nicht das Benedictus), so daß Andrés Edition zu unserer Primärquelle geworden ist.

Johann Anton André war ein wendiger junger Mann, witzig und sarkastisch, aber auch ein tüchtiger Komponist. Er begann, sich nicht nur für Mozarts Werke zu interessieren, sondern auch für sein Leben, und so kam es, daß er sich auch mit dem Requiem befaßte. Als Resultat hiervon besitzen wir einen eingehenden und faszinierenden Briefwechsel zwischen André und einer Reihe von Freunden und Bekannten, mit deren Hilfe er hoffte, die Geschichte des Requiems klären zu können.[10]

André hielt die Geschichte von dem Abgesandten und dem erbebenden Mozart, der geglaubt hatte, er habe einen Auftrag aus der »Anderen Welt« erhalten, für Unsinn; in einem Brief vom 10. Februar 1826 an seinen Schwiegersohn Johann Baptist Streicher, Sohn eines berühmten Klavierfabrikanten in Wien und Freund Beethovens, schrieb er:

> Ich halte die über die Enstehung des Mozartschen Requiem ausgesprengte Anecdote für ein von Mozarts Wittwe ersonnenes *Mährchen.* Ich habe *Gründe* für diese meine Ansicht und werde solche auch – mit möglichster Schonung für die Wittwe M – aussprechen, allein ich möchte gern noch über einiges Auskunft haben, was *nur* in Wien zu erfahren ist.
>
> 1. Wie bald nach Mozarts Tod ward die Anecdote mit dem *Unbekannten* bekannt? – oder war vielleicht gar schon bey seinem Leben – in den letzten Tagen desselben – etwas bekannt?
>
> 2. *Wie früh* wurde Mozarts Requiem in Wien und bey welcher Veranlassung bekannt? …

In einem anderen Brief erklärte André, es sei gerade die Geschichte des Requiems, wie sie in Niemetscheks Biographie zu finden ist, die Konstanze André anempfohlen hatte und die er nachgeprüft sehen wollte. »Niemetschek [sic!] mag diese Anecdote erzählen wie er will – solche immer nur für ein Mährchen.«

Die Antwort aus Wien war erstaunlich. Es gibt zwei Briefe dazu; der erste ist von Streicher (12. März 1826):

> ... und ich kann dir nun Nachstehendes mittheilen, des Echtheit Abbé Stadler verbürgt ...
>
> War die Anecdote wegen des Unbekannten schon zu Lebzeiten Mozarts bekannt. Diese Anecdote ist *völlig wahr,* und der Besteller war der jetzt noch lebende Graf Walseck [sic!]; dieß jedoch *unter uns.*

Abbé Maximilian Stadler, ein Freund Haydns und Mozarts und selbst ein Musiker, schrieb André am 1. Oktober 1826 aus Wien:

> Daß Graf Wallseeg [sic!] das Requiem bey Moz. bestellt habe, wußte ich gleich nach Mozart's Tode. Auch des Bestellers Absicht und alles, was man für Geheimniß ausgiebt, ist mir von jeher bekannt. Von Zeit zu Zeit habe ich, ohne es zu verlangen, Nachrichten von den Familienangelegenheiten dieses Grafen erhalten. Allein, weil es unschicklich und unerlaubt ist Geheimniße zu entdecken, so erlaubte ich mir nicht einmal den Nahmen des Bestellers bekannt zu machen. Es geschah aber durch jemand andern ... Gewiß ist, daß Moz. die ersten 3 Sätze bis auf Sanctus et: mit vieler Mühe und Fleiß und Liebe bearbeitet habe. Achtungsvolle Männer sind bereit öffentliche Zeugniße auszustellen, daß sie Mozart kurz vor seinem Tode bei dieser Arbeit ganz begeistert angetroffen haben; und noch drey Täge zuvor, als er sich ganz erschöpft in das Krankenbett legen mußte, wovon er nicht mehr aufstand. – Die Urschriften Moz. und die darinn enthaltenen meisterhaften von allen wahren Kennern anerkannten Sätze sind allein die ächten Bürgen für dieses Werk. Alles übrige gehört nicht zur Sache. Wer diese Urschriften genau durchschauet, muß gestehen, daß Moz. allein der Verfasser und Süßmayr keinen andern Theil daran habe, als welchen jeder geübte und im Generalbaß etwas erfahrene Notist gehabt hätte. Alles Wesentliche rührt von Moz. selbst her.

Diese erstaunliche Bestätigung der Version von dem Requiem, wie Konstanze sie Rochlitz, Niemetschek und den Novellos mitteilte, war der Wissenschaft unbekannt geblieben, bis sie Wolfgang Plath, der Mitherausgeber der neuen Mozart-Gesamtausgabe, im Mozart-Jahrbuch 1976/77 veröffentlichte. Das schreckliche Märchen war ganz einfach wahr. Mozart hatte »ein fahles Pferd gesehen. Und der darauf saß, des Name hieß Tod.«

In der zweiten Oktoberhälte 1791 war das schlechte Wetter für Mozarts Gesundheitszustand alles andere als förderlich. Wir sind heute in der Lage, anhand zeitgenössischer Unterlagen seinen Verlauf zu rekonstruieren. Die einzigen warmen Tage, an denen Konstanze ihren Mann auf eine Ausfahr in den Prater mitgenommen haben konnte, waren der 20. und 21. Oktober, als die Temperatur bis 3 Uhr nachmittags auf etwa 18 Grad anstieg. Abgesehen davon, glich die Zeit vom 16. Oktober bis 15. November dem Weltuntergang. Zwischen dem 27. und 28. Oktober gab es nach strömendem Regen plötzlich Schnee, der während des ganzen 28. fiel und nur am Mittag des 29. für ein paar Stunden nachließ. Am 31. gab es einen weiteren Schneesturm, der mehrere Stunden anhielt, und am 1. November schwere und häufige Schneeschauer, begleitet von starken Böen, eher typisch für Januar oder Februar. In einigen Landesteilen war die Getreideernte noch nicht eingebracht worden und mußte aufgegeben werden.

Dieses miserable Wetter hat zweifellos zu der »Regen-und-Schnee«-Legende bei Mozarts Beerdigung beigetragen; wie wir sehen werden, hatte sich das Wetter bis dahin beträchtlich gebessert, aber es hatte sich in den Köpfen der Leute festgesetzt, daß Mozarts Tod von Regen, Graupelschauern und Schnee begleitet war. Das verheerend schlechte Wetter war ihm *vorausgegangen* – und brachte ihn mit ebenso großer Wahrscheinlichkeit nicht unter die Erde wie *acqua toffana* oder Salieris Gemeinheiten.

Eine undatierte Aufzeichnung von Carl Thomas Mozart, dem älteren Sohn, ist ebenfalls von Nutzen. In der Mitte heißt es:

> Besonders erwähnenswert sind meiner Ansicht nach die Umstände, nämlich, daß ein paar Tage vor dem Tod eine derart große, allgemeine Schwellung auftrat, welche den Kranken an jeder kleinsten Bewegung hinderte, ferner der Gestank, der eine innerliche Auflösung ankündigte und gleich nach dem Tode immer stärker wurde, so daß er eine Leichen-Sektion unmöglich machte.
>
> Ein anderer bezeichnender Umstand ist der, daß der Leichnam nicht steif und kalt wurde, sondern, wie es bei Papst Ganganelli und denen, die durch Pflanzengift starben, der Fall war, in allen Teilen weich und elastisch blieb.

Ganganelli (Papst Clemens XIV.) soll nach der Meinung des Volkes auf diese Weise gestorben sein, aber diese Mutmaßung ist im Fall Mozarts medizinischer Unsinn; Mozarts Körper war nach dem Tod »weich und elastisch durch die Wasseransammlung im Gewebe, durch das Ödem, welches für das finale Nierenversagen charakteristisch ist«.[11]

Die jüngsten medizinischen Ergebnisse über Mozarts Tod finden sich im nächsten Kapitel; hier wird lediglich der Versuch unternommen, den zeitlichen Ablauf darzustellen. Wenn also das eiskalte Winterwetter im Oktober sogar für gesunde Wiener schlimme Folgen hatte, dann war es während der kritischen »Inkubationszeit« naß und wechselhaft, von eisigem Nebel bis zum Föhn:[12] Das Barometer fiel, und der ungewöhnlich warme, feuchte, drückende Südwind – der in vielen Landstrichen Zentraleuropas gefürchtete Föhn ist Ursache für alles, vom Zahnweh bis zu Lawinen – löste Mozarts Rheumaanfall aus. Durch neugewonnene medizinische Erkenntnisse können wir weitere Dokumente heranziehen, um den letzten Lebensmonat von Mozart zu rekonstruieren unter ausschließlicher Verwendung zeitgenössischer Quellen oder Augenzeugenberichte.

Eine eigentümliche Notiz über das Requiem erschien im *Salzburger Intelligenzblatt* vom 7. Januar 1792:

> Von Mozart. – Er erhielt einige Monathe vor seinem Tode ein Schreiben ohne Unterschrift mit dem Belangen, ein Requiem zu schreiben, und zu begehren, was er wollte. Da diese Arbeit ihm gar nicht anstand, so dachte er, ich will so viel begehren, daß der Liebhaber mich gewiß wird gehen lassen. Den andern Tag kam ein Bedienter, um Antwort abzuholen – Mozart schrieb dem Unbekannten, daß er es nicht anders als um 60 Dukaten schreiben könnte, und dieß vor 2 oder 3 Monathen nicht. Der Bediente kam wieder, brachte gleich 30 Dukaten, sagte, er würde in 3 Monathen wieder nachfragen, und wenn die Messe fertig wäre, die andere Hälfte des Geldes sogleich abtragen. Nun mußte Mozart schreiben, welches er oft mit thränendem Auge that, und immer sagte: Ich fürchte, daß ich für mich ein Requiem schreibe; er machte es einige Tage vor seinem Tode fertig. Als sein Tod bekannt war, kam der Bediente wieder, und brachte die anderen 30 Dukaten, begehrte kein Requiem, und seit der Zeit war keine Nachfrage mehr. Es wird auch wirklich, wenn es abgeschrieben ist, in der St. Michaels-Kirche [in Salzburg] zu seinem Gedächtniß aufgeführt.[13]

Die Erklärung dafür ist einfach: Etwa um diese Zeit (Anfang Januar) hatten Konstanze und ihre Ratgeber beschlossen, das Requiem zu vollenden, damit sie den Rest des Betrages ausbezahlt bekommen könnte, der ihrem verstorbenen Mann noch zustand. Deshalb war ihr auch sehr daran gelegen, den Eindruck zu erwecken, er habe es tatsächlich zu Ende geschrieben. Mittlerweile arbeiteten Süßmayr, Freystädtler und ein anderer junger Mann (nicht unbedingt gleichzeitig) an seiner Fertigstellung, wobei Süßmayr den Hauptanteil komponierte, *weil seine Handschrift derjenigen Mozarts am ähnlichsten war* (das ist auch der Grund, daß er dazu ausersehen wurde, die Signatur Mozarts in der rechten oberen Ecke der ersten Seite zu fälschen: »di me W: A: Mozart mpria, 792«). Der Dritte im Requiem-Team war ein Freund Haydns und ein Protegé Mozarts – Joseph Eybler. Ganz offensichtlich hielt Mozart ihn für begabter als Süßmayr.

Die Partitur des Requiems, wie sie dann Walsegg überreicht wurde, bestand aus dem Anfang des Introitus (Requiem aeternam) in dem von Mozart vollendeten Autograph mit Süßmayrs gefälschter Signatur[14], dem Kyrie in Mozarts autographischer Skizze, ergänzt von Freystädtler *und* Süßmayr, und dem von Süßmayr kopierten oder komponierten Rest des Werks.

In einer autobiographischen Notiz für die *Allgemeine Musikalische Zeitung* schrieb Eybler: »Ich habe das Glück gehabt, seine [Mozarts] Freundschaft bis an seinen Tod unversehrt zu behalten; so daß ich ihn auch in seiner schmerzvollen Todeskrankheit gehoben, gelegt, und warten geholfen habe . . .«[15]

Es ist durchaus möglich, daß Eybler tatsächlich die Stimmen von Dies irae bis zum Hostias (von Mozart nur im Particell geschrieben) ausfüllte, und zwar noch unter Mozarts unmittelbarer Aufsicht: Sie sind direkt in Mozarts Manuskript eingetragen und sind unvergleichlich besser als Süßmayrs Hinzufügungen, wie etwa die Trompeten- und Paukenstimmen im Dies irae. Eine gewisse wirkliche Klarstellung dieses unglaublich komplizierten Vorgangs bringt der folgende wenig bekannte Brief Konstanzes, datiert Salzburg, 31. Mai 1827, an Abbé Maximilian Stadler, einen alten Freund der Familie, der sich soeben Konstanzes aufrichtige Dankbarkeit verdient hatte, indem er das Requiem gegen eine Verleumdung in einer deutschen Zeitschrift verteidigt hatte:

> Nun kann ich nicht anders, als Sie und alle Freunde Mozart's mit der wahren Geschichte des Requiem bekannt zu machen, die darin besteht: »daß Mozart nie [zu einer anderen Zeit] an einem Requiem auch nur angefangen hatte und mir oft sagte, daß er diese Arbeit (nähmlich die von Anonymus bestellte) mit größtem Vergnügen unternehme, indem dieß sein Lieblingsfach [i. e. Kirchenmusik] sey, welches er auch mit einem solchen Fleiße machen und componiren werde, daß seine Freunde und Feinde es nach seinem Tode studieren werden; wenn ich nur noch so lange am Leben bleibe; denn dieß muß mein Meisterwerk und mein Schwanengesang seyn.« Und er

war auch sehr fleißig damit; als er sich schwach fühlte, mußte Süßmayr öfter mit ihm und mir, das was geschrieben war, durchsingen, und so bekam Süßmayr förmlichen Unterricht von Mozart. Und ich höre noch Mozart, wie er oft zu Süßmayr sagte: »Ey – da stehen die Ochsen wieder am Berge; das verstehst du noch lange nicht;« nahm die Feder und schrieb vermuthlich Haupstellen, die dem Süßmayr zu rund waren. – – Was man dem Mozart vorwerfen könnte, ist, daß er nicht sehr ordentlich mit seinem Papier war, und manchmal das, was er zu componiren angefangen hatte, verlegte; und um es nicht lang suchen zu müssen, lieber es nochmals schrieb; dadurch entstand, daß manches sich zwey Mahl vorfand, aber doch nicht anders war, als was er verlegt hatte; denn die Idee, die er einmahl aus dem Wuhl seiner Gedanken gefaßt hatte, war mauerfest, und wurde niemahl geändert, welches man auch noch in seinen Partituren sehen kann, die so schön, so pünctlich, so rein geschrieben, und gewiß nicht eine Note geändert ist. – Setzen wir den Fall, daß Süßmayr Trümmer von Mozart gefunden hatte (zum Sanctus etc) so wäre ja das Requiem doch nur Mozarts Arbeit. – Daß ich's Eybler'n angetragen habe, es fertig zu machen, kam daher, weil ich eben (ich weiß nicht warum) böse auf Süßmayr war, und selbst Mozart viel auf Eybler gehalten hat, und ich mir dachte, daß es ein jeder ausführen könne, indem die Hauptstellen alle ausgesetzt waren. Und so ließ ich den Eybler zu mir kommen, und theilte ihm meinen Wunsch mit; da er mir's aber sogleich mit schönen Worten abschlug, bekam er's nicht in die Hand ...[16]

Die letzte Behauptung stimmt nicht: Konstanze vergaß, daß sie Eybler die Partitur tatsächlich am 21. Dezember 1791 gegeben und dafür auch eine Quittung von ihm erhalten hatte.[17] Eybler könnte jedoch die Hinzufügungen bereits vorgenommen haben, und deshalb fühlte sich Süßmayr durch sie gekränkt wie auch durch Mozarts ätzende Bemerkung; vielleicht sah sich Eybler aber auch die ganze Partitur noch einmal genauer an, und nachdem er die Angelegenheit ein paar Tage überdacht hatte, gab er sie »mit schönen Worten« zurück. Das ist nur ein kleines Detail, das Konstanze vergessen haben könnte. Die andere Möglichkeit ist, daß Eybler die Partitur nach Hause mitnahm, die fehlenden Stimmen (Instrumente) ergänzte und dann zur Einsicht gelangte, daß es zu schwierig wäre, den Rest auf würdige Weise zu komponieren.

Konstanze wandte sich dann an Süßmayr, über den sie verärgert war (und er wohl auch über sie), und überredete ihn (war Geld im Spiel?), das Stück zu Ende zu schreiben. Sie gab ihm alles, was sie finden konnte, und vielleicht half er ihr auch beim Suchen; er muß aber verstimmt darüber gewesen sein, daß er nicht die erste Wahl war, obwohl Mozart offensichtlich mit ihm das Requiem durchgesprochen und sogar Teile daraus gesungen hatte. In Wirklichkeit gibt es einen anderen, viel überzeugenderen Grund, weshalb er verstimmt und Konstanze über ihn »verärgert« war: *Er war bereits im Lager Salieris!* Es dürfte aufgefallen sein, daß Konstanze, als sie mit den Novellos über Süßmayr sprach, den jungen Mann nicht als Mozarts, sondern als Salieris Freund bezeichnete; und sie tat das im Zusammenhang mit Salieris Eifersucht, die ihre Erklärung in der ungewöhnlichen Geschichte von *Così fan tutte* hat: »Sie war als der erste Anlaß zu seiner Feindseligkeit und Heimtücke gegenüber Mozart vermutet worden (Süßmayr ein Freund Salieris).«

Und wie kam es dazu? Ich meine, das Archiv der Hofkapelle (jetzt in der Österreichischen Nationalbibliothek in Wien) gibt die Antwort:

> Endes unterzeichneter bezeuget hiemit, daß er für die in der k. k. Hofkapelle statt des H.^{rn} Franz Hofer Violinisten, welcher damals zu Laxenburg [wo der Hof den Sommer verbrachte und sich sowohl an Opern als auch Kirchenmusik vergnügte] Dienst hatte, geleisteten Dienste von der Cassa des k. k. Nazionaltheaters richtig bezahlt worden sei: alß

ILL. 10

ILL. 11

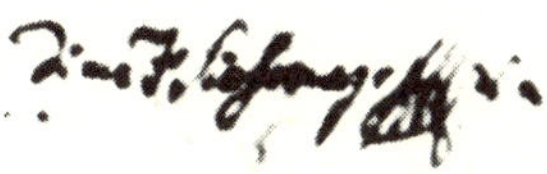

ILL. 15

ILL. 12

ILL. 16

ILL. 13

ILL. 17

ILL. 14

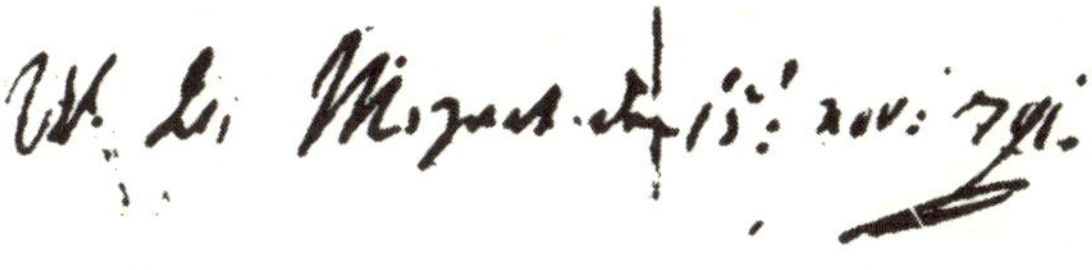

ILL. 10–16: *Mozarts Signatur auf dem Autograph des Requiems wurde tatsächlich von Süßmayr gefälscht und 1792 datiert (Ill. 10) – eine Entdeckung, die in dem Buch Mozarts Tod (1971) erstmals veröffentlicht wurde. Authentische Signaturen Mozarts: ill. 11 (1784), ill. 12 (Ave, verum, 1791), ill. 13 (Empfehlungsbrief für Eybler, 1790), ill. 14 (Mozarts Signatur auf dem Autograph der Kleinen Freymaurer-Kantate KV 623, mit der Datierung 15. November 1791). Man beachte, daß in Süßmayrs Requiem-Fälschung der Buchstabe »M« unten links beginnt, während Mozarts authentische Signaturen stets von der Mitte des Buchstabens ausgehen. ill. 15–17: Süßmayr-Signaturen: (15) L'incanto superto, Prag 1793; (16) Ave, verum, Baden, 9. Juni 1792; (17) Aria »Son offesa«, Wien, 1. Oktober 1793.*

den 12 Juni; am Pfingstsonntag das Hochamt	2.- f
den 13 Juni; am Pfingstmontag abermal das Amt	2.- f
Summa	4.- f

Wien den 30ten Juli 791 Franz Xaver Süßmayr
Riv: da me
Ant. Salieri
M[aestro] d[i] C[appella][18]

In einem anderen undatierten Brief anempfiehlt sich Süßmayr selbst als »Questa mia creatura catholica« (dieses mein katholisches Selbst) der Protektion Salieris.[19] Ganz offensichtlich glaubte Süßmayr, die Zukunft nähme sich mit Salieri rosiger aus als mit Mozart, und um 1791 scheint er fest mit einem Fuß im Lager des »Feindes« gestanden zu haben. Als Vermittler dürfte er kein berauschender Erfolgsbringer gewesen sein.

All dessen muß man sich bewußt sein, will man den Dokumenten dieser turbulenten Wochen gerecht werden.

Als Rochlitz 1798 über *Die Zauberflöte* schrieb, meinte er, Mozart habe diese Oper sehr gern gehabt, wenn er auch über einige der Nummern lachte, die den größten Applaus erhielten.

> Sie wurde bekanntlich in Wien unausgesetzt fast so oft gegeben als ehemals Beaumarchai's Hochzeit des Figaro in Paris: aber seine [Mozarts] Kränklichkeit nahm so sehr zu, daß er die Aufführung nur ohngefähr zehnmal selbst dirigieren [besuchen?] konnte. Wenn es ihm dann unmöglich war, selbst im Theater zu seyn, legte er – so traurig – seine Uhr neben sich und hörte die Musik im Geist.
>
> »Jetzt ist der erste Akt aus – Jetzt ist die Stelle: Dir große Königin der Nacht [kurz vor dem Ende des II. Akts] – u.s.w.[20]

Es gibt einen berühmten Brief, den Sophie Haibel zur Aufnahme in Nissens Biographie schrieb (ich habe den Originalbrief verwendet und nicht Nissens gekürzte Umschrift). Er kam aus Diakovar, wo Sophies Ehemann Jakob Haibel Chordirektor war:

Sophie Haiberl an Georg Nikolaus von Nissen, Salzburg

D[iakovar] den 7ten April 1825

...Nun Zür lezen Lebenszeit Mozarts. M:t Bekam unsere seelige Mutter immer Lieber und Selbe jhn auch, dahero M: Offters auf die Wieden (wo unsere Mutter u. ich beym goldenen Pflug Logirten) in einer Eille gelaufen kam ein Päckgen under dem Arme Trug worinen Cofée und Zucker war, überreichte es unserer guten Mutter und sagte hier Liebe Mama haben Sie eine Kleine Jausen. dis freude Sie den wie ein Kind. dis gescha sehr offt, Kurz M: Kam nie mehr Lehr zu uns.

Nun als Moz: Erkrankte machten wir beyde jhm die Nacht Leibel, welche Er Vorwärts anzihen könte weil er sich vermög geschwulst nicht trehen könte, und weil wir nicht wusten wie Schwehr Kranck er seie, machten wir jhm auch einen Watirten Schlaf Rock (wozu uns zwar zu allem das Zeig seine gute Frau meine Liebste Schwester gab) daß wen Er auf stehete er gut Versorgt sein mögte. und so Besuchten wir jhn fleisig er zeigte auch eine Herzliche freude an dem Schlafrock zu haben. ich ging alle Täge in die Stadt jhn zu besuchen. und als ich ein mahl an einem Sonnabend [3. Dezember] hinein kam, sagte M: zu mir Nun Liebe Sophie sagen Sie der Mama daß es mir recht sehr gut gehet, und daß ich jhr noch in der Octave zu jhrem Nahmens feste komen werde, ihr zu Craduliren, wer hatte eine größere Freude als ich meiner Mutter eine so frohe Nachricht bringen zu können, nach deme Selbe die Nachricht immer kaum erwarten könte, ich Eillte dahero nach Hauße sie zu Beruhigen, nach deme er mir wircklich auch selbsten sehr heiter und gut zu sein schin. den Andren Tag war also Sonntag [4. Dezember]: ich war noch jung und gestehe es auch Eidel – und buzte mich gerne, mögte aber aufgeputzt nie gerne zu Fuß, aus der Vorstadt in die Stadt gehen, und zu fahren war mir ums Geldt zu thun, ich sagte dahero zu unserer Guten Mutter, Liebe Mama heute gehe ich nicht zu Mozart – Er war ia gestern so gut so wird jhm wohl heute noch beßer sein, und ein Tag auf, oder ab, daß wird wohl nichts machen, Sie sagte darauf, weist du waß, mache mir eine Schalle Cofée, und nach deme werde ich dir schon sagen, waß du thun solst, Sie war zimmlich gestimt mich zu Hauße zu laßen den die Schwester weiß, wie sehr ich immer bey jhr bleiben mußte, ich ging also in die Küche, Kein Feuer war mehr da. ich mußte ein Licht anzünten, und feuer machen. Mozart ging mir den doch nicht aus dem Sinne, mein Cofée war fertig, und mein Licht brande noch, Nun sah ich wie Verschwenderisch isch mit meinem Licht geweßen, so Viel Verbrand zu haben, daß Licht brande noch hoch auf, jez sah ich star in mein Licht und dachte ich mögte doch gerne wißen waß Mozart macht, und wie ich dis dachte und ins licht sahe Leschte daß Licht aus und so aus als wen es Nie gebrand hätte. kein Fünckgen blib an dem großen Tochten, keine Luft war nicht, dis Kan ich beschwehren, ein schauer überfil mich, ich Lief zu unserer Mutter, und erzahlte es jhr, Sie sagte genug Zihe dich geschwinde, aus und gehe hinein, und bringe mir aber gleich nachricht wie es jhm gehet, halte dich aber ia nicht lange auf, ich eillte so geschwinde ich nur könte, Ach Gott wie Erschrak ich nicht als mir meine halb Verzweifelnde, und doch sich Modoriren wollende Schwester entgegen kam, und sagte Gott Lob Liebe Sophie dass du da bist, heute Nacht ist er so schlecht geweßen, daß ich schon dachte er erlebt diesen Tag nicht mehr, bleibe doch nur heute bey mir den wen er heute wieder so wird so Stirbt er auch diese Nacht, gehe doch einwenig zu jhm, waß er macht, ich suchte mich zu faßen, u ging an sein bette, wo Er mir gleich zu rüffte, ach gut Liebe Sophie daß Sie da sind, Sie müßen heute Nacht da bleiben, Sie müßen mich Sterben sehen, ich suchte mich stark zu machen, u jhm es aus zu reden allein er erwiederte mir auf alles, ich habe ia schon den Todten scheschmack [Geschmack] auf der Zunge, und wer wird den meiner liebsten Constance beystehen wen Sie nicht hier bleiben, ia Lieber M: ich muß noch zu unserer Mutter gehen, und jhr sagen, dass Sie mich heute gerne bey sich hätten sonst gedenkt sie es seie ein Unglück geschehen, ia daß tuhen sie aber kommen Sie ia balt wieder – Gott wie war mir dazu Muthe, die arme Schwester ging mir nach und bat mich um Gottes willen zu denen geistlichen bey St. Peter zu gehen, und Geistlichen zu bitten, Er mögte komen so wie Von Ungefehr, dis dat ich auch allein (Sant peters wollte ich schreiben) Selbe weigerten sich Lange, und ich hätte Vile Mihe einen solgen Geistligen Unmenschen dazu zubewegen --- Nun Lief ich zu der mich ängstVoll erwardenden Mutter es war schon finster, wie Erschrak die Arme, ich beredetete Selbe, zu der Ältesten Tochter der Seeligen Hofer über Nacht zu gehen welches auch geschah, und ich Lief wieder was ich Konte zu meiner Trost Loßen Schwester, da war Sissmaier bey M: am Bette dan Lag auf der Decke das Bekante Requem und M: Explicirte jhm wie seine Meinung seie daß er es Nach seinem Todte Vollenden sollte. ferner Trug er seiner Frau auf seinen Todt geheim zu halten, bis sie nicht Vor Tag Albregtsberger davon benachrichtig hätte, den diesem gehörte der Dienst vor Gott u der Weldt. Glosett der Docter wurde Lange gesucht, auch im Theater gefunden allein er muste daß Ende der Pieße [Pièce] abwarten – dan kam Er und Verordnete jhm noch Kalte Umschlage über seinen Glühenden Kopfe welche jhn auch so erschitterten, daß Er nicht mehr zu sich Kam bis er nicht Verschieden, sein Leztes war noch wie Er mit dem Munde die Paucken, in seinem Requem aus Trücken wolte, daß höre ich noch iez, Nun kam gleich Muller[21] aus dem Kunst Cabinett, und Trückte sein Bleiges erstorbenes Gesicht in Gibs ab, Wie Kranzen Loß Elend seine Treue Gattin sich auf jhre Knihe warf und den AllMachtigen um seynen Beystand anrüfft, ist mir liebster Bruder unmöglich zu beschreiben, sie konte sich nicht Von jhm trennen so sehr ich sie auch bath, wen jhr Schmerz noch zu Vermehren geweßen wäre, so müste er dadurch Vermehret worden sein daß den Tag auf die Schauervolle Nacht, die Menschen scharen weiß Vorbey gingen u Laut um jhn weinten, und schrien.[22]

Sophie Haibel erzählte diese alptraumhafte Geschichte vier Jahre später nochmals den Novellos in Salzburg.[23] Die vollständige Umschrift ist in Anmerkung 23 wiedergegeben, jedoch sollen zwei Dinge hier besonders erwähnt werden: Beide Novellos zitieren Sophie, sie habe berichtet, Mozart sei in ihren Armen gestorben; »der Arzt bestand auf seinen Anordnungen und Madame Haibel legte weisungsgemäß ein feuchtes Tuch auf seine Stirn. Mozart gab alsbald ein leichtes Erschauern von sich und starb kurz nachher in ihren Armen. In diesem Augenblick waren die einzigen im Zimmer anwesenden Personen Madame Mozart, der Mediziner und sie selbst. Der Raum, in dem er starb, war das Vorderzimmer zur Straße hin im ersten Stock.« Das andere ist die genaue Aufzählung der Anwesenden.

Nissen machte sich etliche Notizen für seine Biographie, in denen er Informationen von Konstanze verwendete; hier ist eine, die er nicht aufnahm und die uns ein eindringliches Bild von den schwindenden Stunden des Sonntags, 4. Dezember 1791, vermittelt:

> Sein Tod erregte öffentliche Teilnahme. Die Leute blieben vor den Fenstern seiner Wohnung stehen und wehten mit ihren Schnupftüchern hinauf. Er fragte seine Frau, was der Medikus Closset gesagt hatte. Sie antwortete Tröstliches. Er widersprach: es sei nicht wahr und war sehr betrübt: nun soll ich sterben, da ich Dich und Kinder versorgen könnte. Ach nun hinterlasse ich Euch unversorgt.
>
> Plötzlich bekam er ein Erbrechen – es fuhr aus ihm heraus in einem Bogen – das war braun und er war tod.[24]

Ein junger Protegé Mozarts, Ludwig Gall, berichtete:

> Als ich am 5/12 791 von der Landstrasse in die Stadt zum Musikhändler Lausch gieng, sagte mir diser, Stellen Sie sich das Unglück vor, welches uns betroffen hat »Mozart ist heute Nacht gestorben!« Ganz bestürzt eilte ich sogleich in dessen Wohnung, noch zweyfelnd an diser Trauerkunde. Leider über-

> zeugte ich mich aber nur zu bald von der Wahrheit derselben – Mad. Mozart öfnete mir selbst die Thüre der Wohnung, u: führte mich in ein Kabinett linker Hand, wo ich den entseelten Meister aufgebahrt, in einem Sarg liegend, mit einem schwarzen Habite angethan welcher m. Kapuzze das blonde Haupt bis zur Stirne einhüllt, die Hände über die brust gefaltet, erblikte! . . .[25]

Am gleichen Tag verlor Gottfried van Swieten, einer der Gönner Mozarts, kraft kaiserlichen Handbilletts seine einflußreiche Position als Präsident der Studienkommission (er hatte unter Joseph II. im Erziehungswesen und in der Zensurbehörde eine führende Rolle gespielt, und Leopold machte gründlich sauber).[26] Immerhin nahm sich Swieten die Zeit, Mozarts Wohnung aufzusuchen und Vorkehrungen für die Beerdigung zu treffen. Jahre später erzählte Konstanze Nissen, man habe sie zuerst zu einem »Herrn Bauernfeind« gebracht. Die Forschung hielt dies für einen Druckfehler und sah in Joseph von Bauernfeld, Schikaneders »stillen Teilhaber«, den Gemeinten; es gab aber wirklich einen Joseph Bauernfeind, der 1785 als Lehrling der Loge *Zur gekrönten Hoffnung* angehört hatte, in deren Mitgliederverzeichnis er als Sekretär der K. K. Vereinigten Hofkanzlei aufgeführt ist.[27] (In einem anderen Hofprotokoll, dem Hof-Schematismus von 1789, wird er wiederum als Sekretär der Vereinigten Böhmisch-Österreichischen Hofkanzlei verzeichnet: »Hr. Joseph Bauernfeind wohnhaft in der Leopoldstadt Nr. 232.«) Nachher brachte man Konstanze zu dem bekannt-berüchtigten »Herrn Goldhann«, Joseph Odilio Goldhann (Goldhahn)[28], der als einer von Mozarts potentiellen (und wahrscheinlich auch wirklichen) Geldverleihern eine prominente Rolle spielte und der die offizielle Aufstellung von Mozarts Effekten[29] am 7. Dezember abzeichnete, jedoch als Zeuge, ohne daß daraus irgendein Nachteil oder eine Verantwortung für ihn entstanden wäre. Aus diesem und auch anderen Dokumenten, die Mozarts Habe und was sonst noch in der Wohnung vorhanden war, auflisteten, geht eindeutig hervor, daß Konstanze nicht sofort erkrankte, sondern den größten Teil des Dezembers im Haus blieb (sie war mit Sicherheit dort am 9., 16., 19. und 20., als ihr offizielle Dokumente vorgelegt und Bestandsaufnahmen gemacht wurden).

Es war fünfundfünfzig Minuten nach Mitternacht, als Mozart am Montag, dem 5. Dezember 1791, starb; wir besitzen diese präzise Information durch einen autographischen Brief von Maria Anna (Nannerl), Mozarts Schwester, vom April 1792.[30] Aus Zinzendorfs Tagebuch erfahren wir, daß das Wetter mild war. »Häufig Nebel schon seit einiger Zeit«; das unnatürlich milde Wetter hielt auch am nächsten Tag an, und es gab »oftmals Nebel. Es war windstill.«[31]

Im Totenprotokoll der Stadt Wien[32] für den 5. Dezember 1791 findet sich die Eintragung: »Mozart, Wohledler Hr: Wolfgang Amadeus, k. k. Kapellmeister und Kammer Compositeur, verh. von Salzburg gebürtig, ist in kleinen Kaiserh: No. 970 in der Rauhensteingaße, an hizigem Frieselfieber bht. [beschaut] worden. alt 36 Jr. [richtig: 35].«

Es wurde Konstanze mit Rücksicht auf ihre finanzielle Lage die billigst mögliche Bestattung angeraten. So zahlte sie für eine Beerdigung dritter Klasse: 4 fl, 36 kr Gemeindeumlagen, 4 fl, 20 kr Kirchenumlagen; das Fahrzeug, das den Leichnam von der Rauhensteingasse zum Stephansdom und von dort zum Friedhof von St. Marx brachte, kostete 3 Gulden.[33]

Diese letzte Fahrt des K. K. Hofkapellmeisters ist wie folgt rekonstruiert worden (man nimmt an, daß sie am 6. Dezember, nicht später, stattfand, wegen des bereits in Verwesung übergegangenen Zustands der Leiche):

> Um etwa 2.30 Uhr wurde Mozarts Leiche vom Trauerhause in der Rauhensteingasse gehoben, in den bereitstehenden Leichenwagen gebracht und sodann nach Sankt Stephan geführt, wo die verschiedentlich genannten Trauergäste bereits gewartet hatten. An der Dom-Nordseite im Bereich des mehrfach als »Kruzifix-Kapelle« bezeichneten alten Grufteinganges (bzw. auch der Wohnung der Totengräber gegenüber) wurde der Sarg auf eine Bahre gelegt; dort

> könnte auch die erste, die sogenannte »Haus«-Einsegnung von dem mit Kreuzträger und mit Ministranten entgegenkommenden Priester vorgenommen worden sein. Das würde die sonst ganz merkwürdige Version erklären, daß Mozart an dieser Stelle im Freien eingesegnet worden sei. Dann formierte sich der kleine Trauerzug ins Dom-Innere, vielleicht durch das nördliche, dem Fürsterzbischöflichen Palais gegenüberliegende »Mesner-Tor« wahrscheinlich in die danebenliegende wirkliche »Kreuz-Kapelle«, wo die Kirchen-Einsegnung erteilt wurde. Nach Abschluß der Zeremonie formierte sich der kleine Zug zurück zur Kapistran-Kanzel, wo der Leichenwagen gewartet hatte, um den Sarg zum letzten Weg nach dem Sankt-Marxer-Friedhof aufzunehmen.[34]

St. Marx ist eine Vorstadt von Wien, eine gute Stunde zu gehen vom Zentrum. Keiner der Anwesenden beim Totengottesdienst – wir kennen ihre Namen nicht – wollte dem Leichnam das letzte Geleit geben, und keiner hatte auf Jahre hinaus das Bedürfnis, herauszufinden, wo Mozart bestattet wurde: So wissen wir lediglich in etwa den Teil des Friedhofs, in dem, irgendwo, das größte Genie der Musik liegt.

Mozart führte ein Stammbuch, in das Konstanze – dreißig Jahre alt – folgendes eintrug:

> Was Du einst auf diesem Blatte an deinen Freund schriebst,[35]
> eben dieses schreibe nun ich tiefgebeugt an dich
> Vielgeliebter Gatte! mir, und ganz Europa unvergeßlicher Mozart –
> auch dir ist nun wohl – auf ewig wohl!! – – –
> Um 1. U. nach Mitternacht vom 4^{tn} zum 5:^{tn} dezember dieß jahres
> Verließ er in seinem 36:^{ten} jahre – O! nur allzufrühe! –
> diese gute – – aber undankbare Welt – – O Gott! –
> 8 jahren knüpfte uns daß zärtlichste, hinieden unzertrennliche Band! –

O! könnte bald auf ewig mit dir verbunden seyn.

deine äußerst betrübte Gattin

Wien den 5^{tn} decem: 1791 Constance Mozart neè Weber

In der zweiten Auflage (1808) der Biographie von Niemetschek lesen wir das nachfolgende Epitaph eines der Wiener Komponistenkollegen Mozarts:

> Ein noch lebender, nicht unberühmter Tonsetzer in Wien sagte zu einem andern bey Mozarts Tode, mit vieler Wahrheit und Aufrichtigkeit: »Es ist zwar Schade um ein so großes Genie; aber wohl uns, daß er todt ist. Denn, würde er länger gelebt haben, wahrlich! die Welt hätte uns kein Stück Brod mehr für unsere Kompositionen gegeben.«[36]

An die zweihundert Jahre hat die Welt gebraucht, um in allen Aspekten zu begreifen, was dieser Verlust für die Musik bedeutet hat – und für die Menschheit. Haydn sagte: »Die Nachweld beckomt nicht in 100 Jahren wider ein solch Talent.«[37] Sie hat es in zweihundert Jahren nicht bekommen.

XII
Legenden und Theorien

Mozarts plötzlicher Tod führte immer wieder zu Spekulationen über seine wahre Ursache, und sehr bald waren Gerüchte im Umlauf, er sei vergiftet worden. Bereits Silvester 1791 berichtete eine Berliner Zeitung:

> Mozart ist – todt. Er kam von Prag kränklich heim, siechte seitdem immer: man hielt ihn für wassersüchtig, und er starb zu Wien, Ende voriger Woche. Weil sein Körper nach dem Tode schwoll, glaubt man gar, dass er vergiftet worden ...[1]

Wie wir gesehen haben, beunruhigte Mozarts Sohn Karl Thomas das Anschwellen des Körpers seines Vaters, aber seine Vermutung einer Vergiftung ergeht sich nur in Andeutungen. Mit der Zeit jedoch geriet die Gifttheorie in Vergessenheit. Konstanze scheint ihr niemals Glauben geschenkt zu haben (wie aus ihren Gesprächen mit den Novellos zu erfahren ist). Doch dann führte in den zwanziger Jahren ein dramatisches Ereignis zum Wiederaufleben dieser Gifttheorie auf besonders gespenstische Weise; und diese Theorie sollte viele Jahre später zum Ausgangspunkt für Peter Shaffers bereits legendäres Schauspiel *Amadeus* werden, dessen Hauptperson nicht Mozart, sondern Antonio Salieri ist.

Salieri war bereits Hofkapellmeister zu der Zeit, als Mozart sich 1781 in Wien niederließ, und im Gegensatz zu Mozart, der seine Opernkarriere in Wien noch zu machen hatte, war Salieri etablierter Liebling des Hofes (und besonders Josephs II.) – und somit auch des aristokratischen Publikums im Opernhaus. Er sollte bald mit seiner neuen französischen Oper *Les Danaïdes* (1784), zuerst als eine Gemeinschaftskomposition von Gluck und seinem Schüler Salieri angekündigt, einen tiefen Eindruck in Paris hinterlassen. *Les Danaïdes,* 1985 mit Erfolg wiederaufgeführt, zeigt Salieri auf bemerkenswerter Höhe seines Könnens. Aber von anderer Seite gesehen, bleibt Salieri eben nur ein Allerweltskomponist und ist mit Mozart überhaupt nicht zu vergleichen. Es bedurfte nur einer Generation, um Salieris Popularität schwinden und schließlich völlig in Vergessenheit geraten zu lassen, aber im Jahrzehnt von 1781 bis 1791 standen Salieri und seine Musik durchaus im Vordergrund des Wiener Operngeschehens. Es ist merkwürdig, daß Salieri trotz seines Erfolgs äußerst eifersüchtig auf Mozart gewesen sein soll, wie aus vielen zeitgenössischen Quellen hervorgeht. Angesichts des Dramas von Mozarts letztem Jahr muß Salieri notgedrungen in dieser Untersuchung zurücktreten; aber der Italiener war ein Ärgernis für Mozart in seinen letzten zehn Lebensjahren, und er hat Mozarts Existenz als Opernkomponist schlimmer gemacht, als es hätte sein müssen.

Im Oktober 1823 hielt sich Ignaz Moscheles, Beethovens Schüler, in Wien auf und beschloß, den betagten Salieri zu besuchen, der mittlerweile ins Allgemeine Krankenhaus in der Alservorstadt eingewiesen worden war. Salieri war nicht nur sehr alt, er war auch sehr krank; und Moscheles mußte um die Erlaubnis von Salieris unverheirateter Tochter sowie der Behörden nachsuchen, um ihn besuchen zu können.

> Das Wiedersehen war ein trauriges; denn sein Anblick schon entsetzte mich, und er sprach nur in abgebrochenen Sätzen von seinem nahe bevorstehenden Tode; zuletzt aber mit den Worten: »Obgleich dies meine letzte Krankheit ist, so kann ich doch auf Treu und Glauben versichern, daß nichts Wahres an dem absurden Gerücht ist; Sie wissen ja, – Mozart, ich soll ihn vergiftet haben. Aber nein, Bosheit, lauter Bosheit, sagen Sie es der Welt, lieber Moscheles; der alte Salieri, der bald stirbt, hat es Ihnen gesagt.[2]

Kurze Zeit später, im November 1823, unternahm Salieri einen mißglückten Selbstmordversuch. Beethoven verfolgte das Geschehen mit Hilfe von Freunden, die ihm die neuesten Entwicklungen in die Konversationsbücher schrieben; Schindler, Beethovens Amanuensis, notierte:

> Mit Salieri geht es wieder sehr schlecht. Er ist ganz zerrüttet. Er phantasiert stets, daß er an dem Tode Mozarts schuld sei und ihn mit Gift vergeben habe. Dies ist Wahrheit – denn er will dies als solche beichten ...

In einer anderen, etwas späteren Eintragung fügte ein Wiener Journalist namens Johann Schickh hinzu:

> »Es sind 100 auf 1 zu wetten, daß die Gewissensäußerung Salieris wahr ist! Die Todesart Mozarts bestätigt diese Äußerung.«

Beethovens Konversationsbücher sind voll von diesem Thema, das den Komponisten nachhaltig beschäftigt zu haben scheint. Anfang 1824 schrieb Schindler:

> Sie sind wieder so düster erhabner Meister – wo fehlt es denn – wo ist denn die heitere Laune seit einiger Zeit? – lassen Sie sichs nicht so zu Herzen gehen, es ist größtenteils das Schicksal großer Männer! Es leben ja Viele, die bezeugen können, wie er [Mozart] gestorben , ob Symptome sich zeigten. Er [Salieri] wird aber Moz. mehr geschadet haben durch seinen Tadel, als Mozart ihm.

Als Salieri schon tot war, schrieb Beethovens Neffe Karl:

> »Man saget auch jetzt sehr stark, daß Salieri Mozarts Mörder ist.«[3]

Haydns italienischer Biograph Giuseppe Carpani setzte sich sehr für Salieris Verteidigung ein, und im September 1824 schrieb er in einem langen Brief in einem italienischen Journal[4]:

> Mozart vergiftet? Ja? Wo sind die Beweise? Nutzlose Frage. Es gibt keine Beweise, und es ist auch unmöglich, welche zu finden, weil Mozart sich ein rheumatisches Fieber zuzog, das nicht nur ihn befiel, sondern auch alle die anderen, die es in jenen Tagen bekamen, dahinraffte. Die Bemühungen und das Können der beiden sehr berühmten Professoren der Medizin, Closset und Sallaba, waren vergeblich, vergeblich auch die Tränen der Kinder, die Gebete der Gattin und die Hoffnungen der ganzen Stadt Wien für den geliebten Maestro.[5]

Carpani hatte Glück, einen Arzt zu finden, der bei Mozarts Krankheit und Tod konsultiert worden war, Hofrat Eduard Vincent Guldener von Lobes, und er konnte einen (italienisch abgefaßten) Brief von ihm vorweisen, in dem letzterer entrüstet jegliche Giftanwendung verneinte.[6] Ein (nur italienisch vorhandener) Brief wurde auch an Haydns Schüler Sigismund von Neukomm geschickt, der damals in Paris lebte. Hofrat Guldener äußert sich wie folgt:[7]

> Nur zu gern bin ich bereit, Ihnen, hochverehrter Herr, alles mitzuteilen, was mir über die Krankheit und den Tod Mozarts bekannt ist. Im Herbst 1791 erkrankte er an einem entzündlichen Fieber, das um diese Zeit bei uns derart grassierte, daß viele Menschen davon befallen wurden. Ich erfuhr es erst nach ein paar Tagen, nachdem sich sein [Mozarts] Zustand rapide verschlechtert hatte. Ich besuchte ihn zwar nicht, ließ mich aber durch Dr. Closset auf dem laufenden halten, mit dem ich jeden Tag zusammentraf. Er hielt Mozarts Erkrankung für gefährlich und befürchtete von Anfang an einen tödlichen Ausgang, das heißt einen Blutandrang im Gehirn. Eines Tages begegnete er Dr. Sallaba und sagte ihm tatsächlich: Mit Mozart ist es vorbei, es ist nicht möglich, den Blutandrang aufzuhalten. Sallaba teilte mir dies unverzüglich mit, und in der Tat starb Mozart ein paar Tage später unter den üblichen Symptomen.
>
> Sein Tod erregte allgemeines Aufsehen, aber niemals kam

es jemandem in den Sinn, er sei durch Gift herbeigeführt worden. Zahlreich waren die Aufmerksamkeiten, die ihm durch seine Familie zuteil wurden, und vor allem waren die Wachsamkeit und Sorgfalt, die ihm der angesehene und erfahrene Dr. Closset angedeihen ließ, der während dieser ganzen schmerzlichen Zeit eher die Zuwendung eines Freundes als die Fürsorge eines Arztes an den Tag legte, derart gewissenhaft, daß es ausgeschlossen ist, daß ihm auch nur das leiseste Anzeichen einer gewaltsamen Einwirkung wie etwa Gift entgangen sein könnte. Die Krankheit nahm ihren üblichen Verlauf in der normalen Zeitdauer. Dr. Closset hatte ihr Fortschreiten mit so viel Aufmerksamkeit verfolgt, daß er den Ausgang auf die Stunde genau vorhersagte. Eine große Anzahl der Einwohner Wiens litt zu dieser Zeit unter der gleichen Beschwerde, und die Fälle, die wie bei Mozart tödlich verliefen, häuften sich. Ich sah den Leichnam nach dem Eintritt des Todes, und sein Aussehen unterschied sich in nichts von dem bei solchen Fällen üblichen.

Das ist es im wesentlichen, was ich zum Tode Mozarts vorzubringen habe. Nichts würde mir größere Genugtuung verschaffen oder mich mehr befriedigen, als zu wissen, daß das Zeugnis, das ich ablege, wenigstens in gewissem Grad dazu dient, dieser schrecklichen Herabwürdigung des Andenkens an den vorzüglichen Salieri entgegenzuwirken. Sie werden mir, mein Herr, verzeihen, daß ich auf Ihre Anfrage nicht schon eher geantwortet habe, wie ich es gewollt hätte; lediglich eine schwere Indisposition konnte mich davon abhalten.

Wenn aber Mozart nicht vergiftet wurde, woran ist er dann gestorben? Die allgemein verbreitete medizinische Meinung hielt bisher daran fest, daß Mozart an *Rheuma inflammatorium*, also am rheumatischen Fieber starb, einer akuten, nicht ansteckenden fiebrigen Erkrankung mit Entzündungen und Schmerzen in den Gelenken. Dr. Carl Bär, ein Schweizer Arzt, hat eine Arbeit verfaßt, die bis vor kurzem noch als die allein richtige zu diesem Thema angesehen wurde. Er bestreitet die Diagnose im Totenprotokoll der Stadt Wien und im Buch Nissens (»hitziges Frieselfieber« oder akutes miliares Fieber) und nennt sie dilettantisch – gut gemeint, aber hoffnungslos aus professioneller Sicht. Er meint: »Jedenfalls sind fast alle Todesfälle im Gefolge des rheumatischen Fiebers auf Herzschäden zurückzuführen.« Und nachdem man Mozart zur Ader gelassen hatte, »mußten die Folgen in Anbetracht des kleinen Körpers und bei der fatalen cardialen Situation katastrophal sein«. Dr. Bärs Diagnose stützt sich letzten Endes auf Informationen, überliefert nach einer sehr komplizierten Verkettung von Umständen, die noch auf Mozarts Arzt Dr. Closset zurückgehen (der auch einen weiteren Kollegen, Dr. Sallaba, konsultierte). Der rapide Verfall und der kurze Verlauf der Krankheit waren »für die damalige Zeit nicht ungewöhnlich«.[8]

Aber seit 1966, als Dr. Bär sein aufsehenerregendes Werk veröffentlichte, haben sich viele andere Ärzte und Wissenschaftler mit der schwierigen Aufgabe beschäftigt, nicht nur Mozarts letzte Krankheit zu identifizieren, sondern auch die früheren in seinem kurzen Leben, die zu den drei mit dem Tode endenden Wochen im November und Dezember 1791 hinführten. Es ist für einen Nichtmediziner zwecklos, sich mit derartigen Erörterungen auseinanderzusetzen, aber allem Anschein nach hat Peter J. Davies das letzte Wort zu diesem Thema gesprochen.[9] Ich kann nichts weiter tun, als Dr. Davies' Erkenntnisse zusammenzufassen und die klare Darstellung zu bewundern.

Die Krankheiten bis zum November 1791

1762 erkrankte Wolfgang an einer Infektion der oberen Atemwege als Folge einer Streptokokkeninfektion, deren Nachwirkungen noch nach Wochen, Monaten oder sogar Jahren eintreten können. Später hielten die Ärzte eine Krankheit des Knaben für Scharlach. Es war aber *Erythema nodosum,* »also mit Sicherheit eine Streptokokkeninfektion«. Noch im gleichen Jahr »zog er sich eine weitere Streptokokkeninfektion zu« und »erlitt einen leichten Anfall von rheumatischem Fieber«. Später dann, in Paris und London im Jahr 1764, litt Wolfgang an einer Mandelentzündung »oder sogar an einem paritonsillaren Abszeß« und wiederum an »Tonsillitis mit einer Sinusitis-[Nebenhöhlen-] Komplikation« (1765).

Im Dezember 1765, während eines Aufenthalts in Den Haag, lag Wolfgang im Koma und verlor stark an Gewicht. Unter den erschreckenden Symptomen waren »schwere Toxämie [Blutvergiftung], langsamer Puls, Delirium, Hautausschlag, Lungenentzündung, hämorrhagische Exfoliation der Mundschleimhaut«, was auf endemischen Typhus schließen läßt. Im November 1766 war Mozart wieder krank, dieses Mal in München, »mit Fieber und Rheuma«, und Dr. Davies meint, daß »dies ein zweiter Anfall von rheumatischem Fieber war ... Beide ... Anfälle scheinen leichterer Art gewesen zu sein, und es erscheint als unwahrscheinlich, daß sein Herz einen schweren Schaden erlitt.« 1767 bekam Wolfgang die Pocken und erholte sich von ihnen in Olmütz. Während seiner Italienreisen zog er sich Frostbeulen zu (1770), und 1771 »litt er an einer Infektion der oberen Atemwege und an Bronchialkatarrh« und dazu anscheinend an Gelbsucht. Dr. Davies stellt die Diagnose einer Virus-A-Hepatitis.

Im Dezember 1774 befiel Wolfgang ein böses Zahngeschwür (er hatte ähnliches bereits 1770 in Italien durchgemacht), und vier Jahre später in Mannheim zog er sich eine weitere Krankheit zu, die »das Erscheinungsbild einer Virusinfektion der oberen Atemwege aufweist«, von der er sich aber wieder erholte. Während der Proben zu *Idomeneo* in München im Dezember 1780 zog er sich erneut eine Krankheit zu, die wieder »die Züge einer Infektion der oberen Atemwege mit Bronchitis-Komplikation« zu tragen scheint. Als er im Mai 1781 seine Dienste unter Erzbischof Colloredo in Salzburg aufkündigte, bekam Wolfgang eine Virusinfektion, aber erst 1784 in Wien befiel ihn eine so schwere Krankheit, daß man mit der Spurensuche nach den Ursachen seines Todes sieben Jahre später beginnen kann. Die

Symptome waren schreckliche Koliken, die in heftigem Erbrechen und entzündlichem rheumatischem Fieber endeten. Dr. Davies meint, daß

> Mozart zu dieser Zeit unter einer Streptokokkeninfektion litt, die er sich bei einer Epidemie zugezogen hatte, und daß diese durch das Entstehen eines Schönlein-Henoch-Syndroms kompliziert wurde. Außerdem wurden ... Immunkomplexe während dieser Krankheit in Mozarts Nieren abgelagert, die eine chronische Glomerulonephritis (Bildung kleiner Gefäßknäuel in den Nieren) verursachten, jene Krankheit, die schließlich zu seinem Tode führte. Darmkoliken sind ein verbreitetes Symptom beim Schönlein-Henoch-Syndrom ... Das ist eine allergische Übersensitivität der Gefäße, bei der Immunkomplexe in den kleinen Blutgefäßen von Haut, Gelenken, Magen-Darmtrakt und Nieren abgelagert werden, was zu Purpuraverletzungen (Blutfleckenkrankheit) und Hautödem sowie zu entzündlichen Veränderungen bei den anderen drei Organen führt. In etwa 10 Prozent der Fälle entwickelt sich eine chronische Nierenerkrankung, die bei Nichtbehandlung in chronischem Nierenversagen und Tod enden kann.

Es sieht so aus, als ob Mozart 1787 »erneut an einer Streptokokkeninfektion erkrankte, die eine zweite Attacke des Schönlein-Henoch-Syndroms zur Folge hatte, und daß außerdem seine bereits geschädigten Nieren dabei noch mehr angegriffen wurden«. So hatte sich Mozart, als das kritische Jahr 1791 seinen Anfang nahm, bereits »eine Nierenerkrankung (chronische Glomerulonephritis) als Komplikation des Schönlein-Henoch-Syndroms zugezogen ... und ... erlitt weitere Rückfälle ... von April bis August 1790. Bei Patienten mit chronischer Nephritis findet ein allmählicher Abfall der Nierentätigkeit statt, der in den Anfangsstadien asymptomatisch ist.« In jenen Tagen gab es noch keine Laboruntersuchungen, um diese präsymptomatische Phase zu diagnostizieren. »Gewöhnlich bildet sich eine Erhöhung des Blutdrucks (Hypertonie) mit Netzhautblutungen.« 1791 wußte man noch nichts von Nephritis oder Hypertonie. Mozarts Depressionen während dieses Jahres (»die paranoiden Züge in seiner Persönlichkeit verbunden mit possessiver Eifersucht und emotioneller Labilität«) sind auf sein chronisches Nierenversagen (Urämie) zurückzuführen.

»Solche Depressionen, Veränderungen der Persönlichkeit und Wahnvorstellungen sind bei einem jungen Mann mit urämischem hypertonischem Krankheitsbild keine Seltenheit« – daher die berühmt gewordene Ausfahrt in den Prater, die Besessenheit vom Requiem und von seinem eigenen Tod (wie er glaubte, durch *acqua toffana* herbeigeführt). Die in den authentischen Biographien erwähnten Bewußtseinstrübungen sind »bei Patienten mit chronischem Nierenversagen nichts Ungewöhnliches und stehen manchmal mit plötzlichem Anstieg des Blutdrucks (hypertonische Encephalopathie) in Verbindung.«

Die todbringende Krankheit

Dr. Davies vertritt die interessante Theorie, daß Mozart sich seine letzte Krankheit bei seiner Anwesenheit in der Freimaurerloge am 18. November 1791 zuzog (um diese Zeit herrschte eine Epidemie in Wien, wie viele Quellen aussagen).[10] Die schmerzhaften Schwellungen an Mozarts Händen und Füßen »könnten auf eine Polyarthritis schließen lassen«, und da die Schwellungen sich ausbreiteten und stärker hervortraten, deuten sie auf ein Ödem hin. Aus der Bewegungsunfähigkeit des Patienten »mag geschlossen werden, daß Mozart zu dieser Zeit an einer halbseitigen Paralyse litt, daß er also auf einer Seite seines Körpers gelähmt war«.

Da man in der damaligen Zeit nichts wußte von »chronischem Nierenversagen ... vermutete [Dr. Closset] verständlicherweise, Mozart habe eine Wucherung im Gehirn ... Meiner Ansicht nach verunsicherten Dr. Closset die neuerdings auftretenden Symptome von Fieber, schmerzvollen Gelenkschwellungen und Hautausschlag, und deshalb zog er den leitenden Arzt des Krankenhauses, Dr. Mathias von Sallaba, hinzu... Sallaba diagnostizierte *hitziges Frieselfieber* [akutes miliares Fieber], und so steht es auch im Totenprotokoll... Es ist gänzlich untypisch und bezieht sich auf eine mit Fieber und Exanthem (Hautausschlag) einhergehende Erkrankung...« Zurückkommend auf Dr. Bärs Diagnose von akutem rheumatischem Fieber, meint Dr. Davies: »Exanthem kommt bei rheumatischem Fieber selten vor, und eine solche Diagnose ist keine Erklärung für den chronisch labilen Gesundheitszustand des Jahres 1791; noch gibt eine Diagnose rheumatischen Fiebers Aufschluß über die neurologischen Symptome der tödlichen Krankheit...«

Zusammenfassend schreibt Dr. Davies in dieser so überaus bewegenden Rekonstruktion von Mozarts Tod – die Tatsachen sind oft erschütternder als noch so behutsam ausgedachte und einfühlsame Phantasiegebilde:

> Mozart starb an folgendem: Streptokokkeninfektion – Schönlein-Henoch-Syndrom – Nierenversagen – Venensektion(en) – Gehirnblutung – Bronchopneumonie mit tödlichem Ausgang.
>
> Mozart zog sich noch eine weitere Streptokokkeninfektion zu, als er am 18. November 1791 einer Logenzusammenkunft beiwohnte zur Zeit einer Epidemie. Die Streptokokkeninfektion verursachte eine Exazerbation des Schönlein-Henoch-Syndroms und des Nierenversagens, was sich in Fieber, Polyarthritis, Übelkeit, Schwellung der Glieder, Übergeben und Purpura äußerte. Das später hinzukommende verallgemeinerte Anschwellen seines Körpers war wahrscheinlich eine Folge von zusätzlicher Verhaltung von Salz und Flüssigkeit, bedingt durch Nierenversagen. Eine oder mehrere Venensektionen [Schröpfungen] wurden vorgenommen und trugen zu den Todesursachen bei. Das Schönlein-Henoch-Syndrom hatte eine Exazerbation seiner Hypertonie zur Folge, was zu seinem nächtlichen Erbrechen und einem Schlaganfall führte. Seine Teillähmung war eine Hemiplegie (Paralyse einer Kör-

perseite), die auf eine Gehirnblutung zurückzuführen ist. Etwa zwei Stunden, bevor Mozart starb, setzten Krämpfe und Koma ein. Eine Stunde später versuchte er, sich aufzusetzen, öffnete seine Augen weit und fiel zurück mit dem Gesicht zur Wand; seine Backen waren aufgeblasen. Diese Symptome lassen eine Paralyse vermuten, hervorgerufen durch gleichzeitige Lähmung der Seh-und Gesichtsnerven, bedingt durch eine massive Gehirnblutung. Am Vorabend seines Todes hatten Mozart Fieber und Schweißausbrüche zu schaffen gemacht. Bronchopneumonia ist oft die unmittelbare Todesursache bei Patienten mit Urämie und entsteht für gewöhnlich, wenn der Kranke bereits vom Tode gezeichnet ist.

* * *

Gleichzeitig mit der finsteren Hypothese, Mozart sei ermordet worden, kam eine Reihe von Legenden über seine Beziehungen zu Frauen in diesem letzten Lebensabschnitt auf. In diesem Zusammenhang griff ein Freund und Logenbruder Mozarts, Franz Hofdemel, seine schwangere Ehefrau Magdalena, eine Klavierschülerin von Mozart, auf das widerwärtigste an. Am Tage nach Mozarts Tod verstümmelte Hofdemel seine Frau mit Rasiermesserschnitten im Gesicht und am Hals für den Rest ihres Lebens und tötete sich dann selbst.

Beethovens Verhalten läßt wieder einmal einen Rückschluß auf den in Wien zirkulierenden Klatsch zu.[11] Er wurde gebeten, vor Magdalena Hofdemel zu improvisieren, sträubte sich aber dagegen, weil er glaubte, sie sei Mozarts Geliebte gewesen (wie prüde war Beethoven doch!). Es gibt aber überhaupt keinen Beweis dafür, daß die Hofdemel-Tragödie direkt oder indirekt mit Mozart in Verbindung gebracht werden kann. Kaiserin Marie-Louise zeigte unmittelbare persönliche Anteilnahme an Magdalenas Schicksal, was sie kaum getan haben dürfte, hätte der Hof das zu erwartende Kind als dasjenige Mozarts angesehen. (Das Kind, Johann Alexander Franz, kam am 10. Mai 1792 in Brünn zur Welt und wurde somit im August 1791 empfangen, gerade als Konstanze Mozart von ihrem letzten Kind, Franz

Xaver Mozart, entbunden worden war.)[12] Es ist auch kaum wahrscheinlich, daß Hofdemel von den Freimaurern den Auftrag erhalten hat, Mozart zu vergiften, wie auch schon behauptet worden ist.

Angeblich soll auch Anna Gottlieb, die erste Pamina und damals siebzehn Jahre alt (sie hatte mit zwölf Jahren als Barberina in *Le nozze di Figaro* debütiert), 1791 eine von Mozarts Geliebten gewesen sein. Es gibt auch keinerlei Nachweis dafür, daß sie (wie geltend gemacht wurde) Mozarts Schülerin war, und schon gar nicht dafür, daß ihre Beziehung mehr war als die zwischen einem Komponisten und seiner willigen Interpretin. Es wird auch behauptet, sie habe Ende 1791 oder Anfang 1792 ihre Stimme verloren und sich als Sängerin von der Bühne zurückgezogen, um als Schauspielerin bei der rivalisierenden Marinelli-Truppe (im Leopoldstadt-Theater) ein Engagement anzunehmen. Mit anderen Worten: Mozarts Tod brach ihr Herz und beraubte sie ihrer Stimme.

Was wirklich geschah, ist völlig anders. Anna Gottlieb wechselte tatsächlich zur Marinelli-Truppe, aber sie sang und schauspielerte weiter, wie es sie und die anderen für Schikaneder im Freyhaustheater getan hatten. Christopher Raeburn hat interessante zeitgenössische Kritiken über ihr Singen während der ganzen neunziger Jahre gefunden, und sie stand als Sängerin und Schauspielerin bis weit ins 19. Jahrhundert hinein auf der Bühne. So kann auch diese Mozart-Legende getrost ins Reich des Mythos verwiesen werden.[13]

Legenden werden wohl auch weiterhin Mozart verfolgen. *Amadeus,* das Schauspiel und der Film, hat bereits eine neue in die Welt gesetzt, und es wird nicht leicht sein, das Publikum von der gegenwärtigen Shafferschen Sicht vom Komponisten als göttlich begabtem Trunkenbold abzubringen, dem ein rachedurstiger Salieri nachstellt.

Aus dem gleichen Grund muß auch Konstanze Mozart, im Film in atemberaubendem Dekolleté und mit dümmlichem Gekicher, vor Shaffers Darstellung gerettet werden.

XIII
Konstanze: Eine Ehrenrettung

Konstanze Mozart dürfte die unpopulärste Frau der Musikgeschichte sein. Während der letzten hundert Jahre ist sie einer zunehmend verleumderischen Reihe von Angriffen ausgesetzt gewesen: Sie war ein Flittchen, sie war eine oberflächliche, törichte Frau, unfähig, Mozart Verständnis entgegenzubringen, sie verwirtschaftete das Haushaltsgeld und verleitete ihn dazu, ein wirres, wenn nicht gar liederliches Leben zu führen. Diese Vorwürfe stammten vornehmlich von deutschen Musikwissenschaftlern und haben neuerdings den Grad der Gehässigkeit überstiegen.

Wie kamen Musikwissenschaftler zu diesen Schlüssen? Gibt es da Fakten, Dokumente, die wir nicht kennen? Nein, es gibt sie nicht, und in diesem Kapitel sollen die relevanten authentischen Dokumente über Konstanze Mozart untersucht werden, um festzustellen, ob es irgendwelche Anhaltspunkte für diese Schmähungen gibt.

Wir haben gesehen, daß Konstanze Mozart am 5. Dezember 1791 selbst am Rande der Hysterie war; sie versuchte, ins Bett ihres Mannes zu schlüpfen, um sich mit der (wie sie glaubte) infektiösen Krankheit anzustecken; und daß sie nicht einmal imstande war, der Beisetzung beizuwohnen. Der Leser wird sich seine eigene Meinung über die Ehe der Mozarts gebildet haben – soweit die Briefe uns darüber Aufschluß geben – sowie über das Verhältnis der beiden zueinander. Ich will diese Untersuchung unmittelbar nach Mozarts Tod am 5. Dezember 1791 fortsetzen.

Der erste Zeuge ist Niemetschek:

Mozarts Feinde und Verläumder wurden besonders gegen sein Ende, und nach seinem Tode so boshaft, so laut, daß bis zu dem Ohre des Monarchen manche nachtheilige Sage von Mozart gedrungen war.

Diese Ausstreuungen und Lügen waren so unverschämt, so empörend, daß der Monarch, von Niemanden des Gegentheiles belehrt, sehr entrüstet war. Nebst einer schändlichen Erdichtung und Vergrößerung von Ausschweifungen, denen Mozart, wie sie sagten, ergeben gewesen sey, behauptete man, daß er nicht weniger, als 30000 Gulden Schulden hinterlassen habe – eine Summe über die der Monarch erschrack!

Die Witwe war eben gesonnen den Monarchen um Pension zu bitten. Eine edeldenkende Freundin und vortreffliche Schülerin Mozarts unterrichtete sie von den Verläumdungen ihres Mannes bey Hofe, und gab ihr den Rath den gütigen Monarchen bey der Audienz eines Bessern zu belehren.

Die Witwe hatte bald Gelegenheit ihren Rath auszuführen.

»Euer Majestät,« sagte sie mit edlem Eifer bey der Audienz, »jeder Mensch hat Feinde; aber heftiger und anhaltender ist noch niemand von den seinigen verfolgt und verläumdet worden, als mein Mann, blos weil er ein so großes Talent war! Man hat es gewagt Euer Majestät viel Unwahres über ihn zu sagen: man hat seine hinterlassenen Schulden *zehnfach* vergrößert. Ich stehe mit meinem Leben dafür, daß ich mit einer Summe von ungefähr 3000 Gulden alles bezahlen könnte, was er schuldig ist. Und diese Schuld ist nicht muthwillig gemacht worden. Wir hatten keine sichern Einkünfte; häufige Kindbetten, eine schwere und kostbare Krankheit von anderthalb Jahren, die ich auszustehen hatte, werden bey dem menschenfreundlichen Herzen meines Monarchen zur Entschuldigung dienen.«

»Wenn es so ist,« sagte der Monarch, »da ist wohl Rath zu schaffen. Geben sie ein Konzert von seinen hinterlassenen Werken, und ich will es unterstützen.«[1]

Am 11. Dezember 1791, es mag am Tag der oben beschriebenen Audienz gewesen sein, unterbreitete Konstanze eine Petition für eine Pension.[2] Um sich dafür qualifizieren zu können, hätte der verstorbene Ehemann mindestens zehn Jahre in k. k. Diensten gewesen sein müssen, aber Mozart hatte seine Stellung nur vier Jahre inne.

Am 30. Dezember 1791 war die Petition zu dem für die Musik am Hofe verantwortlichen Johann Wenzel Graf Ugarte gelangt, der den berühmt gewordenen Passus verfaßte über die Aufnahme Mozarts in die Dienste des Kaisers Joseph II. Ugarte schlug für Konstanze eine Zuwendung von jährlich 200 Gulden vor und je 50 Gulden für die Kinder »als einen außerordentlichen Gnaden Gehalt«. Aber dieser Betrag wurde vom Obersthofmeisteramt als untragbar abgelehnt.

Am 5. Januar 1792, einen Monat nach Mozarts Tod, schlug diese Behörde Konstanze vor, einen neuen Antrag zu stellen, begleitet von einer eidesstattlichen Erklärung, daß sie kein Anrecht auf eine Pension von der Tonkünstler-Societät habe. (Wir haben gesehen, daß Mozart niemals ein offizielles Mitglied dieser Gesellschaft gewesen war, weil er seine Geburtsurkunde nicht vorlegen konnte oder wollte.) Die Societät gab Konstanze das Affidavit, und am 25. Februar wurde die Akte wieder vorgelegt. Am 5. März 1792 schrieb Johann Rudolph Graf Chotek, der Leiter der Finanzhofstelle, daß »die Witwe ... nach der Strenge des Pensionsnormals nicht zu einer Pension, sondern nur zur Abfertigung mit einem vierteljährigen Besoldungsbetrage«, also zur »Abfindung mit einer einmaligen Zahlung von 200 fl. geeignet sei«. Es schien aber »selbst dem Dekor des k. Hofes entgegen zu stehen, die Wittwe eines in k. Diensten gestandenen so seltenen Talentes dem Bettelstabe auszusetzen«. Deshalb befürwortete Chotek, »in diesem besonderen Falle ohne alle Folgen« für Konstanze und ihre Kinder, rückwirkend vom 1. Januar 1792 an, eine Pension von einem Drittel der Bezüge ihres verstorbenen Mannes, also 266 fl, 40 kr. Das war die endgültige und unwiderrufliche Befürwortung der Pension.

Leopold II. war am 1. März gestorben, und der neue Kaiser

Franz II. bekam die Petition am 12. März vorgelegt. Er unterschrieb sogleich mit »Placet – Franz m.p.«. Am 13. März wurde der Bescheid über Konstanzes Pension an das zuständige Amt zur Registrierung und Ausführung weitergeleitet.

Es war nicht gerade eine großzügige Pension, aber immerhin eine Grundlage; und viele Freunde und Gönner hatten sich mittlerweile um Konstanze geschart. Da gab es zunächst Benefiz- und Gedenkkonzerte – eines in Prag war besonders eindrucksvoll. Es fand in der Pfarrkirche von St. Nikolaus am 14. Dezember statt, und Mozarts geliebtes Orchester des Nationaltheaters gab unter Joseph Strobach mit einem Chor und Josepha Duschek als Solistin – insgesamt 120 Musiker – eine Aufführung des Requiems von Rosetti. Die *Preßburger Zeitung* berichtete:

> ... wurden durch eine halbe Stunde alle Glocken an der Pfarrkirche geläutet; fast die ganze Stadt strömte hinzu, so daß weder der wälsche Platz die Kutschen, noch die sonst für beinahe 4000 Menschen geräumige Kirche die Verehrer des Verklärten fassen konnte.[3]

Allein die *Preßburger Zeitung* schreibt über ein Konzert in Wien im Burgtheater am 23. Dezember 1791, zu dem der Hof 150 Dukaten (675 Gulden) beisteuerte und das insgesamt 1500 Gulden einbrachte.[4] – Daß die *Preßburger Zeitung* manchmal dazu neigte, sich in Sachen Mozart selbst zu überbieten, mag aus dem folgenden Bericht vom 21. Dezember ersehen werden: »... Für die Wittwe des verstorbenen Hrn. Kapellmeisters Mozart ist auch gesorgt. Se. Maj. der Kaiser haben ihr den ganzen Gehalt ihres Mannes gelassen, und ihren Sohn hat der Baron van Swieten in Versorgung genommen.«[5] Keines von beiden traf zu.

Konstanze empfing ein Geschenk von Erzherzog Maximilian Franz, dem Kurfürsten von Köln und Gönner Beethovens, der der Witwe 24 Dukaten (108 Gulden) schickte. Am 7. Februar 1792 hatte Friedrich Wilhelm II. von Preußen seinem Gesandten Baron von Jacobi (ein Freimaurer in Mozarts Loge) den Auftrag erteilt, mehrere Kompositionen Mozarts, darunter das Requiem, für jeweils 100 Dukaten zu erwerben – also für eine Gesamtsumme von 800 Dukaten (3600 Gulden).[6] Das war ein stattlicher Betrag und eine große finanzielle Hilfe für Konstanze. Das alles läßt darauf schließen, daß sie doch eigentlich recht geschäftstüchtig war (wenn es auch erst Mozarts Todes bedurfte, um diese Seite ihrer Persönlichkeit zu entfalten) und sich jetzt vieler persönlicher Sympathien erfreute.

Als nächstes beabsichtigte Konstanze, eine Aufführung des Requiems in Auftrag zu geben. Baron van Swieten sorgte für die notwendigen Arrangements, und am 2. Januar 1793 erklang das Werk zum erstenmal in den Jahnschen Sälen[7] (wo Mozart etwa zwei Jahre zuvor sein letztes öffentliches Konzert gegeben hatte). Die ungarische Zeitung Magyar Hirmondó berichtete:

> ... Mozart, der sich in der Musik einen unsterblichen Namen gemacht hat, hinterließ eine Witwe und zwei Waisen in Armut. Viele edle Wohltäter helfen dieser unglücklichen Frau. Vorgestern veranstaltete Baron Swieten zum Gedächtnis Mozarts an einem öffentlichen Orte ein Konzert mit gesungener Trauer-Musik. Die Witwe bekam als Erlös über 300 Golddukaten [1350 Gulden].

Anfang Februar 1794 gab es ein weiteres Gedächtniskonzert in Prag (im Konviktsaal der Universität),[8] bei dem Konstanze und ihre beiden Kinder zugegen waren (Karl lebte zu der Zeit bei der Familie Niemetschek) – in Tränen wie die meisten Zuhörer. Ein Orchester spielte die »Linzer« und die »Prager« Symphonie sowie das Klavierkonzert d-Moll (KV 466); Josepha Duschek sang das große Rondo *Non più di fiori* aus *Tito*.

Dann hatte Konstanze einen großartigen Einfall: Wien hatte Mozarts letzte Oper in ihrer Gesamtheit noch nicht gehört, und so überredete sie die Behörden, ihr im Kärtnerthortheater eine Aufführung in Form eines Benefizkonzerts am 29. Dezember 1794 zu gestatten.[9] Aloysia Lange sang die Partie des Sextus.

Konstanze war nunmehr in bescheidenere Räumlichkeiten im »Haus zum Blauen Säbel«, Krugerstraße 1046, umgezogen (das

Haus, wo auch Haydn 1798 leben sollte, als er an der *Schöpfung* arbeitete). *Tito* war derart erfolgreich, daß sie das Konzert zur Fastenzeit 1795[10] wiederholte – wieder mit Aloysia Lange und anderen ebenso berühmten Sängern (Giuseppe Viganoni als Titus, Marianna Sessi als Vitellia und Johann Michael Vogl, ein späterer Freund Schuberts, als Publius). Zwischen den Akten spielte Beethoven Mozarts Klavierkonzert d-Moll (KV 466), wobei er vermutlich die berühmten Kadenzen improvisierte, die er im nachhinein zu Papier brachte (WoO 58).[11]

Am 1. Mai 1795 überraschte Konstanze mit einem noch kühneren Vorhaben: der Veröffentlichung von Mozarts *Idomeneo* (eines seiner besonderen Lieblingswerke) durch Subskription.[12] Allerdings hatte sie mit diesem noblen Vorhaben keinen Erfolg; die Oper war völlig in Vergessenheit geraten, und es konnten zunächst nicht genügend Subskribenten gefunden werden. Die Welt war noch nicht bereit für Mozarts weniger bekannte Opern, aber innerhalb von ein oder zwei Jahren wurde ein Verleger für den Klavierauszug in Deutschland gefunden (Schmid & Rauh in Leipzig), und nach und nach begann das erste Werk von Mozarts reifem Operngenie im Repertoire in Erscheinung zu treten.

Im September 1795 brachte Konstanze *Tito* als Benefizvorstellung für sich selbst und ihre beiden Söhne nach Graz.[13] Offensichtlich ermutigt durch den Erfolg dieses immer noch vernachlässigten Werks bei allen diesen Benefizkonzerten, entschloß sich Konstanze jetzt, *Tito* auf eine Deutschland-Tournee mitzunehmen mit sich selbst als Vitellia[14] und Aloysia Lange unter den Sängern. Die erste Station war Leipzig, wo sie im berühmten Gewandhaus (11. November 1795) *Tito* in Auszügen und andere Stücke zur Aufführung brachte. Sie ging dann nach Berlin, wo sie bei Mozarts altem Bewunderer, Friedrich Wilhelm II. von Preußen, um Genehmigung nachsuchte, ein Benefizkonzert mit *Tito* als Programmittelpunkt zu geben. Der König erteilte seine Zustimmung zu dem Konzert im großen Opernhaus mit dem königlichen Orchester, und das denkwürdige Ereignis (ohne Madame Lange, die anscheinend an der Hamburger Oper sang) fand am Sonntag, dem 28. Februar 1796, statt. Auf der Rückreise gab Konstanze ein zweites Konzert in Leipzig (April 1796) mit dem Requiem, und es war ein so großer Erfolg, daß es zu einem dritten Konzert (25. April 1796) kam, in dem Aloysia Lange wieder mitwirkte und der Eingangschor aus *Thamos* (in dem Arrangement als lateinische Motette) zur Aufführung kam. Dresden folgte im Mai – wieder mit *Tito*. Ende Dezember 1796 war sie wieder in Graz, um (unter ihrer eigenen Mitwirkung) ein Konzert zu veranstalten mit Auszügen nicht nur aus dieser Oper, sondern auch, im ersten Teil des Konzerts, aus *Idomeneo*, der auf seine Wiederentdeckung wartete. Bei alldem legte Konstanze ein bemerkenswertes Gespür für die weniger bekannten Werke ihres Mannes an den Tag, wobei sie es nicht versäumte, sowohl Opern (die für ein mondänes Publikum immer attraktiv sind) einzubeziehen, sondern auch andere Stücke, instrumental wie auch vokal.

* * *

Konstanze hatte nicht vergessen, daß Prag Mozart stets eine besondere Liebe und Verehrung entgegenbrachte; so war es die böhmische Hauptstadt, in der sie beschloß, die musikalische Laufbahn ihres Sohnes Franz Xaver Wolfgang ihren Anfang nehmen zu lassen. Er war seit 1796 in Prag gewesen, zuerst bei Josepha Duschek und später bei Niemetschek. Am 15. November 1797 bemühte sich Konstanze im historischen Nationaltheater – dem Schauplatz so vieler Triumphe Mozarts (und der schmachvollen Uraufführung von *Tito* 1791) – um eine, wie sie hoffte, musikalische Wunderkindkarriere für ihren zweiten Sohn.

Erste Abtheilung

Den Anfang macht eine Sinfonie von Mozart.

1. Singt Mad. Campi eine Bravour-Arie von Mozart.
2. Spielt Hr. Witassek auf dem Pianoforte ein grosses, starkes Konzert von Mozart.
3. Wird von Mad. Mozart, Hrn. Campi und Benedetti ein Terzett gesungen, eines der vorzüglichsten, nachgelassenen Werke Mozarts.

4. Singt Hr. Campi eine Bassarie von Mozart.
5. Wird auf gnädiges Verlangen der kleine eben 6jährige *Wolfgang*, der jüngere hinterlassene Sohn Mozarts, um dem verehrungswürdigsten Publikum Prags, für die hierorts seinem Vater so vielfältig bewiesene Zuneigung, einen kleinen Beweis seines ehrfurchtsvollen Dankes zu geben und zu zeigen, daß er Eifer zu fühlen anfängt dem großen Beispiele seines Vaters nachzustreben, die Arie aus der Zauberflöte: »der Vogelfänger bin ich« bei Begleitung des Pianoforte singen. Man bittet um Nachsicht gegen die ersten Aeusserungen seines zarten Talents.

Zweite Abtheilung

1. Eine Overture nebst dem damit verbundenen Quartett aus einer unvollendeten Oper von Mozart.
2. Singt Mad. Campi eine Arie von Mozart.
3. Singen Mad. Mozart, H. Benedetti und Zardi, dann H. Campi ein Finalquartett von Mozart.
4. Den Beschluss macht eine teutsche Scene mit einem Schlusschor, auf die freudenvolle Wiederkehr des Friedens. Die Poesie ist eigends dazu von dem berühmten Dichter und Universitäts Professor Hrn. A. Meißner verfertigt. Die Musik des Recitativs ist vom Hrn. Witassek, und der Chor von Mozart aus der Oper *la Clemenza di Tito*; der darum gewählt wurde, weil man hoffen darf, daß das Publikum bey einer so freudigen Gelegenheit in den Jubelchor einzustimmen wünschen wird.
   Der gedruckte Text davon wird bei der Kassa um 7 kr. verkauft und der Ertrag ist dem Armeninstitute gewidmet.
   NB. Alle diese Stücke, außer dem Chor, sind neu und noch nicht aufgeführt [in Prag] ...[15]

Mozarts zweiter Sohn schlug eine recht bescheidene Laufbahn als Komponist und Musiker ein und starb im Jahr 1844. Der ältere Sohn Karl Thomas studierte Musik in Italien, wurde aber später Regierungsbeamter und starb 1858 als Buchhalter der österreichischen Verwaltung in Mailand. Es gibt keine unmittelbaren Nachkommen der Familie.

Im Jahr 1797 wurde der Legationssekretär der dänischen Gesandtschaft, Georg Nikolaus (später von) Nissen, der seit 1793 in Wien gewesen war, Konstanzes Untermieter. Sie wurden Freunde und im Verlauf der Zeit Liebende. Sie heirateten 1809 und zogen dann nach Kopenhagen.[16] Nissen unterstützte Konstanzes Bemühungen, Mozarts Erbe zu bewahren und seine Musikmanuskripte an zwei deutsche Verlage zu verkaufen – Breitkopf & Härtel in Leipzig und J. A. André in Offenbach. Nissen führte größtenteils Konstanzes Geschäftskorrespondenz und war ihr eine tatkräftige Hilfe.

Um diese Zeit hielt Konstanze *La clemenza di Tito* für das am meisten vernachlässigte Werk von Mozart, und ihre Aufführungen von ihm wurden zu einem jährlichen, ja sogar halbjährlichen Ereignis im Wiener Musikleben. 1798 gab sie die Oper am 27. April (Karl Joseph Rosenbaum, ein Freund Haydns und Beamter am Esterházyschen Hof, hörte sie und berichtete darüber in seinem Tagebuch)[17]; am 8. Dezember 1798 führte sie das Werk in Schikaneders Freyhaustheater wieder auf mit ihrer Schwester Josepha Hofer als Servilia und mit Josephas zweitem Ehemann Friedrich Sebastian Meyer als Publius.[18] Der große Impresario druckte im Textbuch die Notiz: »Mozarts Werk ist über jeden Lobspruch erhaben. Man fühlt es bey Anhörung dieser, wie einer jeder seiner Musiken, nur zu sehr, was die Kunst an Ihm verlor.«

* * *

Wie war Konstanze im Jahr 1798? Sie hatte Schreckliches durchgemacht und hatte sich ihre strahlende Rückkehr schwer erkämpft; im Jahr zuvor hatte sie den Duscheks in Prag 3500 Gulden zu 6 Prozent Zinsen geliehen. Zu dieser Zeit war der schwedische Diplomat F. A. Silverstolpe in Wien und hielt seine Eindrücke von Konstanze fest[19], die er mit Nissen zum Abendessen einlud und mit denen er Billard spielte. Als er 1803 Wien verließ, um einen anderen Posten anzutreten, schrieb er: »Sie ist eine schätzenswerte Person; ich werde ihren Umgang vermissen, so lange ich lebe.« Eine andere glaubwürdige Schilderung Konstanzes stammt von Niemetschek (1798):

> In seiner Ehe mit Konstanza Weber lebte Mozart vergnügt. Er fand an ihr ein gutes, liebevolles Weib, die sich an seine Gemüthsart vortrefflich anzuschmiegen wußte, und dadurch sein ganzes Zutrauen und eine Gewalt über ihn gewann, welche sie nur dazu anwendete, ihn oft von Übereilungen abzuhalten. Er liebte sie wahrhaft, vertraute ihr alles, selbst seine kleinen Sünden – und sie vergalt es ihm mit Zärtlichkeit und treuer Sorgfalt. Wien war Zeuge dieser Behandlung, und die Wittwe denkt nie ohne Rührung an die Tage ihrer Ehe.*[20]
>
> Seine liebste Unterhaltung war Musik; wenn ihm seine Gemahlin eine recht angenehme Überraschung an einem Familienfeste machen wollte, so veranstaltete sie in Geheim die Aufführung einer neuen Kirchen-Komposition von Michael oder Joseph Haydn.
>
> Das Billardspiel liebte er leidenschaftlich, vermutlich weil es mit Bewegung des Körpers verbunden ist; er hatte ein eignes zu Hause, bey dem er sich täglich mit seiner Frau unterhielt.

Aber Konstanze besaß auch Feinde, auch zu dieser Zeit. Leopold Mozart und Maria Anna (Nannerl), Wolfgangs Schwester, hatten sie nicht gemocht, wie man aus den nachfolgenden Bemerkungen in einem Brief von 1792 von Maria Anna für die geplante Biographie von Friedrich Schlichtegroll vermuten kann:

> die beyden Mozartisch: Eltern waren zu ihrer Zeit das schönste Paar Eheleuthe in Salzburg; auch galt die tochter in ihren

* Die achtungswürdige Frau beträgt sich in ihrem Wittwenstande sehr klug, und sorgt für ihre zwei Söhne mütterlich. Sie lebt in Wien von ihrer Pension und dem kleinen Erwerbe aus dem Nachlasse ihres Mannes (Fußnote im Original).

> jüngeren Jahren für eine Regelmäßige Schönheit. aber der Sohn *Wolfgang* war klein, hager, bleich von Farbe, und ganz leer von aller Prätenzion in der Physiognomie und Körper. ausser der Musick war und blieb er fast immer *ein Kind;* und dies ist ein HauptZug seines Charakters auf der schattigten Seite; immer hätte er eines Vatters, einer Mutter, oder sonst eines Aufsehers bedarfen; er konnte das Geld nicht regieren, heyrathete ein für ihn gar nicht passendes Mädchen gegen den Willen seines Vaters, und daher die große häusliche Unordnung bei und nach seinem Tod.[21]

Es ist bekannt, daß Vincent und Mary Novello im Jahre 1829 Konstanze in Salzburg einen Besuch abstatteten (wo, ironischerweise, sie und Wolfgangs Schwester, nunmehr Frau von Berchthold zu Sonnenburg, lebten). Konstanze hatte Nissen kennengelernt, geheiratet und verloren; seine unvollkommene Biographie über Mozart war 1828, ein Jahr nach seinem Tode, veröffentlicht worden. Die Tagebücher der Novellos vermitteln ein eindrucksvolles Bild von Konstanze, sicherlich das zutreffendste und fesselndste, das jemals aufgezeichnet worden ist.

> M. N. Wir haben soeben Mozarts Witwe gesehen – oh! was für eine Welt von Empfindungen hat dieses Gespräch ausgelöst – die Frau, die ihm so teuer war, die er so oft zärtlich liebkoste, die seine Sorge und hingebungsvolle Zuwendung zu solch großen und herrlichen Leistungen seines Genies anspornte, es war, wenn man schon ihn nicht selbst erleben konnte, der nächstmögliche Zugang zu seinen irdischen Resten, und während der ganzen Unterhaltung vermeinte ich, seinen Geist mit uns zu fühlen; wie anders konnte es sein, als ich sein Portrait in Händen hielt, das von Leben und von ihm erfüllt ist. Als ich zuerst eintrat, war ich von den verschiedensten Gefühlen überwältigt, so daß ich nichts tun konnte, als zu weinen und sie zu umarmen. Sie erschien ebenfalls bewegt und sagte wiederholt auf französisch: »Oh quelle bonheur pour moi, de voir les enthousiastes pour mon Mozart.« Sie

spricht französisch fließend, jedoch mit deutschem Akzent, aber sie meint, italienisch besser, doch da ich diese Sprache nicht spreche, fuhr sie höflicherweise auf französisch fort. Sie ist in der Tat eine durch und durch vornehme Dame, und wenngleich von ihrer Schönheit nichts übriggeblieben ist außer in ihren Augen, wie dem Stich zu entnehmen ist, der ihrer Biographie Mozarts vorangestellt ist, so hat sie doch ihre Figur behalten und ein gewisses Flair, immerhin, für eine Frau ihres Alters, das meiner Meinung nach 65 Jahre betragen muß. Sie wohnt ganz entzückend in der Nonnberggasse halbwegs auf einem steilen Abhang, von dem man die umfassendste und herrlichste Aussicht gewinnt, die ihresgleichen in der Welt sucht. Die Wohnungen sind nicht, wie zumeist im Ausland, vollgestopft mit Möbeln, und das Zimmer, in dem sie uns empfing, öffnete auf ein Kabinett, das ihr Bett enthielt, aber es war geschmackvoll mit einem hellgrünen Seidenüberwurf zugedeckt, was einen hübschen Gleichklang herstellte mit Blumen rund um das Zimmer.

V. N. Beschreibung von Madame Nissen. In ihrer Jugend müssen ihre Augen glänzend hell gewesen sein und sie sind immer noch schön. Ihr Gesicht hat keine Ähnlichkeit mit ihrem Portrait in der Biographie. Es ist hager und ist gezeichnet von großer Sorge und Angst, aber wenn ihre Züge sich zu einem Lächeln entspannen, ist der Ausdruck ein bemerkenswert angenehmer. Sie ist von ziemlich kleiner Statur, schlank, und sieht viel jünger aus, als ich erwartet hatte sie vorzufinden. Ihre Stimme ist tief und sanft, ihre Manieren wohlerzogen und gewinnend, ungezwungen wie jemand, der sich viel in der Gesellschaft bewegt und viel von der Welt gesehen hat, und die Art und Weise, wie sie von ihrem illustren Ehemann sprach (wenn auch nicht so voller Enthusiasmus, wie ich es von jemandem, der ihm so »nah und teuer« war, erwartet hätte), war liebevoll und herzlich, und ich konnte ein leichtes Beben in ihrer Stimme wahrnehmen, als sie mit mir sein Portrait ansah und bei zwei oder drei Anlässen, wenn sie auf einige der letzten Jahre seines Lebens anspielte, was keineswegs gekünstelt oder pathetisch geschah, denn es war unabsichtlich, zurückhaltend und unterdrückt. Nichts konnte gütiger, freundlicher, ja sogar herzlicher sein als ihr Verhalten mir gegenüber während des ganzen Besuchs. Alles in allem ist diese Dame für mich eine der fesselndsten Personen, die es heute gibt ...

M. N. Sie erzählte uns, daß Mozart, sobald er eine Oper vollendet hatte, sie zu ihr brachte und sie bat, sie zu studieren, wonach er sie durchzuspielen und mit ihr zu singen pflegte, so daß sie nicht nur den Gesang sondern auch die Texte auswendig wußte, aber eine Arie aus dem »Idomeneo« wollte er lieber von ihr gesungen hören und deshalb gibt auch sie ihr den Vorzug, »Se il Padre perdei« ... Die glücklichste Zeit seines Lebens war in München, während er »Idomeneo« schrieb, was eine Erklärung dafür sein mag, daß er dem Werk ganz besonders zugetan war.

V. N. Die Witwe zeigte sich erfreut, als ich so viele Stücke aus seinen Opern erwähnte – »Oh, ich sehe, Sie kennen sie ebenso auswendig wie ich« – sie weiß alle Texte auswendig wie auch die Musik ... sagte mir, daß »Non so più« aus »Figaro« ein großer Liebling Mozarts war, ebenso »Riconosci a questo amplesso« [Sextett aus *Figaro*].

Zu »Così fan tutte« bemerkte sie, daß man bei »Discrivermi« (von dem ich annahm, daß es eines seiner Lieblingsstücke war) sich die Seufzer und Tränen der Darsteller tatsächlich vorstellen könne – und wies auch auf den unglaublichen *Unterschied* in den Melodien hin, die er den einzelnen Personen zugeteilt hat und wie wundervoll sie ihnen angemessen sind – die Passagen des Geists in »Don Giovanni« lassen einem die Haare zu Berge stehen ... Sie hat wenig übrig für die Handlung von »Così fan tutte«, pflichtete mir aber bei, daß eine solche Musik jedes Stück erfolgreich tragen könne ...

> M. N. Der Sohn [Franz Xaver Wolfgang] sagte, als ich bemerkte, wieviel jünger seine Mutter aussah, als sie in Wirklichkeit war, »sie ist meine Mutter, aber man muß zugeben, daß sie große Qualitäten besitzt, um sich die Hochachtung zweier solcher Ehemänner zu verschaffen, wie sie sie hatte ... sie ist wirklich eine entzückende Frau.« Wenn wir gingen, pflegte sie uns auf einem kleinen Spaziergang zu begleiten – und, man staune, Vincent und ich Mozarts Gattin am Arm. Es war eine köstliche Belohnung für meinen lieben Vin für alle seine Bemühungen um Mozarts Musik, dieses Zeichen von Verehrung diesem Relikt des göttlichen Mannes zu erweisen. Unser Spaziergang war ganz entzückend. Großen Respekt zollen ihr die Einwohner von Salzburg, obwohl sie selten ihr Heim verläßt, da sie so ein köstliches Haus und Garten besitzt, wo sie sich ruhig und ohne Anstrengung an der Luft ergehen kann ...
>
> Madame erklärte, sie könne es nicht ertragen, Aufführungen des Requiems oder von »Idomeneo« zu hören, das letzte Mal, daß sie »Don Giovanni« hörte, konnte sie sich für vierzehn Tage nachher nicht beruhigen. In Prag sind ihrer Ansicht nach die Opern am besten aufgeführt worden und sehr gut zuweilen in Wien, aber gegenwärtig, solange die italienischen Sänger dort sind, gibt es keine Gelegenheit, Mozarts Opern zu hören, wenn sie wieder gehen, werden sie aufgeführt.[22]

Hier haben wir ohne Frage die zutreffendste Schilderung von Konstanze, der wir jemals begegnen können. Sie war eine kultivierte Dame mit drei Sprachen und feinen Manieren, höchst musikalisch (sie sang den Novellos jene Stelle im Menuett des Streichquartetts d-Moll, KV 421, vor, wo Wolfgang ihre Schreie hineinkomponiert hatte, als sie in den Wehen lag)[23] und offensichtlich in ihrem Alter sehr liebenswert.

* * *

»In der langen Reihe nebeneinander« schritten zwei Bekannte bei der Beisetzung Felix Mendelssohns am Nachmittag des 7. November 1847 langsam auf die Kirche zu. »Von der Trauer um den frühen Verlust der Musik« wandte sich ihre »ernstgestimmte Betrachtung der Musik überhaupt und den großen Meistern der Vergangenheit zu«. Das war zu einer Zeit, als Beethoven die Wertschätzung der Musik Haydns so gut wie ausgelöscht hatte und sogar Mozarts Stern am musikalischen Firmament nicht mehr so hell strahlte wie ehedem. »Und so begegneten wir uns auch in der Erfahrung, daß in einer Periode der jugendlichen Entwickelung Mozart uns fremd und dem unruhig strebenden, ins Unbegränzte schweifenden Sinn ein Meister unverständlich geworden sei, der den Gährungsproceß der Leidenschaft nicht im Kunstwerk vollzieht ... Darin waren wir uns einig daß, wer herangereift zu der Fähigkeit die Kunst als solche aufzufassen und zu empfinden sich Mozart hingiebt, dauernd von ihm gefesselt werden müsse, aber mit der Freiheit Alles was sonst schön und groß ist mit Wärme und Liebe zu umfassen.«

Dieses Gespräch war die Geburtsstunde der ersten »modernen« wissenschaftlichen Biographie Mozarts, denn einer der beiden Männer im Trauerzug war Otto Jahn (der andere Gustav Hartenstein), dessen monumentale Arbeit in vier Bänden 1856 zur Hundertjahrfeier der Geburt Mozarts zu erscheinen begann und drei Jahre später abgeschlossen wurde.[24] In ihr finden wir die nachfolgende lange Fußnote mit einer Schilderung von Konstanze:

> Ich kann es nicht unternehmen eine eingehende Charakteristik von Mozarts Frau zu geben, da mir zu wenig bestimmte Anhaltspunkte gegeben sind, auch in den Mittheilungen glaubwürdiger Personen, welche sie selbst gekannt haben. Denn diese haben sie erst in ihren späteren Jahren gekannt, und offenbar hatte der Ruhm Mozarts, der erst nach dem Tode desselben die Wittwe über seine Größe völlig aufklärte, und die Erinnerung an die gedrückte Lage, in welcher sie bei seinen Lebzeiten mit ihm hatte leben müssen, einen Wider-

> streit in ihren Vorstellungen hervorgerufen, den sie nicht ganz zu beherrschen vermochte. Ein unangemessener Stolz auf die Künstlergröße ihres Mannes begegnete sich mit einer herben Bitterkeit über seine Unfähigkeit seiner Familie eine sorgenfreie Existenz zu verschaffen, und während sie seine Liebe zu ihr aufrichtig anerkannte, war sie wiederum nicht abgeneigt ihm, und ihm ganz allein die volle Schuld ihrer damaligen schlechten Situation beizumessen. Dazu mochte wohl die Eigenthümlichkeit ihres zweiten Mannes, des Etatraths Nissen etwas beitragen. Denn dieser war ein Geschäftsmann von pünktlicher, ja peinlicher Genauigkeit, der seine Freude selbst an dem Mechanischen der Geschäftsführung, am Ordnen und Abschreiben von Papieren fand, sogar solcher, die ihn ihrem Inhalt nach nicht interessirten; so hat er nicht allein das Material zu der Biographie Mozarts zusammengebracht ... Bei seinem ehrenwerthen und braven Charakter hatte Constanze das volle Recht es dankbar zu erkennen, daß er ihr in ihrer hülflosen Lage beistand und ihr eine sorgenlose Existenz bereitete, und man kann es begreiflich finden, wenn Mozarts Andenken nach dieser Seite hin bei ihr in Schatten trat, während Nissen ihrem Stolz auf dessen Ruhm nicht gefährlich werden konnte. Allerdings begegnet man wohl der Vorstellung, als sei Constanze in ihrer Ehe mit Mozart die stille Dulderin gewesen, die unter dem Leichtsinn des genialen Künstlers, der im Leben leider stets ein Kind geblieben sei, nur zu leiden gehabt habe. Wenn ich nun diese gleich als unberechtigt zurückweisen muß, so bin ich darum doch weit davon entfernt etwa die Sache umzukehren und Constanze als den schuldtragenden Theil zu betrachten.

Meiner Meinung nach ging das Vorurteil gegen Konstanze Mozart von Leopold Mozart aus, und Leopolds Vorurteil hatte wiederum seine Ursache in Wolfgangs früher Beziehung zur Familie Weber. Die erste Begegnung mit den Webers hatte Mozart im Jahr 1778, und sie steht im Zusammenhang mit einer Reise nach Paris, die er mit seiner Mutter unternahm. Sie verbrachten en route viereinhalb Monate in Mannheim (30. Oktober 1777 bis 14. März 1778), wo Mozart hoffte, eine Anstellung beim Kurfürsten zu bekommen, und wo er sich in Aloysia, die Tochter Fridolin Webers (1733–79) – des Onkels Carl Maria von Webers – und Maria Cäcilies, verliebte. Der Vater hatte eine recht bescheidene Position als Baßsänger am Mannheimer Hof inne und besserte sein dürftiges Salär durch Notenkopieren und Soufflieren auf. Er hatte nur noch wenig mehr als ein Jahr zu leben, als Mozart seiner Tochter den Hof machte. Zwei der Töchter Webers sollten sich als Koloratursoprane einen großen Namen machen – die älteste, Josepha (Mozarts erste Königin der Nacht), und die zweite, Aloysia. Mozart kam auf die Idee, Aloysia und Josepha zusammen mit ihrem Vater nach Italien zu begleiten, und schlug völlig unbekümmert vor, auf dem Weg nach Italien mit seiner Entourage Salzburg einen Besuch abzustatten; er meinte, »meine schwester wird an der Mad:selle Weber [Aloysia] eine freündin und Cameradin finden«.[25] Maria Anna schrieb ihrem Ehemann: »Aus disen brief wirst du ersehen haben das wan der Wolfgang eine Neue bekandschaft machet er gleich gueth und blueth für solche leuthe geben wollte.«[26]

Leopold Mozart war entsetzt. Er blieb eine ganze Nacht lang wach, bevor er in großer Ausführlichkeit antwortete und mit einem beträchtlichen Maß an Geduld klarstellte, daß die italienische Unternehmung ein schlechter Plan sei: Noch nie hätte sich eine deutsche Primadonna in Italien durchgesetzt, bevor sie nicht viele Male in ihrer Heimat gesungen habe. »Dein Vorschlag (ich kann kaum schreiben, wenn ich nur daran denke) ... hätte mich beynahe um meinen Vernunft gebracht... Dein Brief ist nicht anders wie ein Roman geschrieben ...«[27] Wolfgang hatte sich inzwischen alles überlegt, und mit einigem Widerstreben und unter ständigem Druck von seiten Leopolds machten sich Mutter und Sohn auf den Weg nach Paris. Dort starb am 3. Juli 1778 Mozarts Mutter, und Wolfgang beabsichtigte, Aloysia und ihren Vater für den kommenden Winter nach Paris zu importieren[28], aber auch aus diesem Vorhaben wurde nichts, nicht zuletzt weil Wolfgangs eigene Anstrengungen, die französische Hauptstadt zu erobern, gelinde gesagt erfolglos geblieben waren. Leopold schrieb in einem Brief vom 3. September 1778: »Was die Mdss.le Weber anbetrifft so darfst du gar nicht glauben, als hätte ich etwas gegen diese Bekanntschaft. alle junge Leute müssen am Narrnseil lauffen. du kannst, wie itzt, deinen Briefwechsel fortsetzen ...«[29] Immerhin wurde er den Webers gegenüber äußerst argwöhnisch. In einem anderen Brief (23. November 1778) meint er: »H: Weber ist ein Mann, der, wie die meisten derley Leute sind ... Er schmeichelte dir, da er dich nötig hatte ...«[30]

Mozart traf am Weihnachtstag 1778 in München ein[31]. Gekleidet in seinen französischen Traueranzug (roter Rock und schwarze Knöpfe), fand er Aloysia mit anderen Leuten in einem Zimmer vor. »Sie schien den, um welchen sie ehedem geweint hatte, nicht mehr zu kennen. desshalb setzte sich Mozart flugs an's Clavier und sang laut: ›Ich lass das Mädel gern, das mich nicht will.‹«[32] In der Biographie von Nissen heißt es weiter:

> Von nun an suchte ihre Schwester *Constanze*, die vielleicht mehr für sein Talent, als für seine Person fühlte, und Mitleiden für den Betrogenen hatte, welches er von der *Aloysia* erdulden musste, ihn zu unterhalten. Er unterrichtete sie im Pianoforte, als eine lernbegierige Schülerin, mit Vergnügen. Später sahen sie sich in Wien wieder, und es fand sich, daß *Constanze* mehr Eindruck auf Mozart als einst Aloysia gemacht hatte.

Man kann sich Leopolds tiefes Mißtrauen vorstellen, als Wolfgang im Dezember 1781 seinem Vater gestand, er habe sich in Konstanze verliebt (die Familie Weber war wie Wolfgang inzwischen nach Wien übersiedelt). In einem Brief an seinen Vater vom 15. Dezember 1781 findet sich Mozarts erstaunlich vernünftige und sogar kühl-nüchterne Beschreibung der Töchter:

> die Älteste [Josepha] ist eine faule, grobe, falsche Personn, die es dick hinter den ohren hat. – die Langin [Aloysia hatte

> mittlerweile (1780) einen Hofschauspieler namens Lange geheiratet] ist eine falsche, schlechtdenkende Personn, und eine Coquette. – die Jüngste [Sophie] ist noch zu Jung um etwas seyn zu können. – ist nichts als ein gutes aber zu leichtsinniges geschöpf! gott möge sie vor verführung bewahren. – die Mittelste aber, nemlich meine gute, liebe konstanze ist – die Marterin darunter, und eben deswegen vieleicht die gutherzigste, geschickteste und mit einem worte die beste darunter... sie ist nicht hässlich, aber auch nichts weniger als schön. – ihre ganze schönheit besteht, in zwey kleinen schwarzen augen, und in einen schönen Wachsthum. sie hat keinen Witz, aber gesunden Menschenverstand genug, um ihre Pflichten als eine frau und Mutter erfüllen zu können... versteht die hauswirthschaft, hat das beste herz von der Welt – ich liebe sie, und sie liebt mich vom Herzen...[33]

Aber böse Zungen hinterbrachten Leopold finstere Kunde von der arglistigen Familie Weber. Sie hatte auf einem Heiratsvertrag mit Wolfgang bestanden, der bei all seiner ungewöhnlichen Begabung schließlich und endlich doch nur ein freischaffender Musikus war mit vielleicht grenzenlosen Aussichten, aber ohne festes Gehalt. Die Familie verlangte von Mozart die Unterzeichnung einer Erklärung, »daß ich mich verpflichte in zeit [von] 3 Jahren die Mad:selle Constance Weber zu eheligen; wofern sich die ohnmöglichkeit bey mir ereignen sollte, daß ich meine gedanken ändern sollte, so solle sie alle Jahre 300 fl: von mir zu ziehen haben«. Sobald Konstanzes Vormund gegangen war, ließ sie sich das Dokument geben und zerriß es mit den Worten: »lieber Mozart! ich brauche keine schriftliche versicherung von ihnen, ich glaube ihren Worten so.«[34]

Trotz der augenscheinlichen Aufrichtigkeit der beiden unterstellte Leopold das Schlimmste: daß nämlich Madame Weber und Konstanzes Vormund »Verführer der Jugend« seien und daß man sie die Straßen fegen lassen sollte wie die Prostituierten zu Maria Theresias Zeiten. Leopold hatte auch vernommen, Madame Weber trinke oft ein Glas zuviel, und Wolfgang mußte (in einem Brief vom 10. April 1782) zugeben, »daß sie gerne trinkt, und zwar mehr -- als eine frau trinken sollte«.[35]

Konstanze war, wie auch ihre ältere Schwester Aloysia, so etwas wie ein Flirt – eine Wiener Spezialität, die sich in zweihundert Jahren gleichgeblieben ist. In einem Brief vom 29. April 1782 hadert Wolfgang mit ihr, »daß sie sich von einem Chapeaux haben die Waden messen lassen. – das tut kein frauenzimmer welches auf Ehre hällt.«[36] Konstanze war mittlerweile aus der Wohnung ihrer Mutter ausgezogen und lebte bei der Baronin Waldstätten, die, ihrerseits von ihrem Mann getrennt lebend, mit dem neu verlobten Paar Freundschaft schloß. Konstanze scheint schnippisch erwidert zu haben, die Baronin habe auf einer Party das gleiche getan.

> »so ist es ganz was anders,« entgegnete Mozart, »weil sie schon eine übertragene frau (die ohnmöglich mehr reitzen kann) ist. – und über=haupts eine liebhaberin vom Et caetera ist. – Ich hoffe nicht, liebste freundin, daß sie Jemals so ein leben führen wollten, wie sie, wenn sie auch nicht meine frau seyn wollen.«

Daß Konstanze alle diese Briefe aufbewahrte, zeigt, daß sie ihr Benehmen keineswegs als ungebührlich empfand. Sie und Nissen unterdrückten gewisse Briefe oder Briefstellen, als sie in der Biographie Nissens veröffentlicht wurden, hauptsächlich, um noch lebende Personen zu schonen.

Wolfgang hoffte sehnlichst auf väterliche Zustimmung. Er erhielt sie nicht sofort, aber schließlich gab Leopold widerstrebend seinen Segen, nachdem Wolfgang am 4. August 1782 mit Konstanze im Stephansdom getraut worden war. In einem Brief vom 7. August nach Salzburg lesen wir:

> als wir zusamm verbunden wurden fieng so wohl meine frau als ich an zu weinen; – davon wurden alle, sogar der Priester, gerührt. – und alle weinten, da sie zeuge unserer gerührten herzen waren.[37]

In einem Brief fügte Mozart zehn Tage später hinzu:

> wir sind auch schon eine geraume Zeit lediger allzeit mitsammen so wohl in die hl: Messe als zum Beichten und Communiciren gegangen – und Ich habe gefunden daß ich niemalen so kräftig gebetet, so andächtig gebeichtet und Communicirt hätte als an ihrer Seite; – und so gieng es ihr auch; – mit einem Worte wir sind für einander geschaffen – und gott der alles anordnet, und folglich dieses auch also gefüget hat, wird uns nicht verlassen.[38]

Nicht Gott, sondern deutsche Musikwissenschaftler verunglimpften diese Ehe. Es ist schwer zu sagen, wann das begann. In der großen Biographie von Hermann Abert (1919–21) lesen wir eine für die damalige Zeit neue Betrachtungsweise.[39] Konstanze war zu Beginn ihrer Ehe mit Mozart ein törichtes und verantwortungsloses Mädchen, das jedoch unter seiner behutsamen Führung und mehr noch unter den weisen diplomatischen Augen Nissens sich besserte und zum Lebensende eine brave Bürgerin und Mutter wurde. Abert schildert sie als Sproß einer Familie von »allgemeiner sittlicher Entartung«, an der sie »ihren angemessenen Anteil hatte«. Die bestand »vor allem in einem gänzlichen Mangel an innerer Zucht, an Sittlichkeit in höherem Sinne«. Konstanze zerriß den Ehevertrag »sicher nicht aus innerem Herzenstakt, sondern aus einer augenblicklichen sentimentalen Wallung heraus«. Die deutsche Musikforschung weiß es besser: »Es ist außer Frage, daß sie als Mozarts Braut, unter dem Einflusse der Mutter, eine richtige ›Weberische‹ in Leopolds Sinne war ... [Sie war] ohne jede Ahnung von den sittlichen Grundlagen ihrer künftigen Ehe.« Und so geht es weiter.

Arthur Schurigs Biographie von 1913 stellt Konstanze als ein intrigantes, törichtes Sexsymbol hin. Sie hatte »vom tiefsten einsamen Innenleben Mozarts zu keiner Zeit ihres Lebens eine Ahnung«. Ihre Sexualität fanden deutsche Wissenschaftler ganz besonders abstoßend; so »raubt die Ehe Mozarts künstlerischer Zeugungskraft die Intensität«.[40]

Wolfgang Hildesheimer, dessen Mozart-Biographie von 1977 letzten Endes Peter Shaffers *Amadeus* und einer fünfteiligen französischen Fernsehdokumentation über Mozart (geschrieben von Beatrice Rubinstein und Marcel Bluwal) den Weg bereitete, hat folgendes dazu zu sagen:

> Constanze war eine leichtlebige, dabei triebhafte Natur, sie gewährte Mozart – und vielleicht nicht nur ihm – erotische, zumindest sexuelle Befriedigung, wäre aber unfähig gewesen, ihm jenes Glück zu spenden, dessen ein Geringerer zu seiner Selbstverwirklichung bedurft hätte .... Es ist unwahrscheinlich, daß sie jemals psychisch gelitten hat, und auch ihre physischen Leiden betrachten wir mehr als willkommenen Vorwand zu Badekuren ...[41]

Hildesheimers Buch hatte eine interessante Nebenwirkung. Es bekam eine positive Besprechung in der *New York Review of Books* durch Alan Tyson[42], einen hochgeachteten Wissenschaftler. In dieser Besprechung äußerte Tyson die Meinung, der Vater von Konstanzes jüngstem Sohn, Franz Xaver Wolfgang, der am 26. Juli 1791 zur Welt kam, sei Süßmayr gewesen (daher trug er die ersten beiden Vornamen) und Mozart sei sich über die Situation, in der Tat eine reizende *ménage à trois*, durchaus im klaren gewesen. Tyson übernahm diese bemerkenswerte und bizarre Idee von einem wissenschaftlichen Artikel von Dieter Schickling.[43] Von Hildesheimers Verständnis bis zu Schicklings These, daß nämlich Konstanze regelmäßig mit Mozarts Schüler Süßmayr geschlafen und sich damit einverstanden erklärt habe, dem Kind ihrer sittenwidrigen Verbindung die Vornamen des Ehebrechers zu geben, schien es nur ein logischer Schritt zu sein.

Der junge deutsche Musikwissenschaftler Volkmar Braunbehrens ist (1986) der erste, der gegen diese niederträchtige Diffamierung von Konstanze ernsthaften Einspruch erhoben hat. Er stellt fest, daß Leopold Mozart, obwohl ihm die ganze Familie Weber zuwider war, bei seinem Aufenthalt in Wien bei Konstanze und Wolfgang nichts auszusetzen fand.[44] »Dennoch geht die bis heute andauernde Aversion gegen Konstanze Mozart vermutlich auf ihn [Leopold] zurück ...«

Alle anderen deutschen Mozart-Forscher haben sich bei ihren Untersuchungen über Konstanze auf Leopold bezogen. Aber dann wäre Konstanze in einem völlig anderen Licht erschienen. Dazu sagt Braunbehrens abschließend:

> Halten wir uns also an das wenige, das sonst von Konstanze Mozart aus der ersten Zeit ihrer Ehe bekannt ist, und bekennen wir ebenso offen, daß dieses wenige zu einem umfassenden Bild ihrer Persönlichkeit nicht ausreicht – allerdings auch nicht den geringsten Grund für irgendein abschätziges Urteil liefert.

Anhang A

Mozarts Wohnung und Garderobe

Eine Studie mit Abbildungen von Else Radant

Das bürgerliche Wohnhaus im Wien des 18. Jahrhunderts war im großen und ganzen noch durch die Form und Größe der Grundstücke aus der Zeit der Gotik bestimmt. Grund und Boden waren teuer, und so waren die einzelnen Parzellen lang und schmal, die meisten zur Gasse hin nur circa 12 Meter breit. Um einen Lichthof, der oft ein Drittel der Grundstücksbreite ausmachte, erstreckte sich ein Seiten- und Hintertrakt. Zu den oberen Stockwerken gelangte man über Wendeltreppen, die häufig anzutreffen waren, weil sie noch den wenigsten Platz wegnahmen; es gab jedoch auch geradläufige Treppen. Im Laufe des 18. Jahrhunderts setzte sich mehr und mehr eine rationellere Bauweise durch. Feuerstellen lagen in den einzelnen Stockwerken übereinander, Heizkammern zur Beheizung der Öfen wurden eingebaut und schliefbare Kamine. Die Häuser und Wohnungen zeigten eine gewisse Einheitlichkeit. Jedes Haus hatte eine eigene Brandmauer und mußte in sich abgeschlossen sein.

Das Haus Nr. 970[1], in dem Mozart während seines letzten Jahres lebte, entsprach diesem Typus. Es ist auf dem zwischen 1769 und 1774 entstandenen Stich (Abb. 14) von Joseph Daniel von Huber aus der Vogelperspektive durch seine vorgezogene Fassade deutlich zu erkennen, und zwar als das dritte Haus in der damaligen Rauhensteingasse[2]. Die Eigentümerin des Hauses war von 1775 bis 1795 Elisabeth Dabokur (eigentlich d'Abokur). Die meisten Häuser in Wien hatten einen Namen; Madame

12 *Das Eckhaus in der Rauhensteingasse in Wien, in dem Mozart mit seiner Familie während seines letzten Lebensjahres eine Wohnung im ersten Stock bezogen hatte. An der Ecke mit zwei Fenstern an der Front und einem an der Seite des Hauses befand sich Mozarts Arbeitszimmer.*
Aquarell von J. Wohlmuth, um 1820.

13 *Frontansicht des Hauses in der Rauhensteingasse von Adam Hildwein (1806). Im Gegensatz zur bisherigen Annahme gehörten nur die beiden linken Fenster des ersten Stocks zur Wohnung Mozarts. Der Zugang war durch den großen Torbogen im Parterre.*

14 *Ausschnitt aus einem Stich von Wien und seinen Vorstädten aus der Vogelperspektive von Joseph Daniel von Huber, 1769–1774. Das Haus in der Rauhensteingasse ist durch einen Pfeil angezeigt.*

d'Abokurs Haus war das »Kleine Kaiserhaus«.

Als das Haus im Jahre 1806 umgebaut werden sollte, reichte der Architekt Adam Hildwein Pläne ein, die zwei Versionen vorsahen; beide sind in Kopien Emil Hütters aus dem Jahre 1873 erhalten: ein Aufriß der Vorderfront des Hauses (Abb. 13) und ein Grundriß des 1. Stockwerks (Abb. 15), in dem Mozarts Wohnung lag, die Konstanze 1790 während des Frankfurt-Aufenthalts ihres Mannes bezogen hatte.

So wertvoll die Zeichnungen für uns sind, sie lassen dennoch keine exakten Rückschlüsse auf die Wohnung und Wohnverhältnisse Mozarts zu. Wir sehen unten im Plan die Gassenfront mit einem zur Himmelpfortgasse gelegenen Fenster (links) sowie eine dünne Linie, die die Front des von der Rauhensteingasse zurückversetzten Nachbarhauses andeutet. Das Eckzimmer linker Hand mit den drei Fenstern war nach der Überlieferung Mozarts Arbeitszimmer. Die Auflistung des Mobiliars in der »Sperrs-Relation« (die nach Mozarts Tod vorgenommene Bestandsaufnahme seines Hab und Guts) dürfte dies bestätigen) (siehe S. 252/253). Hinter diesem Zimmer lagen noch vier weitere Räume, das Treppenhaus und ein rechteckiger Raum, der nach von Hubers Stich ein Quertrakt gewesen sein könnte.

Außerdem ist in der Mitte der Lichtschacht eines großen viereckigen Hofs zu erkennen und rechts eine zweite Wohnung, die über eine Wendeltreppe zu erreichen war. Die in der Bauzeichnung heller schraffierten Mauern – auf der Kopie sind sie rot eingezeichnet – zeigen die geplanten Neu- und/oder Umbauten an: also rechts ein zweites großes Treppenhaus und in der Mitte ein zweiter Hof sowie ein schliefbarer Kamin mit Anschlüssen für vier Öfen, im Plan durch vier kleine Ringe angedeutet. Im dritten Zimmer links sollte ebenfalls ein Kamin eingebaut werden sowie ein Luftschacht gegenüber dem neuen Hof. Zwischen dem dritten und vierten Zimmer befindet sich eine Mauer von offenbar nicht überall gleicher Dicke, was vermuten läßt, daß sich hier zu Mozarts Lebzeiten eine Verbindungstür befand. Die rechte Brandmauer ist ebenfalls rot schraffiert. Wenn die Darstellung aus der Vogelperspektive bei von Huber genau ist, war im Jahr 1806 das Ne-

Neue
Markt
Francise:
Platzel

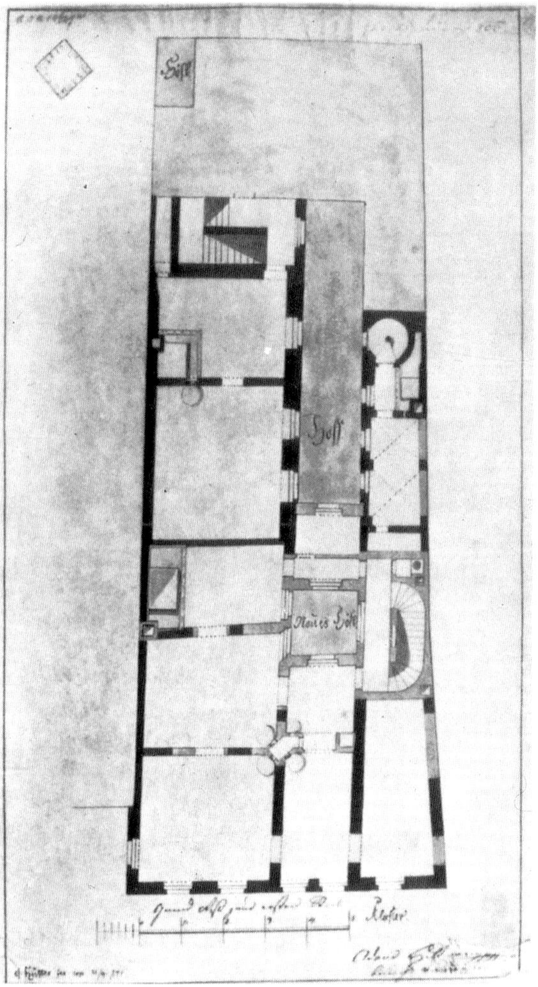

15 *Grundriß der Wohnung Mozarts von Adam Hildwein (1806). In der Mitte der von ihm geplante neue Hof (»Neues Höfl«) und rechts das Stiegenhaus.*

16 *(gegenüber): Grundriß der Wohnung Mozarts in einer Rekonstruktion von Alfred Lechner (1987), wie sie zu Mozarts Lebzeiten war, mit der vermutlichen Aufstellung seiner Möbel:*

A Kleiner Hof
B Toilette (für das nächste Stockwerk)
C Toilette
D Eingang und Stiegenhaus zu Mozarts Wohnung
E Diele und Küche
F Kamin
G Ofen
H Hof
I Ofen und Rauchabzug
J Wohnzimmer
K Salon
L Billardzimmer
M Arbeitszimmer

Gegenstände, die in der Sperrs-Relation vom Dezember 1791 aufgeführt wurden:

In der Diele und der Küche [E]
2 Tische aus Fichtenholz, desgleichen ein alter Schrank, 1 Spanische Wand, 2 Bettgestelle aus Fichtenholz, 1 Wandschrank mit Türen, dazu eine kleine Anzahl von Küchengeräten. [Getrennt aufgeführt:] 1 einfaches Dienstbotenbett.

benhaus niedriger als zu Mozarts Zeiten, und diese roten Einzeichnungen bedeuten zugemauerte Öffnungen.

Im 19. Jahrhundert wurde das Haus Nr. 970 abgebrochen, drei Parzellen legte man zusammen und baute einen großen Wohnblock, der seinerseits nach dem Zweiten Weltkrieg einem Neubau weichen mußte. Heute steht an dieser Stelle das Kaufhaus Steffel, in dessen 3. Stock sich eine kleine Mozart-Gedenkstätte befindet.

Was wissen wir nun wirklich über Mozarts Wohnung? Allgemein heißt es, daß sie düster war. Mozarts Schüler Süßmayr beschrieb sie als dunkel; überdies, daß in einem Zimmer die Fenster zum Lichthof hin lagen. Die erwähnte »Sperrs-Relation« gibt eine genaue Aufstellung der Möbel in der Wohnung. Daher wissen wir, daß die Wohnung aus vier Zimmern und einer Diele bestand, die zugleich als Küche diente. Alle diese Informationen deuten darauf hin, daß die Mozarts die linke Wohnung – aufgeteilt in vier hintereinander liegende Zimmer – mit Zugang von der großen

Einrichtungsgegenstände im ersten Zimmer [J]
2 Kommoden aus Hartholz, 1 Sofa und 6 mit Kanevas bezogene Sessel,
2 kleine Stühle, 1 Eckschrank aus Fichtenholz, 1 Kommode, 1 Garnitur Jalousien, 2 Vorhänge.

Im zweiten Zimmer [K]
3 Tische aus Hartholz, 2 Diwane und 6 Sessel, mit steifem Leinen bezogen,
2 lackierte Geschirrschränke mit Türen,
1 Spiegel in vergoldetem Rahmen,
1 einfacher Mittellüster, 1 Garnitur auf Rahmen kaschierte Tapeten, 3 Porzellanfiguren, 1 Porzellandose.

Im dritten Zimmer [L]
1 Tisch aus Hartholz, 1 Billardtisch mit grünem Filz und 5 Kugeln, 12 Queues, 1 Leuchte und 4 Kerzenhalter,
1 eiserner Ofen mit Rohr.
[Getrennt aufgeführt:] 1 Ehe- und 1 Kinderbett.

Im vierten Zimmer [M]
1 Tisch aus Hartholz, 1 Chaiselongue und 6 Sessel, bezogen mit altem Damast,
1 Rollpult, 1 Uhr mit Räderwerk in goldenem Gehäuse, 1 Fortepiano mit Pedal,
1 Viola mit Kasten, 1 lackiertes Schreibkabinett, 2 Bücherregale aus Fichtenholz, 60 Stück verschiedenes Porzellan,
1 Messingstößel, 31 Kerzenhalter aus Messing, 2 Süßigkeitenquetscher, 2 gläserne Kerzenhalter, 1 metallener Teetopf, 1 lackiertes Tablett, einige einfache Gläser

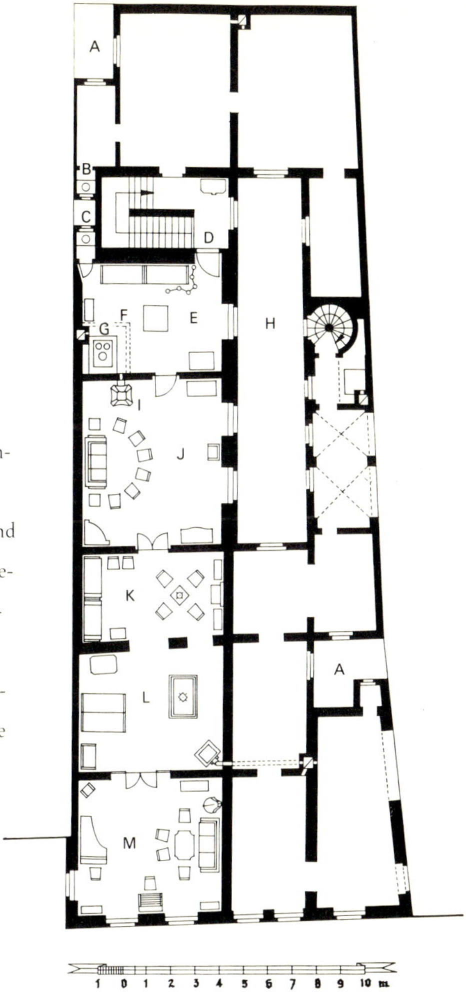

Treppe bewohnten. Dr. Alfred Lechner von der Technischen Hochschule Wien hat es dankenswerterweise unternommen, den ganzen ersten Stock zu rekonstruieren, und auch versucht, die in der »Sperrs-Relation« angeführten Möbel zu plazieren (siehe Abb. 15 und 16).

Man betrat also Mozarts Wohnung offensichtlich von dem hinten liegenden Treppenhaus her und gelangte in die Diele/Küche. In der Ecke der Küche war ein großer Kamin mit Rauchabzug für den Ofen im Wohnzimmer, das Süßmayr als dunkel mit Fenstern, die auf den Lichthof gingen, beschrieb. Der anschließende Raum hatte kein Fenster[3] und erhielt sein Licht lediglich durch das Billard- und das Arbeitszimmer; er war dunkel und hatte in der Mitte einen Lüster. Das Billardzimmer war möglicherweise durch eine große Glastür von Mozarts Arbeitszimmer getrennt; letzteres war das hellste und luftigste von allen.

Früher hatte man eine völlig andere Aufteilung von Mozarts Wohnung

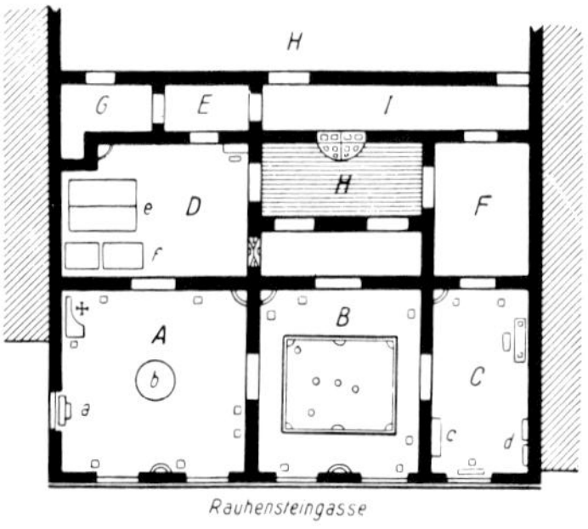

17, 18 *Skizze von Mozarts Arbeitszimmer aus dem 19. Jahrhundert von Johann Peter Lyser und Grundriß der Wohnung.*

A Musikzimmer, in dem Mozart starb
a) sein letztes Pult
b) Tisch
B Billardzimmer
C Arbeitszimmer
c) Spinett
d) Wandschrank
D Schlafzimmer
e) Doppelbett
f) Kinderbett
E Ankleideraum
F Diele
G Küche
H Hof
I Korridor

angenommen. Zur Hundertjahrfeier des *Don Giovanni,* 1887, brachte das *Wiener Extrablatt* am 29. Oktober eine Skizze und einen Grundriß von Mozarts Arbeitszimmer (Abb. 17 und 18) von Johann Peter Lyser, dessen unermüdlicher Feder wir viele Zeichnungen von Beethoven (wahrscheinlich alle posthum) verdanken. Lysers Skizze gründete sich auf eine Besichtigung des Hauses, bevor es 1849 abgerissen wurde, und sie ist wegen des Flügels aus der Zeit um 1825 bemerkenswert. Als Lyser sich das Haus anschaute, war offensichtlich einiges verändert worden. Wir erkennen auf seinem Plan den zweiten, von Hildwein vorgesehenen Hof, um den sich damals die Wohnung gruppierte, den neuen Kamin mit den Öfen und links den ebenfalls von Hildwein beabsichtigten Anbau an das Haus. Lyser vermutete offensichtlich die Lage der zu einer Wohnung gehörenden Räume parallel zur Front des Hauses und nicht eine Zimmerflucht von vorne nach hinten.

Die Einrichtung einer bürgerlichen Mietwohnung im Wien des 18. Jahrhunderts war denkbar einfach. Charakteristisch für die Möbel der Josephinischen Epoche, in der Mozart heiratete und seinen Hausstand gründete, waren gerade Linien (als Abkehr von den Schnörkeln des Rokoko) und eine hervorragende handwerkliche Verarbeitung. Die auf Abb. 19 und 20 gezeigten Gegenstände sind typische Beispiele für Möbel, die in Mozarts Wohnung gestanden haben könnten. Man orientierte sich zwar noch an französischen Vorbildern, entwickelte aber – auch eine Folge der Wiederentdeckung der An-

19, 20 *Möbelstücke in der Art, wie sie Mozart besaß. Oben: Gußeiserner Ofen mit Messinggestell und Messingfüßen; süddeutsch, circa 1780/1790, Gesamthöhe 160 cm. Unten: Nachttisch, Kirschholz, furniert und poliert, mit Schiebetür; österreichisch, circa 1780/1790.*

tike durch Winckelmann – einen typisch wienerischen Stil, bei dem klassische Ornamente vorherrschten und Vergoldungen die französischen Bronzeapplikationen ersetzten.

Auch die Polsterung von Sofas und Sesseln war überaus einfach, zumeist aus »Kanevas«, einer Art Segelleinen, und in gedämpften Farben gemustert. Erst mit dem österreichischen Biedermeier kamen grellere Farben auf. Das in der »Sperrs-Relation« erwähnte »papierene Spalier« waren auf Rahmen kaschierte Tapeten, die beliebig an- und abmontiert werden konnten.

Mozarts Garderobe scheint nach der jeweils neuesten Mode gewesen zu sein: Für die Krönung Leopolds II. in Frankfurt im Jahr 1790, anläßlich der er in öffentlichen Konzerten wie auch in privaten Salons auftrat, mußte er sich vermutlich neu ausstaffieren. Einige Anhaltspunkte für die Mode der Zeit gibt das *Journal des Luxus und der Moden* (Bd. V, Weimar 1790), das seine Leser wissen läßt:

Zu Beinkleidern bedient man sich schon seit einigen Jahren [. . .] zum täglichen Gebrauche des Casimirs [ein Kammgarnstoff] und zumal im Sommer des strohfarbenen, auch aschgrauen und Couleur sur Couleur gestreiften (ganz neumodischen) Nankings, auch des weißlichen, grünlichen und schwefelfarbigen Tuches. [. . .] Gillees [eine Art Weste] sind auch hier sehr im Gebrauch. [. . .] Man fängt an sie von einfarbigen, gestreiften oder gewürfelten Manchester zu tragen. [. . .] Jetzt fangen wir an Stiefel zu tragen [. . .] sind wir beschuht, so tragen wir [. . .] stahlgraue seidene Strümpfe. [Den warmen Überrock] tragen wir so lang, daß er fast die Absätze der Stiefel erreicht und von selbstbeliebigen Farben.

In Band IV ist »ein Teutscher Elegant von neuester Mode« abgebildet. Sein Anzug wird so geschildert: »Der feine Herr ist ein Mittelding von Engländer und Franzosen«:

1. Seine Frisur en Grecque carré à dos d'âne [gekräuseltes Haar, zurückgekämmt in vielen Löckchen und in einem Zopf endend; Mozarts Frisur wie in dem unvollendeten Porträt von Lange von 1789/1790 (s. Abb. 11)].
2. ein dickes englisches Halstuch von Mußeline
3. einen anglo français Frack
4. ein Gillet en fond filoche
5. straff anliegende Beinkleider von Bleu mignon oder hellblauem Casimire
6. zwey große Uhrketten
7. blau-weiß quadrirte seidne Strümpfe
8. zur Zeit noch schwarze Schuhe
9. in der Hand einen Huth à l'Andromane und rosa gefüttert, denn der Huth ist für die Hand, nicht für den Kopf.

Mozart besaß einen Nanking-Rock (nach der »letzten Mode«) sowie einen aus Manchester (Baumwolle) und noch andere aus weißem, blauem und rotem Material; außerdem hatte er einen langen Mantel und drei Paar Stiefel. Er war sich also – wie seine finanzielle Lage auch gewesen sein mag – der Mode seiner Zeit bewußt und hielt mit ihr Schritt.[4]

21, 22 *Galaanzüge in der Art, wie sie Mozart trug. Oben: Gehrock, österreichisch, um 1780, mit Stickereien. Unten: Justaucorps oder Jackett, österreichisch, circa 1780/1790.*

Anhang B · Tanzmusik für den Wiener Hof

Mozarts thematisches Werkverzeichnis für das Jahr 1791 führt die folgenden Tänze auf:

23. Januar: Sechs Menuette, KV 599. Mozart eig. Verz.: »6 *Menuetti* für die Redoute. – mit allen Stimmen.«

29. Januar: Sechs deutsche Tänze, KV 600. Mozart eig. Verz.: »6 *Teutsche*. – mit allen Stimmen.«

5. Februar: Vier Menuette, KV 601; Vier Deutsche, KV 602. Mozart eig. Verz.– »4 Menuett, und 4 Teutsche«. – Zwei Kontretänze, KV 603. Mozart eig. Verz.: »*Zwey Kontretänze*. –« Von Mozart als »kontertänze« bezeichnet; der erste von ihnen in D-Dur ist für ein voll besetztes Orchester mit Trompeten und Pauken.

12. Februar: Zwei Menuette, KV 604; Zwei (drei) deutsche Tänze, KV 605. Mozart eig. Verz.: »2 Menuett, und 2 Teutsche. –« KV 605, Nr. 3 mit den reizenden Posthornsoli und den gestimmten Schlittenglocken erhielt den Namen *Die Schlittenfahrt* und wurde sofort populär; bis heute eine der beliebtesten Tanzkompositionen Mozarts.

28. Februar: Kontretanz, KV 607; Sechs »Landlerische«, KV 606. Mozart eig. Verz.: »1 Contre-Danse. Il Trionfo delle Donne. und 6 Landlerische.« Der Kontretanz basiert auf Motiven aus der Oper *Il trionfo delle donne* von Pasquale Anfossi, die zur damaligen Zeit in Wien populär war; ursprünglich hieß sie *La forza delle donne*. Die Ländler KV 606 sind für kleines Orchester.

6. März: Kontretanz »Les filles malicieuses«, KV 610 oder (in leicht veränderter Instrumentierung) KV 609, Nr. 5. Mozart eig. Verz.: »1 Contredanse.« – Deutscher Tanz »Die Leyerer«, KV 611. Mozart eig. Verz.: »Die Leyerer. – 1 Teutscher mit Leyerer Trio.« KV 611 für großes Orchester mit Trompeten und Pauken; das Wort »Leyerer« steht für eine Art Drehleier, ein Instrument mit einem Bordunbaß. Das Trio von KV 611 besitzt etwas von jener resignierenden Bitterkeit gewisser französischer Gemälde mit Darstellungen alter Männer oder von Bettlerjungen mit der Drehleier, wie etwa der berühmte »Spieler« von De la Tour (Musée des Beaux-Arts, Nantes). Vgl. auch das Schlußlied der *Winterreise* von Franz Schubert.

Anhang C · Tanzmusik im Verlag Artaria & Co.

Die folgenden Tanzmusikkompositionen Mozarts wurden durch das Wiener Verlagshaus Artaria & Co. im Jahr 1791 veröffentlicht:

KV 585: 12 Menuette für Orchester (Dezember 1789); erste Ausgabe für Klavier, Artaria, Ed.-Nr. 347* (angekündigt in der Wiener Zeitung, 10. August 1791; von dieser Ausgabe erschienen nicht weniger als drei Auflagen).

KV 586: 12 Deutsche Tänze für Orchester (Dezember 1789); Erstausgabe für Klavier, Artaria, Ed.-Nr. 348 (gleiches Datum, drei Auflagen).

KV 599, 601, 604: 12 Menuette für Orchester (1791); Erstausgabe für Klavier, Artaria Ed.-Nr. 344 (gleiches Datum wie KV 585, vier Auflagen).

KV 600, 602, 605: 12 Deutsche Tänze für Orchester (1791); Erstausgabe für Klavier, Artaria Ed.-Nr. 345 (gleiches Datum wie KV 585, vier Auflagen; in Wirklichkeit waren es 13 und nicht 12 Tänze).

* Zu dieser Zeit numerierten Verleger ihre Publikationen fortlaufend, ein Verfahren, das die Datierung erleichtert.

Anhang D

Analyse der für *La clemenza di Tito* verwendeten Papiersorten

In seiner Untersuchung der Papiersorten, die Mozart für die Komposition von *La clemenza di Tito* verwendete, hat Alan Tyson* die nachfolgende Aufschlüsselung erstellt:

Typ I. Wasserzeichen: In beiden Schöpfformen steht links spiegelverkehrt CS über c; drei Monde über spiegelverkehrtem REAL finden sich rechts. TS** = 182,5– 183 mm.

Typ II. Wasserzeichen: In beiden Schöpfformen steht links spiegelverkehrt FC; drei Monde befinden sich rechts. TS = 186,5, 187, 187,5 mm.

Typ III. Wasserzeichen: In Schöpfform »a« stehen links spiegelverkehrt drei Monde über REAL; rechts sind ein nach links oben gerichteter Pfeil und Bogen über AM; in Schöpfform »b« stehen links Pfeil und Bogen über MA; drei Monde über REAL befinden sich rechts (somit sind die beiden Schöpfformen weder identisch noch spiegelverkehrt). TS = 184, 184,5, 185, 185,5 mm.

Typ IV. Wasserzeichen: In beiden Schöpfformen befinden sich links drei Monde; rechts ist eine Krone über G über RA. TS = 188,5 mm.

Typ V. Wasserzeichen: Ein nach außen gerichteter Mond ist auf der einen, ein Stern mit sechs Zacken auf der anderen Seite. Das symmetrische Dessin der beiden Formen erschwert eine Unterscheidung. TS = 21 mm (2 Systeme) × 6.

Typ I	Nr. 1 (Duett): Vitellia, Sextus Nr. 7 (Duett): Servilia, Annius Nr. 10 (Terzett): Vitellia, Annius, Publius
Typ II	Nr. 3 (Duettino): Sextus, Annius Nr. 5 (Chor) Nr. 6 (Aria): Titus Nr. 15 (Chor mit Solo): Titus Nr. 18 (Terzett): Sextus, Titus, Publius Nr. 19 (Aria), bis zum Allegro (3 Blätter): Sextus Nr. 20 (Aria), erste 4 Blätter: Titus Nr. 24 (Chor) Nr. 26 (Sextett), alle Orchesterstimmen, ausgenommen die Bläser, alle Solisten und Chor
Typ III	Nr. 9 (Aria): Sextus Nr. 13 (Aria): Annius Nr. 14 (Terzett): Vitellia, Sextus, Publius Nr. 16 (Aria): Publius Nr. 17 (Aria): Annius Nr. 19 (Aria), vom Allegro an (letzte 6 Blätter): Sextus Nr. 20 (Aria), letzte 4 Blätter: Titus Nr. 21 (Aria): Servilia Nr. 22 (Accompagnato-Rezitativ), ausgenommen letzte 6 Takte: Vitellia Nr. 23 (Aria), erste 2 Blätter: Vitellia Nr. 26 (Sextett), Bläserstimmen
Typ IV	Nr. 23 (Aria), letzte 8 Blätter: Vitellia
Typ V	s. unten

Das Notenpapier des Typs I hatte Mozart anscheinend gerade noch zur Hand. Er hatte es für Werke wie *Così fan tutte* (1789) und andere 1790 vollendete Kompositionen verwendet. Bevor Mozart wußte, daß die Partie des Sextus

* »*La clemenza di Tito* and its chronology«; in: *Musical Times*, CXV (1975), 221–27.

** TS = »Totale Spannweite«, also die Abmessung zwischen den Notenzeilen; genauer: der Abstand in Millimetern zwischen der obersten Linie der ersten Notenzeile und der untersten Linie der untersten Notenzeile (nach Tyson). Dieses System der Zeilenlinierung oder Rastrologie ist eine neue und präzise Wissenschaft. Die Notenzeilen wurden entweder von Hand gezogen oder mittels einer kleinen maschinellen Vorrichtung mit klauenähnlichen Eigenschaften.

von einem Kastraten gesungen würde, hatte er sie für einen Tenor geschrieben: Frühe Versionen der Nummern 1 (Duett) und 3 (Duettino) in der Bibliothek der Kgl. Musikakademie Stockholm haben noch eine Tenor-Notierung, und alle sind auf Typ I. Dieses Papier findet auch Verwendung für einen Entwurf des Terzetts Nr. 14 aus Akt II (Deutsche Staatsbibliothek Berlin). Typ II war Tyson zufolge die nächste Papiersorte, die Mozart benutzte, immer noch nicht gewillt, irgendwelche Soloarien in Angriff zu nehmen außer den Arien Nr. 6 und 20 für Baglioni. Typ III muß für diejenigen Nummern verwendet worden sein, die entstanden, nachdem Guardasoni in Italien gewesen und mit detaillierten Informationen über die Besetzung nach Wien zurückgekehrt war – vornehmlich die »kritischen« Arien, mit denen Mozart sich sicherlich nicht befassen wollte, bevor er nicht im Besitz dieser Informationen war.

Die Nützlichkeit solcher Papieruntersuchungen für die Forschung läßt sich anschaulich am Problem des Terzetts Nr. 14 ablesen. Es gibt keinen Grund, weshalb Mozart diese konzertante Nummer nicht schon entworfen haben könnte, bevor er über die Besetzung Bescheid wußte, wie er es bereits mit anderen Ensembles getan hatte. Christopher Raeburn und Robert Moberly vertreten jedoch die Ansicht, Nr. 14 sei aufgrund späterer Überlegungen entstanden und habe Arien für Vitellia und Sextus ersetzt; deshalb habe Mozart Typ III für diese Revision verwendet.

Die zu einem späten Zeitpunkt in Prag komponierten Teile sind: die Ouvertüre, der Marsch Nr. 4, die Arie des Titus *Ah, se fosse intorno al trono* Nr. 8, das Accompagnato-Rezitativ (*NMA*, II/5, Band 20, *La clemenza di Tito*, Kassel etc. 1970, S. 204–7), Szene 8 des II. Akts *Che orror! che tradimento!* sowie das halbe Dutzend Schlußtakte des Accompagnato-Rezitativs der Vitellia Nr. 22, das dem berühmten Rondo Nr. 23 *Non plù di fiori* vorausgeht (s. *NMA* S. 264). Die Tatsache, daß diese Überleitung in Prag mehr oder weniger neu geschrieben werden mußte, läßt darauf schließen, daß irgendeine Änderung, vielleicht eine Modulation, erforderlich wurde, um diese Ergänzung einzufügen – selbst wenn der Larghetto-Teil bereits in Wien modifiziert worden war. Es ist aber auch durchaus denkbar, daß dies noch ein Vorrat des Papiers vom Typ III war, den Mozart nach Prag mitgenommen hatte (d. h., er nahm eine umfassende Änderung vor von Takt 31 des vorausgehenden Rezitativs bis zum Allegro-Teil des Rondos, wobei er Prager Notenpapier für den Schluß des Rezitativs benutzte und Papier des Typs III, das er aus Wien mitgebracht hatte, für den Anfang des Rondos).

Abkürzungen der bibliographischen Quellen

Abert
Hermann Abert: *W. A. Mozart*, 7. Aufl., 2 Bde., Leipzig 1955; Bd. III (Index) hrsg. v. Erich Kapst, Leipzig 1956.

AMZ
Allgemeine Musikalische Zeitung, Leipzig 1798 ff.

Bär
Carl Bär: *Mozart · Krankheit, Tod, Begräbnis*, Salzburg 1966.

Chailley
Jacques Chailley: *The Magic Flute, Masonic Opera · An Interpretation of the Libretto and the Music*, übersetzt von Herbert Weinstock, New York 1971.

Da Ponte, *Memoirs*
Memoirs of Lorenzo da Ponte, übers. von Elisabeth Abbott, hrsg. und mit Anmerkungen versehen von Arthur Livingston, mit einem neuen Vorwort von Thomas G. Bergin, New York 1929, Nachdruck 1967.

Deutsch, *Dokumente*
Mozart · Die Dokumente seines Lebens, hrsg. v. Otto Erich Deutsch, Kassel etc. 1961. Bd. II *Addenda und Corrigenda*, hrsg. v. Joseph Heinz Eibl, Kassel etc. 1978.

Deutsch, *Freihaustheater*
Otto Erich Deutsch: *Das Freihaustheater auf der Wieden*, Wien 1937.

Freimaurer und Geheimbünde
Freimaurer und Geheimbünde im 18. Jahrhundert in Mitteleuropa, hrsg. v. Helmut Reinalter, Frankfurt am Main 1983.

Gould
Robert F. Gould: *The History of Freemasonry*, 3 Bde., Edinburgh o.J. [1886].

Köchel
Die zugrunde gelegte Köchel-Ausgabe ist, wenn nicht anders vermerkt: Ludwig Ritter von Köchel: *Chronologisch-thematisches Verzeichnis sämtlicher Tonwerke Wolfgang Amadé Mozarts...*, 8. Auflage, Wiesbaden 1983. Im Haupttext wird die »alte« (= gewohnte) Köchel-Nummer angegeben, z.B. *Maurerische Trauermusik* (KV 477). Im Namen- und Sachregister ist die neueste Köchel-Nummer in Klammern beigefügt (KV 479a).

Komorzynski
Egon Komorzynski: *Emanuel Schikaneder. Ein Beitrag zur Geschichte des deutschen Theaters*, Wien 1951.

Landon, *Masons*
H. C. Robbins Landon: *Mozart and the Masons. New Light on the Lodge ›Crowned Hope‹*, London, New York 1982.

Mozart, *Briefe*
Mozart · Briefe und Aufzeichnungen, hrsg. v. Wilhelm A. Bauer und Otto Erich Deutsch. Briefe: 4 Bde., Kassel etc. 1962–3. Kommentar (hrsg. v. Joseph Heinz Eibl): 2 Bde., Kassel etc. 1971. Indexe (hrsg. v. Eibl): 1 Bd., Kassel etc. 1975.

Mozarts Tod
Johannes Dalchow, Gunther Duda, Dieter Kerner: *Mozarts Tod 1791–1971*, Pähl 1971.

NMA
Neue Mozart Ausgabe, die 1955 begonnene und noch laufende Gesamtausgabe der Werke Mozarts. Einzeltitel werden für jeden Band angegeben, wo sie im Text erscheinen.

Nettl
Paul Nettl: *Mozart in Böhmen*, Prag 1938 (= Revidierte und erweiterte Ausgabe von R. Procházka: *Mozart in Prag*, Prag 1899).

Niemetschek
Life of Mozart ... by Franz Xaver Niemetschek, übersetzt von Helen Mautner mit einer Einleitung von A. Hyatt King, London 1956.

Nissen
Georg Nikolaus Nissen: *Biographie W. A. Mozarts nach Originalbriefen*, photographischer Nachdruck der Originalausgabe Leipzig 1828, Hildesheim 1972.

Novello
A Mozart Pilgrimage. Being the Travel Diaries of Vincent and Mary Novello in the year 1829, transkribiert und kompiliert von Nerina Medici di Marignano, hrsg. v. Rosemary Hughes, London 1955.

Rochlitz
Friedrich Rochlitz: »Verbürgte Anekdoten aus Wolfgang Gottlieb Mozarts Leben. Ein Beytrag zur richtigeren Kenntnis dieses Mannes, als Mensch und Künstler«, in: *Allgemeine Musikalische Zeitung*, beginnend mit der Ausgabe Nr. 2 (10. Oktober 1798) und in Serie fortgesetzt bis Dezember 1798.

Schenk
Erich Schenk: *Wolfgang Amadeus Mozart · Eine Biographie*, Zürich etc. 1955.

Zinzendorf
Tagebücher von Graf Karl von Zinzendorf im Haus-, Hof- und Staatsarchiv Wien. Maschinenschriftlich.

Anmerkungen

KAISERKRÖNUNG IN FRANKFURT (S. 13)

1 Nissen, S. 683; Mozarts Brief vom 28. September 1790: Mozart, *Briefe*, IV, S. 112f., VI, S. 397f.

2 Zur Geschichte der Habsburger generell siehe C. A. Macartney: *The Habsburg Empire 1790–1918*, London 1968; zu Joseph II. siehe Katalog: *Österreich zur Zeit Josephs II.*, Stift Melk, 1980; zu Leopold II. vgl. die Standardbiographie von Adam Wandruszka: *Leopold II., Erzherzog von Toscana, König von Ungarn und Böhmen, Römischer Kaiser*, 2 Bde., Wien, München 1964–65; siehe auch E. Wangermann: *From Joseph II. to the Jacobin Trials · Government Policy and Public Opinion in the Habsburg Dominions in the Period of the French Revolution*, London 1969.

3 Otto Michtner: *Das alte Burgtheater als Opernbühne*, Wien etc. 1970, S. 315, 425.

4 Mozart, *Briefe*, IV, S. 112f.

5 Mozart, *Briefe*, IV, S. 118.

6 Auf den Titelseiten der beiden Ausgaben dieser Konzerte, die J. A. André 1794 in Offenbach am Main veröffentlichte, steht: »Ce concerto a été exécuté par l'auteur à Francfort sur le Main à l'occasion du Couronnement de l'Empereur Leopold II.« Siehe Köchel; Mozart, *Briefe*, VI, S. 207 (830). Die Eintragung in Mozarts Thematisches Werkverzeichnis für KV 459 enthält am Schluß: »... 2 Corni, 2 Clarini, timpan e Basso.« Die Trompeten- und Paukenstimmen sind nicht erhalten geblieben. Tagebuch von Bentheim-Steinfurt: Deutsch, *Dokumente*, S. 329f.

7 Im französischen Original heißt es *brune de marine*. Ich vermute, daß es sich dabei um den in Mozarts Hinterlassenschaft mit *braun* bezeichneten Galaanzug handelte, wahrscheinlich das Wiener Äquivalent von *brune de marine*.

8 Vgl. die ausführliche Beschreibung der Wohnung in der Rauhensteingasse, Anhang A, S. 249.

9 Mozart, *Briefe*, IV, S. 121.

10 Mozart, *Briefe*, III, S. 378f., 380.

11 Zum Verkauf von Quartetten an Artaria siehe Leopold Mozart an seine Tochter, 22. Januar 1785: Mozart, *Briefe* III, S. 368. Zu *Don Giovanni* in Wien (1788) siehe C. Bitter: »*Don Giovanni* in Wien 1788«, in: *Mozart-Jahrbuch 1959*, S. 146ff. Zu Da Ponte in diesem Zusammenhang vgl. Da Ponte, *Memoirs*, S. 180.

12 Brief vom 12. Juli 1789: Mozart, *Briefe*, IV, S. 92f. Mozarts Korrespondenz mit Puchberg ist nur teilweise im Autograph erhalten geblieben. Subskribenten angebotene Streichquintette: Deutsch, *Dokumente*, S. 280f.

13 A. van Hoboken: *Joseph Haydn · Thematisch-bibliographisches Werkverzeichnis*, 3 Bde., Mainz 1957, 1971, 1978; I, S. 419f.

14 Daß diese Quartette tatsächlich für Berlin bestimmt waren, geht aus der Eintragung in Mozarts eigenem Thematischem Katalog für KV 575 hervor: »Ein Quartett für 2 violin, viola et violoncello. für Seine Mayestätt dem König in Preussen.« Vgl. Mozart, *Briefe*, IV, S. 91.

15 Zu Salomons Aufenthalt in Wien und dem Essen mit Mozart und Haydn siehe H. C. Robbins Landon: *Haydn · Chronicle and Works: Haydn at Eszterháza 1766–1790*, Bd. II, London and Bloomington, Ind., 1978, S. 751ff., mit Angaben über Hinweise auf die Biographien von Dies und Griesinger. Siehe auch Novello, S. 170ff.; Nissen, S. 536f.; *Harmonicon · A Journal of Music*, VIII, London 1830, S. 45.
In einem anderen Bericht in *Harmonicon* (V, 1827, S. 7 Anm.) heißt es: »Nachdem Salomon beschlossen hatte, sich auf die Spekulation von Subskriptionskonzerten einzulassen, begab er sich 1790 nach Wien mit der Absicht, entweder Haydn oder Mozart dafür zu gewinnen, nach London zu kommen...«
Bei Nissen (S. 536f.) findet sich ein bemerkenswerter Nachtrag zu

dieser Begegnung zwischen Haydn, Mozart und Salomon. Nissen berichtet, wie Mozart von seiner Reise nach Berlin und an den Hof Friedrich Wilhelms II, 1789 nach Wien zurückkehrte. »Er wußte, daß ihn hier wieder Neid, Kabale mancherley Art, Unterdrückung, Verkennung und Armuth erwarten würden, da er vom Kaiser damals so gut als Nichts Gewisses bekam [beispielsweise Opernaufträge]. Seine Freunde redeten ihm zu [Friedrich Wilhelms Angebot einer Position am Berliner Hof anzunehmen] – er wurde zweifelhaft. *Ein gewisser Umstand,* den ich nicht erzähle, bestimmte ihn endlich. [Nissens Fußnote: Dieser Umstand war Salomons Erscheinen in Wien, um J. Haydn und Mozart zu seinen Concerten in London zu engagieren. Ende der Fußnote. Mittlerweile war Salomon gestorben, und Nissen meinte die Begebenheit nunmehr erzählen zu können.] Er ging zum Kaiser und bat um seine Entlassung. *Joseph,* dieser so oft verkannte, so oft geschmähte Fürst, dem seine Fehler von seinen Unterthanen erst aufgezwungen und eingepresst wurden, dieser liebte Musik und besonders Mozart'sche Musik von Herzen. Er ließ Mozarten jetzt ausreden und antwortete dann: Lieber Mozart, Sie wissen, was ich von den Italienern denke: und Sie wollen mich dennoch verlassen?
Mozart sah ihm ins ausdrucksvolle Gesicht und sagte gerührt: Ew. Majestät – ich – empfehle mich zu Gnaden – *ich bleibe!* Und damit ging er nach Hause.
Aber, Mozart, sagte ihm ein Freund, den er dann traf und dem er den Vorgang erzählte, warum benutztest Du denn nicht die Minute und verlangtest wenigstens festen Gehalt? *Der Teufel denke in solcher Stunde daran!* sagte Mozart unwillig.«
Der zeitliche Verlauf ist hier natürlich völlig falsch wiedergegeben. Joseph II. war am 20. Februar 1790 gestorben. Dann schreibt Nissen (nach dem obigen Zitat): »Kaiser Joseph kam später aber selbst auf die Idee, Mozarten ... einen wenigstens erträglichen Gehalt zu bestimmen.« Interessant an dieser konfusen Geschichte ist folgendes: 1. Konstanze erinnerte sich, daß Salomon nach Wien kam, um sowohl Mozart als auch Haydn zu engagieren; 2. der Mozartsche Haushalt war ausgesprochen »pro-josephinisch«; 3. Mozart hatte schon einmal *vor* Dezember 1787 (als Joseph ihm Titel und Salär verlieh) Wien und seinem inoffiziellen kaiserlichen Amt den Rücken kehren wollen.

16 Zu Neukomm siehe *Mozarts Tod,* S. 227.

MOZARTS WIEN (S. 27)

1 Hans Wagner: »Das Josephinische Wien und Mozart«, in: *Mozart-Jahrbuch 1978–79,* S. 1–13, bes. 5; Volkmar Braunbehrens: *Mozart in Wien,* München, Zürich 1986, S. 50 ff.; Marcel Brion: *Daily Life in the Vienna of Mozart and Schubert,* London 1961, H. C. Robbins Landon: »Vienna and its Musical Life in 1795«, in: *Haydn · Chronicle and Works · Haydn: The Years of »The Creation« 1796–1800,* IV, London, Bloomington (Ind.) 1977, S. 19 ff.

2 C.-G. Stellan Mörner: *Johan Wilkmanson und die Brüder Silverstolpe,* Stockholm 1952, S. 321.

3 Joseph Farington: *The Farington Diary,* 8 Bde., hrsg. v. James Greig, London, New York, 1922–28; II, S. 261.

4 J. F. Reichardt: *Vertraute Briefe, geschrieben auf einer Reise nach Wien etc.,* 2 Bde., hrsg. v. Gustav Guglitz, München 1915; I, S. 318.

5 Karl Pfannhauser: »Epilogomena Mozartiana«; in: *Mozart-Jahrbuch 1971–72,* S. 184 f.

6 Deutsch, *Dokumente,* S. 495.

7 Mozart trug dies bei seinem Konzert in Frankfurt am 16. Oktober 1790. Siehe Deutsch, *Dokumente,* S. 329 (»gekleidet in einen reich bestickten marineblauen Satin-Anzug...«).

8 Später mit der neuen Nummer 934.

9 Grundriß und Außenansicht des Hauses in *NMA*, X/32, *Mozart und seine Welt in zeitgenössischen Bildern*, Kassel etc. 1961, S. 239.

10 Deutsch, *Dokumente*, S. 502–4.

11 Zwei Bücher fehlen in diesem Inventar, von denen bekannt ist, daß sie sich in Mozarts Besitz befanden: 1. Das italienisch-deutsche Lexikon, das Mozart zweifach signiert hatte, einmal italienisch (»Questo Dizionario appartiene à me / Wolfgango Amadeo Mozart. 1785.«) und einmal auf deutsch (»dieses Wörterbuch gehört mir. Wolfgang / Amadé Mozart. 1785.«) – Faksimile in *NMA*, X/32, *Mozart und seine Welt in zeitgenössischen Bildern*, Kassel etc. 1961, S. 190.
2. *Wochenblatt für Kinder zur angenehmen und lehrreichen Beschäftigung in ihren Freystunden*, hrsg. v. Joseph May und Johann Strommer, Wien 1787 und 1788, das Mozart im Abonnement bezog. – Siehe Deutsch, *Dokumente*, S. 251 f.

12 Das war ein Familienscherz: Der Speisenlieferant wurde »Primus« genannt nach Kaiser Joseph I. *(Josephus Primus)* von Österreich. Es gibt keinerlei Anhaltspunkte dafür, diesen Joseph mit Joseph Deiner in Verbindung zu bringen, den Concierge des Hauses *Zur silbernen Schlange*, No. 1074 in der Kärtnerstraße; siehe Mozart, *Briefe*, VI, S. 417 (2. Zeile) und VII, S. 602 (1172). Joseph Deiner, der am 29. Mai 1823 in Wien starb, ist für eine der größten Fälschungen der Mozart-Forschung verantwortlich zu machen, nämlich als Informant im Zusammenhang des infamen Artikels, der in der Wiener *Morgen-Post* (28. Januar 1856) anläßlich des hundertsten Geburtstags Mozarts erschien und der eine raffinierte Verquickung von Wahrheit und Erfindung über Mozarts letzte Tage, gesehen mit den Augen eines ihm zugetanen Joseph Deiner, enthält. Siehe Deutsch, *Dokumente*, S. 477–80. Sogar Deutsch saß diesem gigantischen Schwindel auf und verwendete Einzelheiten aus dem Artikel im Hauptteil seines Texts, z.B. die Eintragung für den 28. November 1791 (S. 361). Die frei erfundene Beschreibung des Wetters zur Zeit von Mozarts Tod stammt von Deiner: »Die Todesnacht Mozarts war finster und stürmisch, auch bei seiner Einsegnung fing es an zu stürmen und zu wettern. Regen und Schnee fielen zugleich, als wollte die Natur … grollen.«

13 Else Radant hat über jene berüchtigten Spielhöllen in Wien, in denen die Leute bei illegalen Glücksspielen *(Chance)* ihr Vermögen verloren, Nachforschungen angestellt. Es steht zu hoffen, daß dieses Material an anderer Stelle veröffentlicht wird. Sie versicherte mir jedoch, daß nur sehr reiche Kunden es sich überhaupt hätten leisten können zu spielen (überhaupt in eines dieser Etablissements einzudringen).

KONZERTLEBEN IN DER ÖSTERREICHISCHEN HAUPTSTADT (S. 47)

1 Alan Tyson: »New Dating Methods. Watermarks and Paper-Studies«; in: *Neue Mozart Ausgabe. Bericht über die Mitarbeitertagung in Kassel, 29.–30. Mai 1981*, Kassel 1984, S. 67.

2 Otto Biba: »Grundzüge des Konzertwesens in Wien zu Mozarts Zeit«, in: *Mozart-Jahrbuch 1978–79*, S. 132ff.

3 Mozart, *Briefe*, IV, S. 65; VI, S. 367–9.

4 Zur Tonkünstler-Societät siehe C. F. Pohl: *Denkschrift aus Anlaß des 100jährigen Bestehens der Tonkünstler-Societät*, Wien 1871.

5 Hauptsächlich aus dem »Kyrie« und dem »Gloria« der unvollendeten Messe c-Moll (KV 427) zusammengestellt.

6 Für die Symphonien KV 543, 550 und 551 siehe *NMA*, IV/II, *Sinfonien*, Bd. IX, hrsg. v. H. C. Robbins Landon, Kassel etc. 1957.

7 Mozarts Vorgehen beim Komponieren sah so aus, daß er zunächst die erste Violine, falls nötig, die zweite

Violine, den Baß und die anderen Stimmen, insbesondere die Solostimmen, sofern er sie als Gedächtnisstütze für erforderlich hielt, zu Papier brachte. Interessierte Leser sollten den ersten Teil des »Credo« der c-Moll-Messe (KV 427) – sowohl als Eulenburg-Taschenpartitur als auch in der *NMA* I/I, *Geistliche Gesangswerke,* Band V, Kassel etc. 1983. S. 100ff. leicht zugänglich – einsehen, um sich einen Begriff davon zu machen, wie ein ausführliches Particell (wie es in der Fachsprache genannt wird) aussah. Bei einem großen Vokalwerk wie diesem skizzierte Mozart den Chor, den Generalbaß und die Ritornellabschnitte des Orchesters – und dabei für gewöhnlich die erste Violine, komplizierte polyphone oder kanonische Einsätze in den Streicherstimmen sowie Solopassagen der Holzbläser. Bei Verwendung eines solchen Particells konnte Mozart auch ein umfängliches Werk bis zu drei Jahren beiseite legen, wie es beim Klavierkonzert KV 595 der Fall war, um es dann wiederaufzunehmen und »aufzufüllen«, wenn die Zeit gekommen war.

8 Siehe die Eintragung in Mozarts Werkverzeichnis; ferner Mozart, *Briefe,* III, S. 363; zu Leopold Mozarts Brief vom 22. Januar 1785 siehe a.a.O., S. 368. Ein Fall, bei dem das Eintragungsdatum in Mozarts Katalog zweifelhaft ist, ist die *Maurerische Trauermusik* (KV 477) unter »im Monath Jully [1785]« mit folgender Bemerkung: »... bey dem Todfalle der Brbr: Meklenburg und Esterhazy...« Der Tod der beiden Logenbrüder Mecklenburg und Esterházy ereignete sich im November, und die *Trauermusik* wurde in diesem Monat in Wien aufgeführt. Zu dieser Datierung und der Möglichkeit einer früheren Fassung siehe Philippe A. Autexier: »L'Ode funèbre maçonique (Musique de Maitrîse, K. 477) et le cantus firmus des Lamentations«, in: *Studia Mozartiana,* I, 1983, S. 1, sowie Autexiers Rekonstruktion der Originalfassung mit Vokalstimmen, veröffentlicht von Breitkopf & Härtel, Wiesbaden 1985.

9 Deutsch, *Dokumente,* S. 339.

10 Mozart dirigierte die ersten Nummern der *Zauberflöte* im weiteren Verlauf dieses Jahres.

11 Zu KV 595 siehe Deutsch, *Dokumente,* S. 350.

12 Ein Überblick über den Wandel des Mozart-Publikums mag sich aus einer Untersuchung der Liste von Subskribenten des Komponisten ergeben, die er seinem Vater im März 1784 schickte. Die Liste enthält die Namen von 176 Personen, die jeweils 6 Gulden für die Reihe von drei Konzerten bezahlten (insgesamt 1056 fl); die meisten von ihnen gehörten dem Adel an. In einem Brief an seinen Vater vom 3. März 1784 beschreibt Wolfgang die anderen »Akademien«, bei denen er mitwirkte (Mozart, *Briefe,* III, S. 303 f.):
donnerstag den 26:[t] feb:[r] beym gallizin.
Monntag den 1:[t] März: beym Joh: Esterhazy.
donnerstag den 4:[t] - - - beym gallizin.
freytag den 5:[t] - - - beym Esterhazy.
Monntag den 8:[t] Esterhazy.
donnerstag den 11. gallizin
freytag den 12:[t] Esterhazy.
Montag den 15:[t] Esterhazy.
Mittwoch den 17:[t] Meine Erste accademie *Privat.*
donnerstag den 18:[t] gallizin
freytag den 19:[t] Esterhazy.
Sammstag den 20:[t] beym Richter
Sonntag den 21:[t] meine Erste accademie *Theater.*
Montag den 22:[t] Esterhazy.
Mittwoch den 24. meine 2:[t] Privat accademie.
Im Jahr 1789 kann sich Mozart, wie wir gesehen haben, nicht mehr länger auf dieses Publikum für seine Subskriptionskonzerte stützen, und dasselbe gilt für 1790 und 1791.

13 Zum Quintett KV 614 siehe Mozart, *Briefe,* IV, S. 128. Zu Tost siehe H. C. Robbins Landon: *Haydn · Chronicle and Works: Haydn at Esterháza 1766–1790,* II, London 1978, S. 81 f. Kon-

stanzes Brief an André vom 26. November 1800: Mozart, *Briefe*, IV, S. 338.

14 Zu KV 612 siehe Mozart, *Briefe*, IV, S. 128; zu KV 613 siehe a.a.O., IV, S. 407.

15 Als k. k. Kammerkomponist.

16 Mozart, *Briefe*, IV, S. 129.

17 Anscheinend Joseph Orsler (1722–1806), Cellist im Hoforchester; siehe Mozart, *Briefe*, VI, S. 408.

18 Mozart, *Briefe*, IV, S. 130.

19 Zu Greiner siehe Maria Hörwarthner: »Joseph Haydns Bibliothek – Versuch einer literarhistorischen Rekonstruktion«, in: *Joseph Haydn und die Literatur seiner Zeit*, hrsg. v. Zeman, Eisenstadt 1976, S. 157ff.; Roswitha Strommer: »Wiener literarische Salons zur Zeit Joseph Haydns«, a.a.O., S. 98; Alfred Arneth: *Maria Theresia und der Hofrath von Greiner*, Wien 1859.

20 *Österreichische Biedermanns-Chronik*, I, Freiheitsburg [Wien?] 1784, S. 66f.

21 Joseph von Hormayr: *Taschenbuch für die vaterländische Geschichte*, 34, 1845, S. 115.

22 *Allgemeine Theaterzeitung*, Wien, 15. Juli 1843; Caroline Pichler: *Denkwürdigkeiten aus meinem Leben*, hrsg. v. E. K. Blümml, 2 Bde., München 1914; I, S. 49, 293ff.

23 Zum Türkenfeldzug siehe Karl Gutkas: »Kaiser Josephs Türkenkrieg«, in: *Österreich zur Zeit Kaiser Josephs II*, Stift Melk 1980, S. 274ff. mit zusätzlichem Quellenverzeichnis.

24 Zur Familie Genzinger siehe Landon, a.a.O., II, S. 720ff. Zu *Arianna*: Ebenda, S. 738.

25 Zu den Kompositionsaufträgen in Mozarts letztem Jahr gehörten drei für mechanische Orgel (oder musikalische Uhr), von denen, in chronologischer Reihenfolge, der erste für einen kuriosen österreichischen Aristokraten, den Grafen Joseph Deym von Stržitcž geschrieben wurde. Er hatte nach einem Duell in jungen Jahren aus der Stadt fliehen müssen, kehrte aber später unter dem Namen Müller zurück und gründete das Müllersche *Kunstkabinett* in der Rotenturmstraße in Wien, in dem er unter anderem Wachsmasken Josephs II. und Mozarts (nach seinem Tod) zur Schau stellte. Deym besaß auch einige ausgefallene mechanische Orgeln, die durch einen Uhrwerkmechanismus betrieben wurden; eine von ihnen war konstruiert worden, um Trauermusik am Denkmal des Feldmarschalls Laudon (Loudon) zu spielen. Der Graf heiratete später (1790) die Gräfin Josephine von Brunsvik, die nach dem Tod ihres Gatten im Jahr 1804 Beethovens Geliebte wurde.
Laudon starb am 14. Juli 1790, und Graf Deym erteilte Mozart den Auftrag, die Trauermusik (KV 594) zu komponieren, was er nur widerstrebend tat (»weil es mir eine verhaßte Arbeit ist« und »das Werk aus lauter kleinen Pfeifchen, welche mir hoch und kindisch lauten«, besteht); siehe Mozart, *Briefe*, IV, S. 115f. In einer Beurteilung des Kunstkabinetts von 1797 heißt es:
Man hört alle Stunden eine durch den unvergeßlichen Tonkünstler Mozart eigends dazu komponierte passende Trauermusik [für den Feldmarschall], die acht Minuten lang dauert, und an Precision und Reinigkeit alles übertrifft, was man bey dieser Art von Kunstwerken je schickliches anzubringen suche.
Diese Trauermusik war KV 594 (Ende 1790 vollendet); ihr folgten zwei Stücke für mechanische Orgel: KV 608 (am 3. März 1791 in Mozarts Werkverzeichnis aufgenommen) und KV 616 (Eintragung in den Katalog: 4. Mai 1791). Am 31. Mai 1800 schrieb Konstanze an Johann André über eine Reihe von Werken, darunter KV 608 – »dieses soll der einzige Kammerherr Graf v. Deym hier ... haben« (siehe Mozart, *Briefe*, IV, S. 356); die Vermutung, KV 616 sei ebenfalls ein Auftragswerk des Grafen gewesen, könnte zutreffen: Pater Primitv Niemecz, Haydns Uhrmacher, besaß zumindest zwei Werke Mozarts auf einer Orgel, die 1801 existierte.

Das letzte Werk dieser Reihe von Auftragsstücken für ungewöhnliche Instrumente war das Adagio und Rondo für Glasharmonika, Flöte, Oboe, Viola und Violoncello KV 617, das Mozart für die blinde Harmonikaspielerin Marianne Kirchgessner (Kirchgäßner) schrieb (in sein Werkverzeichnis am 23. Mai 1791 aufgenommen). Er komponierte auch noch ein weiteres Werk für Glasharmonika allein, das Adagio KV 356 (617a), dessen undatiertes Autograph in der Pariser Bibliothèque nationale zeigt, daß es ebenfalls aus dieser Zeit stammt.
Mademoiselle Kirchgessner spielte Mozarts ätherisches, wundervolles Quintett erstmals bei einem Benefizkonzert, das zuerst für den 10. Juni angekündigt war, aus irgendeinem Grund verschoben werden mußte und schließlich am 19. August im Kärtnerthortheater stattfand. Später ging sie nach London und spielte dort am 17. März 1794 wahrscheinlich das Mozart-Quintett in einem Haydn-Salomon-Konzert am Hanover Square, auf dessen Programm das »Quintetto on the Harmonica, Mademoiselle Kirashgessen [sic!] being her first appearance in this ceuntry [sic!]«. Die *Morning Chronicle* meinte:
Ihr Geschmack ist erlesen, und die einschmeichelnden Töne des Instruments wären in der Tat entzückend, wären sie nur kräftiger und artikulierter; aber das, glauben wir, bringt die perfekteste Aufführung nicht zustande. In einem kleineren Saal und bei einem weniger zahlreichen Publikum muß die Wirkung zauberhaft sein. Obwohl die Begleitung äußerst zurückgenommen war, war sie zuweilen zu laut.
Zum Porträt von Graf Deym und seiner Gattin siehe H. C. Robbins Landon: *Beethoven · A Documentary Study*, London 1970, Abbildungen 120 (S. 180) und 122 (S. 181). Laudons Trauermusik in der Broschüre von 1791: Köchel, S. 681. Zu Niemecz und den Mozart-Stücken siehe H. C. Robbins Landon: *Haydn · Chronicle and Works: The Late Years (1801–1809)*, V, London, Bloomington (Ind.) 1977, S. 30. Mademoiselle Kirchgessner und KV 617: Köchel, S. 703 f.; Deutsch, *Dokumente*, S. 350 f.; Mozart, *Briefe*, VI, S. 409; Landon: »Morning Chronicle«, in: *Haydn · Chronicle and Works: Haydn in England (1791–1795)*, III, London, Bloomington (Ind.) 1976, S. 243.

TANZMUSIK FÜR DEN KAISERLICHEN HOF (S. 59)

1 Ich habe das *Original* dieses Briefes im Hofkammerarchiv hinzugezogen. Es ist bei Deutsch, *Dokumente*, S. 388, wiedergegeben.

2 In Zinzendorfs Manuskript heißt es: »Dela chez moi, puis au *bal de cour.* Le tourbillon m'ennuya. La Reine de Naples me salua gracieusement L'Imperatrice jouoit.« Am 10. Januar lesen wir: »... Dela au *bal d'enfans* de Mr de Kinsky, ou elaient la reine de Naples«, und am 9. Februar: »Le soir au *Spectacle,* Le nozze di Figaro. Dela au bal de *Colloredo.*« Es ist nicht möglich, das Ausmaß dieser Privatbälle zu schätzen, wie sie in den großen Adelshäusern Wiens gegeben wurden; aber wir wissen, daß Haydns Tanzmusik für das Haus Esterházy für das dortige komplett besetzte Orchester geschrieben war; es gibt keinen Grund, daran zu zweifeln, daß auch die Fürsten Kinsky und Colloredo ein solches Orchester engagierten. Mozart dürfte einige seiner Tanzmusiken für Privatbälle geschrieben haben (was eine Erklärung wäre für die kleinere Besetzung einiger Menuette und der Deutschen Tänze des Jahres 1791).

3 Zu Haydns Tanzmusik von 1792 und derjenigen Beethovens von 1795 siehe H. C. Robbins Landon: *Haydn · Chronicle and Works: Haydn in England 1791–1795*, III, London, Bloomington (Ind.) 1976, S. 205 ff., und *The Years of »The Creation« 1796–*

1800, IV, London 1977, S. 56ff., wo auch Einzelheiten über den italienischen Reiseführer, den kaiserlichen »Allerhöchsten Befehl« etc. zu finden sind.

4 Gianluigi de Freddy: *Descrizione della città, sobborghi, e vicianze di Vienna,* 1800, S. 276–9.

5 A. van Hoboken: *Joseph Haydn · Thematisch-bibliographisches Werkverzeichnis,* 3 Bde., Mainz 1957, 1971, 1978; I, S. 119. Das war die erste (authentische) Ausgabe von Haydns Symphonien Nr. 76–78.

6 Größe des Orchesters den Unterlagen der »Pensionsgesellschaft bildender Künstler Wiens« entnommen; siehe auch Landon, a.a.O., III, S. 206.

7 Deutsch, *Dokumente,* S. 340. *Così*-Abschrift: Dr. Alan Tyson, London.

8 Ein Bifolium ist ein Doppelbogen oder vier Seiten.

9 Mozart, *Briefe,* IV, S. 124-7. Zu KV 599 siehe den einzig bekannten Satz von Manuskriptstimmen eines Wiener Kopisten, den der Autor im Franziskanerkloster Brunn bei Maria-Enzersdorf entdeckte: »Eine neue Mozart-Quelle«, in: *Österreichische Musikzeitung,* 9, 1954, S. 42f. Mozart trug diese Tänze in kleinen Gruppen in seinen Katalog ein, aber die Kopisten verkauften sie in umfangreicheren Sammelbänden: »13 Deutsche, 13 Trio und Coda. Aus dem k. k. kleinen Redoutensaal 1791. 2te Abtheilung ... Del Sigre Mozart«, ein Wiener Manuskript (Stimmen, Gesellschaft der Musikfreunde) setzte sich aus KV 600 (1–6), 602 (1–4) und 605 (1–3) zusammen. Eine Manuskriptpartitur derselben Sammlung, die von Lorenz Lausch auf den Markt gebracht und der Erzherzogin Maria Therese (Leopolds II. älteste Tochter, geb. 1767) gewidmet war, wurde in der *Wiener Zeitung* im März 1791 angekündigt (Kopie in der Nationalbibliothek Wien). Die Gesellschaft der Musikfreunde besitzt die Stimmen in zeitgenössischen Manuskripten verschiedener Wiener Schreibstuben, und zwar von KV 602, 603 (mit KV 106 [588a]), 604 und 605; siehe Köchel für Detailangaben. Alle diese Kopien sind bezeichnet mit »Aus dem K. k. [kleinen bzw. großen] Redoutensaal 1791...« und legen Zeugnis ab von der außerordentlichen Beliebtheit dieser Musik. Die breite Wiener Öffentlichkeit besuchte nur selten die teure Hofoper oder Mozarts Subskriptionskonzerte (oder – wenn überhaupt – irgendwelche anderen wie die der Tonkünstler-Societät), aber sie kam häufiger zu den Maskenbällen in den Redoutensälen, und – wie an dieser Schreiberaktivität abzulesen ist – sie liebte Mozarts neueste Tanzmusik. Es sind Anzeichen dafür vorhanden, daß KV 605, Nr. 3 (mit Piccoloflöte, zwei Posthörnern und den Schlittenglöckchen) ganz besonders beliebt war, damals wie heute. Eine Wiener Neujahrskarte (gestochen von einem gewissen Neuhauser) mit dem Trio von Nr. 3, arrangiert für zwei Violinen und Baß, ist erhalten geblieben. Diese Karte ist im Faksimile reproduziert bei Robert Haas: *Mozart,* Potsdam 1933, S. 132.

10 Sechs Klaviertrios 80 Dukaten (360 fl), »Aber für Sie will ich sie für 70 Dukaten [315 fl] gehen lassen.«

11 Zu Haydns Brief vom 10. August 1788 siehe H. C. Robbins Landon: *Haydn · Chronicle and Works: Haydn at Eszterháza 1766–1790,* II, London, Bloomington (Ind.) 1978, S. 708f.; Januar 1789: *Joseph Haydn · Gesammelte Briefe und Aufzeichnungen,* hrsg. v. Dénes Bartha, Budapest etc. 1965, S. 199; März 1789: Landon, a.a.O., S. 718; Januar 1790: Landon, a.a.O., S. 735, Anm. 2 (Deutsche Originale bei Bartha); Quittung Januar 1790: Bartha, a.a.O., S. 225; Tänze 1792: Bartha, a.a.O., S. 293f.

12 Mozart, *Briefe,* IV, S. 110f.

13 Siehe Köchel.

14 Bartha, a.a.O., S. 293f.; Landon, a.a.O., III, S. 206.

15 Nissen, S. 539.

NEUE WEGE: EIN DOMAMT?
(S. 67)

1 Mozart, *Briefe*, IV, S. 131; VI, S. 408.
2 Die erste Erwähnung der gravierenden offensichtlich falschen Datierung dieses Werks findet sich bei Alan Tyson: The Mozart Fragments in the Mozarteum Salzburg. A Preliminary Study of Their Chronology and Their Significance, in: *Journal of the American Musicological Society*, 34, 1981, S. 491 f.
3 Mozart, *Briefe*, IV, S. 132 f.; VI, S. 409 f.
4 Siehe Kapitel IX, Krönungstagebuch, S. 127 ff.
5 Alan Tyson, »New Dating Methods. Watermarks and Paper-Studies«, in: *Neue Mozart-Ausgabe. Bericht über die Mitarbeitertagung in Kassel, 29.–30. Mai 1981*, Kassel 1984, S. 54. Das Datum auf dem Autograph wurde als 1797 gelesen (sogar bei Köchel); aber der Karfreitag 1792 fiel in Wirklichkeit auf den 6. April. Siehe *NMA* V, 14 (1987).
6 Mozart, *Briefe*, IV, S. 133 f. Der Brief beginnt:
Ma trés cher [sic!] Epouse!
J'écris cette lettre dans la petite Chambre au Jardin chez Leitgeb [sic!] ou j'ai couché cette Nuit excellement – et J'espére que ma chere Epouse aura paßée cette Nuit außi bien que moi, j'y paßerai cette Nuit außi, puisque J'ai congedié Leonore, et je serais tout seul á la maison, ce qui n'est pas agreable. –
j'attends avec beaucoup d'impatience une lettre qui m'apprendra comme vous avés paßée le Jour d'hier; – je tremble quand je pense au baigne du st: Antoin; car je crains toujours le risque de tomber su l'escalier, en sortant – et je me trouve entre l'esperance et la Crainte – une Situation bien desagreable! – si vous n'etiés pas große Jen'craignerais moins – mais abbandonons cette Jdée triste! – le Ciel aura eu certainement soin de ma Chere *stanzi-Marini*, – Mad:^me de Schwingenschu [Anna von Schwingenschuh, Ehefrau eines Beamten im k. k. Münzamt] m'a priée de leur procurer une Loge pour ce soir au theatre de Wieden ou l'on donnera, la cinquième partie d'Antoin [der fünfte Teil oder die vierte Fortsetzung von *Der Dumme Gärtner* mit dem Titel *Anton bei Hofe oder Das Namensfest*; Mozart, *Briefe*, VI, S. 411], et j'etais si heureux de pouvoir les servir; j'aurai donc le plaisir de voir cet Opera dans leur Compagnie. [Mozarts Orthographie etc. ist unverändert übernommen.]
In einem anderen, am darauffolgenden Tag geschriebenen Brief an Konstanze erfahren wir, daß Mozart »gestern mit Süßmaiern [sic!] bey der ungarischen Krone zu Mittag speißte weil ich noch um 1 Uhr in der Stadt zu thun hatte und S... [Punkte von Mozart] früh speisen muß, und die S... die mich gerne diese Tage einmal zu Mittage gehabt hätte, schon nach Schönbrunn engagirt war – heute weißt Du ohnehin, daß ich bey Schicaneder esse, weil Du auch darzu eingeladen warst.
Brief ist noch keiner von der Duschek da – werde aber heute noch nachfragen. – Von Deinem Kleide kann ich nichts wissen, weil ich die Wildburgischen die ganze Zeit nicht gesehen habe. Den Hut werde ich, wenn es anders möglich ist, gewis mitbringen. – Adieu Schazerl! – wie ich mich auf Morgen freue kann ich Dir nicht sagen!«
7 Der Anfang von Mozarts Brief vom 11. Juni lautet: »Criés avec moi contre mon mauvais sort! – Mad^selle Kirchgessner ne donne pas son Academie Lundi! – par consequent j'aurais pu vous posseder, ma chère, tout ce jour de Dimanche – mercredi je viendrai sûrement. –«
8 »Tod und Verzweiflung war sein Lohn« – natürlich als Spaß gemeint.
9 Wenzel Müller: *Kaspar der Fagottist*, am Leopoldstädtertheater. Mozart hatte das Stück am 11. gesehen.
10 Johann Martin Loib(e)l, ein Beamter in der siebenbürgisch-ungari-

schen Hofkanzlei, Meister der Loge *Zum Palmbaum* und Zeremonienmeister der Grand Loge von Österreich.

11 Ludwig Franz, Markgraf Montecuculi, Ritter des Malteser-Ordens und Subskribent der Konzertreihe Mozarts des Jahres 1784.

12 Diese Briefe, die einiges über Mozarts Verhandlungen mit Godhahn (wegen eines Darlehens?) aussagen, sowie die übrigen Angaben finden sich in Mozart, *Briefe*, IV, S. 133–8.

13 Köchel, S. 705; Mozart, *Briefe*, VI, S. 414. Ein hübsches Faksimile des »Ave, verum corpus« wurde 1956 in Wien für private Zwecke von der österreichischen Regierung gedruckt.

MITTERNACHT FÜR DIE FREIMAURER (S. 77)

1 Das Standardwerk über Mozart und die Freimaurerei ist O. E. Deutsch, *Mozart und die Wiener Logen. Zur Geschichte seiner Freimaurer-Kompositionen*, Wien 1932. Zur vollständigen Mitgliederliste der letzten Loge Mozarts, *Zur gekrönten Hoffnung*, von 1790 und zur Identifizierung einer Abbildung dieser Loge (mit Mozart und Fürst Esterházy) siehe Landon, *Masons* (mit einem Verzeichnis der Manuskriptquellen zu diesem Thema in den verschiedenen Wiener Archiven). Ein neueres Buch mit einer Menge nützlicher Informationen ist Philippe A. Autexier: *Mozart et Liszt sub. Rosa*, Poitiers 1984, ebenfalls mit vielen zusätzlichen Unterlagen einschließlich einiger bisher unbekannter Logenlieder Mozarts. Einen brauchbaren Überblick über die Freimaurerei in Österreich gibt Hans Wagner: »Das Josephinische Wien und Mozart«, in: *Mozart-Jahrbuch 1978–79*, S. 1–13, bes. S. 8f.

2 Mozart, *Briefe*, IV, S. 41.

3 Deutsch, *Dokumente*, S. 253.

4 Nissen, S. 686.

5 Zum Thema der Finanzen Mozarts bin ich Dr. Gottfried Mraz und Dr. Christian Sapper vom Wiener Hofkammerarchiv zu großem Dank verpflichtet; sie ermöglichten mir und meiner Frau den Zugang zu allen wichtigen Mozart-Dokumenten in den Archiven, deren Kuratoren sie sind. Für Mozarts Steuer- und andere Angelegenheiten, seine Finanzen betreffend, können die Hofzahlamtsbücher (HZAB) konsultiert werden. Ein paar andere Gehälter aus dieser Quelle: Als Organist bezog Albrechtsberger 300 fl netto, Salieri 1792 1200 fl vor Steuern (er verdiente also nicht sehr viel mehr als Mozart). 1802 erhielt Leopold Koželuch während der durch die Napoleonischen Kriege hervorgerufenen Inflation 1500 fl vor Steuern, 1425 fl netto. 1787 bekam ein Kammerdiener 800 fl p.a. wie etwa der Schloßhauptmann des Belvedere – das war ein mittleres Einkommen. Das Finanzjahr lief vom November bis zum folgenden Oktober. Mozarts Dienst begann am 1. Dezember 1787, und er erhielt monatlich 63 fl 20 kr, jedoch erfolgten die Zahlungen im allgemeinen vierteljährlich. So bekam er im April 1788 126 fl 40 kr, im Juli 193 fl 45 kr, im Oktober 192 fl 30 kr sowie eine Rückzahlung von 193 fl 45 kr. Demnach verdiente er in elf Monaten 706 fl 40 kr (HZAB 184, Fol. 159, 2/4v; 118v). 1789 erhielt er vierteljährlich (Januar, April, Juli, Oktober) 190 fl, also insgesamt 760 fl (HZAB 185, Fol. 117r); im Jahr 1790 ebensoviel (HZAB 186, Fol. 128); 1791 das gleiche bis Oktober (HZAB 187, Fol. 186), also 760 fl; für November/Dezember bekam Konstanze 126 fl 40 kr (bis 31. Dezember 1791) (HZAB 188, Fol. 225). Zu Konstanzes Darlehen von 3500 Gulden im Jahr 1797 siehe Deutsch, *Dokumente*, S. 422.

6 Mozart, *Briefe*, IV, S. 139f.

7 Siehe Kapitel VIII, Eine Reise nach Prag, S. 105.

8 Siehe Anm. 5 oben.

9 H. C. Robbins Landon: *Haydn. Chronicle and Works: Haydn in England 1791–1795*, III, London, Bloomington (Ind.) 1976, S. 104f.
10 Ebenda. Haydn zahlte klugerweise diese Einkünfte in Sterling auf sein Wiener Bankkonto ein. Für die Summe von 24000 Gulden siehe a.a.O., S. 319 (lt. Haydns Biograph Griesinger).
11 Finanzen bei Mozarts Tod: Lt. Sperrs-Regulation, Deutsch, *Dokumente*, S. 493ff.; Leopold II. und die Schulden in Höhe von 30000 Dukaten: Nissen, S. 580 (von Niemetschek S. 48 übernommen).
12 Zu Konstanzes Aktivitäten nach Mozarts Tod siehe Deutsch, *Dokumente*, S. 412, 416 *passim*.
13 A.a.O., S. 406.
14 A.a.O., S. 407.
15 A.a.O., S. 385f.; siehe auch Köchel.

REQUIEM FÜR EINEN LANDSITZ (S. 91)

1 Niemetschek, S. 41f. [in Nissen S. 554f.]
2 Rochlitz veröffentlichte seine Anekdoten in der *AMZ* 1798 (Dezember, S. 149–51, dieses Zitat betreffend).
3 Am 2. Januar 1793. Die Aufführung wurde von Baron van Swieten organisiert.
4 Brief an Breitkopf & Härtel vom 15. Juni 1799: Mozart, *Briefe*, IV, S. 246.
5 Deutsch, *Dokumente. Addenda & Corrigenda*, S. 101–7; *Mozarts Tod*, S. 78ff.; O. E. Deutsch: »Der Graue Bote«, in: *Mitteilungen der Internationalen Stiftung Mozarteum*, August 1963, S. 1–3; Mozart, *Briefe*, VI, S. 391 (1118).
6 Carola Oman: *Nelson*, London 1947, S. 633.
7 Otto Biba: »Par Monsieur François Comte de Walsegg«, in: *Mitteilungen der Internationalen Stiftung Mozarteum*, September 1981, S. 34–50.

EINE REISE NACH PRAG (S. 105)

1 Ulrich Tank: *Studien zur Esterházyschen Hofmusik von etwa 1620 bis 1790*, Regensburg 1981.
2 Zu den Festlichkeiten in Eszterháza siehe Mátyás Horányi: *The Magnificence of Eszerháza*, Übers. London 1962, S. 153f.
3 Siehe *Pressburger Zeitung*, Sommer 1791; wiederholt Berichte über das *Installationsfest* in »Esterház«; Leopold durch »überhäufte Geschäfte« am Erscheinen verhindert.
4 *Haydn Yearbook*, XV, S. 153–7.
5 Bezeichnung für die Regierung von Böhmen mit ständigem Sitz in Prag. Die Stände waren der österreichischen Regierung in Wien verantwortlich, wo sie eine Kanzlei unterhielten.
6 So etwas wie der »Oberstburggraf von Prag«.
7 Siehe Tomislav Volek: »Über den Ursprung von Mozarts Oper *La clemenza di Tito*«, in: *Mozart-Jahrbuch 1959*, S. 281f.
8 Mozart, *Briefe*, IV, S. 80.
9 Volek, a.a.O., S. 280.
10 Ebenda, S. 282.
11 Rudolph Angermüller: *Antonio Salieri*, Teil II, München 1974, S. 211f.
12 Otto Michtner: *Das alte Burgtheater als Opernbühne*, Wien, Graz 1970, S. 317, 334.
13 V. J. Sýkora: *František Xaver Dušek: život a dílo*, Prag 1958, S. 47 (Faksimile S. 49); Volek, a.a.O., S. 275 *passim*.
14 Haydns »Aria di Rosina«: *Joseph Haydns Arien. Revisionsberichte* (Hrsg.: H. C. Robbins Landon), Haydn-Mozart-Presse, Salzburg 1963, S. 6.
15 Helga Lühning: »Zur Entstehungsgeschichte von Mozarts *Titus*«, in: *Musikforschung*, XXVII, Juli-September 1974, S. 300ff.
16 Volek, a.a.O., S. 279.
17 Metastasio: *Opera*, II, Venedig 1783, S. 93.
18 Seine Ankunft vermerkte die Prager *Oberpostamtszeitung* mit »Hr.

Matzola [sic!], Dichter, aus Dresden im Blauen Stern«.

19 Die Ablösung Mazzolàs durch Bertati begleiteten der übliche Skandal und Klatsch: Am 11. Juni 1791 schrieb Antonio Zaguri von Venedig an Casanova, der sich in aller Stille bei Graf Waldstein auf Schloß Dux in Böhmen aufhielt: »Wie kann Mazzolà der Nachfolger Da Pontes sein, wenn man hier [in Venedig] Bertati, dem Verfasser der schlechten Stücke für das Teatro San Moisè, dazu gratuliert?« (*G. Casanova, Chevalier de Seingalt. Gesammelte Briefe*, 2 Bde., Berlin 1970, II, S. 217.)

20 »Cäsar«, lateinisch für »Kaiser«; daher »in cäsarischen Diensten«.

21 Lühning, a.a.O., S. 307f.; Volek, a.a.O., S. 279

22 »*La clemenza di Tito* and its chronology«, in: *Musical Times*, CXV, 1975, S. 221–7.

23 Im Terzett Nr. 14 verwendet anstelle von verworfenen Arien (siehe Anhang D, S. 258). Siehe auch C. Raeburn und R. Moberly: »The Mozart Version of *La clemenza di Tito*«, in: *Music Review*, XXXI, 1970, S. 285–94, bes. 288. Eine dieser verworfenen Arien, *Se mai senti spirati sul volto* (II. Akt Szene 15 im Libretto von 1734) wurde Breitkopf & Härtel 1799 durch Konstanze angeboten: Siehe ihren Brief vom 25. Februar, Mozart, *Briefe*, IV, S. 229, Punkt 13. Diese Arie ist verlorengegangen. Vitellias Arie, die ursprünglich den II. Akt der Fassung von 1734 beschloß, war *Tremo fra' dubbi miei.*

24 Volek, a.a.O., S. 283.

25 Nissen, S. 555 (aus Niemetschek, S. 42f.).

26 H. C. Robbins Landon: *Haydn. Chronicle and Works: The Early Years 1732–1765*, I, London, Bloomington (Ind.) 1980, S. 325.

27 Zum Fahrplan der Postkutsche siehe *Topographisches Post-Lexikon aller Ortschaften der k. k. Erbländer*, hrsg. v. Christian Crusius, I, Wien 1798, S. xl, lxxii; K. N. Pisarowitz: »Mozart auf den Reisen nach Prag«, in: *Mitteilungen der Internationalen Stiftung Mozarteum*, Dezember 1960, S. 18. Zur Beschreibung der eingeschlagenen Route vgl. Karl Baedeker: *Österreich-Ungarn ... Handbuch*, 11. Auflage, Leipzig 1911, S. 349ff.

28 Nissen, S. 555f. (aus Niemetschek S. 41, 64). Bei Nissen ist der Abschnitt, der sich mit *Tito* befaßt (S. 556f.), wobei es in erster Linie um die Beurteilung und die stilistischen Inhalte des Werks geht, im großen und ganzen wörtlich von Rochlitz, *AMZ*, Dezember 1798 (S. 151f.), übernommen. Allerdings mit einem bedeutsamen Unterschied: Bei Rochlitz findet die Reise nach Prag statt, nicht nur nachdem Mozart den Auftrag erhalten hatte, ein Requiem für jenen mysteriösen Boten zu schreiben, sondern auch erst nachdem er mit der Komposition begonnen hatte und bereits in einem Zustand der Erschöpfung war, als er zur Reise aufgefordert wurde. Dann heißt es: [Anekdote] 21.

Indeß nahete sich die Abreise Leopolds nach Prag zur Krönung. Die Operndirektion, welche erst spät daran dachte, mit einer neuen Oper den Ueberfluß der Feyerlichkeiten und Feste noch mehr zu überfüllen – wendete sich deshalb an Mozart. Seiner Gattin und seinen Freunden war dies angenehm, weil es ihn zu anderer Arbeit und zu Zerstreuung zwang. Auf deren Zuredung, und weil es seinem Ehrgefühl schmeichelte, übernahm er die Komposition der vorgeschlagenen Oper *Clemenza di Tito*, von Metastasio. Der Text war von den böhmischen Ständen erwählt...

Später schreibt Rochlitz (ebenda, S. 177): »Sehr kränklich war er nach Prag gereiset. Die Menge der Arbeiten hatte aber die Kräfte seines Geistes noch einmal aufgeregt und auf Einen Punkt zusammengepreßt; die vielen Zerstreuungen hatten seinen Muth belebt; seinen Sinn aufgeheitert bis zur leichten Fröhlichkeit – das Lämpchen flammte noch einmal vor dem Erlöschen hell auf: aber eben durch die Anstrengung

noch mehr entkräftet, kehrte er noch kränker nach Wien zurück...«
In der Version von Niemetschek-Nissen ist eindeutig festgestellt: »Kurz vor der Krönung des Kaisers Leopold, und ehe Mozart den Auftrag, nach Prag zu reisen, erhielt, brachte ihm ein unbekannter Bote einen Brief ohne Unterschrift...« (Niemetschek, S. 41 f.; Nissen, S. 554. Diese letztere Version erschien mir chronologisch und auch aus anderen Gesichtspunkten als die glaubhaftere.)

29 Zur Wahl des *Tito* und seine Vorgeschichte siehe *NMA*, II/5, Band XX, *La clemenza di Tto*, hrsg. v. Franz Giegling, Kassel etc. 1970, Vorwort (die für die hier gegebene Darstellung herangezogene Ausgabe).

30 Nettl, S. 180. Voleks gegenteilige Vermutung, daß außer Graf Künigl kein Mitglied der Kommission Freimaurer gewesen sei, trifft nicht zu; da die Freimaurerei in allen kommunistischen Ländern verboten ist, könnte man dies als eine Behauptung verstehen, die Volek gemacht hat, weil es ihm sonst unmöglich gewesen wäre, sich Zugang zu den Quellen zu verschaffen, die ihm darüber Aufschluß gewährt hätten, daß Persönlichkeiten wie Canal und Thun berühmte Freimaurer waren (tatsächlich gehörten fünf Grafen Thun dem Orden an). Das ist natürlich auch die offizielle kommunistische Parteilinie.

31 Zum Quintett-Finale siehe Lühning, a.a.O., S. 309f. Mozarts Brief siehe *Briefe*, III, S. 163f.

32 Nettl, S. 184, Anm. 3.

33 Zur Rolle der Ouvertüre siehe D. Heartz: »Mozart's Overture to Titus as Dramatic Argument«, in: *Musical Quarterly*, LXIV, 1978, S. 29ff. Zu den psychologischen Aspekten des *Tito* siehe B. Brophy: *Mozart the Dramatist. A New View of Mozart, his Operas and his Age*, London 1964; siehe auch D. Heartz: »Mozart and his Italian Contemporaries: ›La clemenza di Tito‹ «, in: *Mozart-Jahrbuch 1978/79*, S. 275ff.

KRÖNUNGSTAGEBUCH (S. 127)

1 K. Baedeker, *Österreich-Ungarn ... Handbuch*, 11. Auflage, Leipzig 1911, S. 293ff.

2 Nettl, *passim;* V. J. Sýkora: *František Xaver Dušek: život a dílo*, Prag 1958.

3 Nettl, S. 190.

4 Karl Pfannhauser: »Mozarts Krönungsmesse«, in: *Mitteilungen der Internationalen Stiftung Mozarteum*, 11, Salzburg 1963, S. 3–11, bes. 4f.

5 Ignaz F. E. von Mosel: *Über das Leben und die Werke des Anton Salieri...*, Wien 1827, S. 142.

6 Dieses bislang noch nicht im vollen Wortlaut wiedergebene Dokument heißt im französischen Original: »On se rassembla dans *l'antichambre* de l'Imp[ce] on dina à 100 *personnes* dans le salon de couronnement... Je me trouvois presque au bout de la table entre les Charwunscher, Lisette Schoenborn et Auguste Sternberg... Le diner bon... Des spectateurs sans nombre... La musique de Don Juan. Après table on s'arreta longtemps dans le salon malgré la mauvaise odeur de l'auditoire.«

7 Nissen, S. 559f.

8 Nettl, S. 190.

9 Nettl, S. 190; Deutsch, *Dokumente*, S. 524.

10 *Pressburger Zeitung* (das eingesehene Exemplar ist in der Österreichischen Nationalbibliothek, Wien), Notiz vom 6. September.

11 Nettl, S. 192f.

12 P. Nettl: »Prager Mozartiana«, in: *Mitteilungen der Internationalen Stiftung Mozarteum*, Dezember 1960, S. 3.

13 Ebenda, S. 3f.

14 Nettl, S. 194f.; Tomascheks Autobiographie erschien in der Zeitschrift *Libussa*, 1840, S. 367.

15 Nettl, S. 191.

16 K. Pfannhauser, a.a.O., S. 5, 6.

17 Mozart, *Briefe*, IV, S. 154 (mit Faksimile).

18 Nissen, S. 556.

19 C. Raeburn: »Mozarts Opern in Prag«, in: *Musika*, XII, 1959, S. 158f.

20 Nettl, S. 191.

21 K. Pfannhauser, a.a.O., S. 5, 6 *passim*.
22 Nettl, S. 201.
23 *NMA*, II/5, Band XX, *La clemenza di Tito*, hrsg. v. Franz Giegling, Kassel etc. 1970.
24 Deutsch, *Dokumente · Addenda & Corrigenda*, S. 70.
25 Zinzendorf.
26 Deutsch, *Dokumente*, S. 355, 545, 525.
27 Volek: »Über den Ursprung von Mozarts Oper *La clemenza di Tito*«, in: *Mozart-Jahrbuch 1959*, S. 284.
28 Ebenda, S. 285, Anm. 33.
29 P. Nettl., a.a.O., S. 4f.
30 K. Pfannhauser, a.a.O., S. 9.
31 P. Nettl, S. 191; Deutsch, *Dokumente*, S. 355.
32 Nettl, S. 209.
33 Deutsch, *Dokumente*, S. 355.
34 H. C. Robbins Landon: *Haydn · Chronicle and Works: Haydn in England 1791–1795*, III, London, Bloomington (Ind.) 1976, S. 113.
35 J. Cuthbert Hadden: *George Thomson, the Friend of Burns · His Life and Correspondence*, London 1898, S. 292ff.
36 Wilhelm Hitzig: »Die Briefe Frank Xaver Niemetscheks und der Marianne Mozart an Breitkopf & Härtel«, in: *Der Bär*, Leipzig 1928, S. 101ff., bes. 105f.

DIE ZAUBERFLÖTE (S. 151)

1 Da Ponte, *Memoirs*, S. 193f.
2 Das Theater befand sich auf dem Land des Grafen Starhemberg; Komorzynski, S. 152ff.
3 Ebenda, S. 160f. Aus handschriftlichen Aufzeichnungen von Leopold von Sonnleithner: »Materialien zur Geschichte der Oper und des Balletts in Wien«, Gesellschaft der Musikfreunde, Wien. Sonnleithner schreibt, daß Schikaneders Orchester 1796 von fünfunddreißig auf siebenunddreißig Mitglieder durch eine zusätzliche erste und zweite Violine vergrößert wurde. Eine andere Veröffentlichung, *Das Jahrbuch der Tonkunst von Wien und Prag* von 1796, verzeichnet ein wesentlich kleineres Orchester »Auf der Wieden« mit drei ersten und drei zweiten Violinen, zwei Bratschen, einem Cello und zwei Kontrabässen. Komorzynski führt einleuchtende Gründe dafür an, Sonnleithners Statistik den Vorzug zu geben. Die Orchester der Hoftheater (Burgtheater, Kärntnerthor) beschäftigten sechs erste und sechs zweite Violinen, vier Bratschen, drei Celli und vier oder drei Kontrabässe, abgesehen von der üblichen Besetzung der Holz- und Blechbläser und einem Paukisten.
4 Nissen, S. 547ff. In diesem besonderen Fall ist die ganze Geschichte aus der Anekdote Nr. 11 in Rochlitz, *Anekdoten aus Mozarts Leben*, zurechtgemacht worden; diese Anekdoten erschienen in Fortsetzungen in *AMZ* (diese hier in der Ausgabe vom November 1798, S. 83f.). Wie bereits vermerkt, behauptete Rochlitz, Konstanze sei seine hauptsächlichste Informationsquelle gewesen – vermutlich lernte er sie persönlich kennen, als sie 1796 ihre Konzertreise durch Deutschland und nach Berlin unternahm; und wieder läßt die Tatsache, daß die Geschichte, diesmal fast vollständig, in Nissens Biographie aufgenommen wurde, darauf schließen, daß sie tatsächlich von Konstanze herrührte. Da Schikaneder noch am Leben war, wird er nicht namentlich genannt, sondern nur als »ein gewisser Impresario«.
Verglichen mit Nissens Version, unterscheidet sich das Original von Rochlitz in folgendem: Rochlitz beginnt seinen Text mit Nissens Absatz: »Er komponierte *Die Zauberflöte* ...«, formuliert dann aber folgendermaßen:
Ein gewisser Schauspieldirektor, der allerdings genannt zu werden verdiente – war, theils durch eigene Schuld ... [usw., Wort für Wort wie bei Nissen]. Schreiben Sie eine Oper für mich, ganz im Geschmack des heutigen Wiener Publikums ... [anstatt »Wiener« steht bei Rochlitz »– – –«] ... Als Mozart die Betrüge-

rey dieses Menschen erfuhr... [hinzugefügt von Nissen, aber unter Verwendung von Material aus dem Schluß der Anekdote Nr. 17, die einen Monat später, im Dezember 1798, in der *AMZ* (S. 147) veröffentlicht wurde, wo es heißt: »Als er die Betrügerey des Theaterdirektors erfuhr, die ich unter Nr. 11 veröffentlichte, war alles, was er sagte ...« etc.].

5 Komorzynski, S. 170ff.; Schenk, S. 756; Chailley, S. 11ff., *passim; Mozarts Tod,* S. 38ff.; Alfons Rosenberg: *Die Zauberflöte · Geschichte und Deutung,* München 1964, S. 152ff.
6 Ein katholischer religiöser Orden.
7 A. W. Thayer: *Ludwig van Beethovens Leben,* 5 Bde., Leipzig 1901–11; IV, S. 211.
8 *Schauspielerleben im 18. Jahrhundert,* München 1912, I, S. 363–5.
9 Zur Numerologie in der Oper siehe *Mozarts Tod,* S. 38ff.; Chailley, *passim.*
10 Faksimile der Ausgabe von 1524 bei Chailley, S. 144; zu Chailleys Erklärung, weshalb Mozart die Melodie verwendete, siehe S. 277.
11 Siehe Köchel 453b (S. 454), transkribiert in *NMA,* II/5, Bd. 19, *Die Zauberflöte,* S. 377 (als a_3).
12 Zur Veröffentlichung von 1725 siehe Gould, III, S. 475–7; zur Broschüre von 1723, ebenda, S. 487f.
13 Gould, III, S. 162.
14 Zinzendorf, 19. Juni 1792.
15 *Freimaurer und Geheimbünde,* S. 35f., S. 56.
16 Ebenda, S. 55.
17 Ebenda, S. 55f.
18 Katalog der Ausstellung *Freimaurerei und Joseph II. Die Loge zur Wahren Eintracht,* Schloß Rosenau bei Zwettl 1980. Für allgemeine Fragen zu dieser Epoche vgl. Edith Rosenstrauch-Königsberg: *Freimaurer im Josephinischen Wien,* Wien, Stuttgart 1975.
19 Deutsch, *Freihaustheater,* S. 18.
20 Komorzynski, S. 151.
21 H. C. Robbins Landon: *Haydn · Chronicle and Works: Haydn in England 1791–1795,* III, London, Bloominton (Ind.) 1976, S. 423–6.
22 I. F. Castelli: *Memoiren meines Lebens,* 2 Bde., München 1913; I, S. 232ff., 46.
23 Mozart, *Briefe,* IV, S. 154f.
24 Deutsch, *Dokumente,* S. 356f.
25 Abert, II, S. 620, Anm. 2.
26 Zu Mozarts Briefen vom 7.–14. Oktober siehe *Briefe,* IV, S. 157–63, und Kommentar, ebenda, VI, S. 423–6,
27 Mozart, *Briefe,* VI, S. 422.
28 »A 6½ au Théatre *de Starhemberg* au faubourg de la Vienne dans la loge de M. et M^e^ d'auersperg, entendre la 24me representation von der Zauberflöte. La musique et les decorations sont jolies, la reste une farce incroyable. Un auditoire immense. Mr de Seilern et de Kinsky dans notre loge ...« (Zinzendorf). Erstveröffentlicht von Christopher Raeburn in seinem Artikel über *The Magic Flute,* Glyndebourne Festival Programme 1956, S. 53.

DIE LETZTE KRANKHEIT (S. 183)

1 Rochlitz, S. 177f.
2 Siehe Mozarts Brief an seinen Vater, Linz, 31. Oktober 1783 (*Briefe,* III, S. 291): »Dienstag als den 4:ten November werde ich hier im theater academie geben. – und weil ich keine einzige Simphonie bey mir habe, so schreibe ich über hals und kopf an einer Neuen, welche bis dahin fertig seyn muß ...«
3 Leopold Nowak: »Wer hat die Instrumentalstimmen in der Kyrie-Fuge des Requiems von W. A. Mozart geschrieben? Ein vorläufiger Bericht«, in: *Mozart-Jahrbuch 1973/74,* S. 191ff.; auch *Mozarts Tod* (mit Gutachten des Schriftsachverständigen Herbert Peter), S. 284ff.
4 *NMA,* I/2, *Requiem,* Teilband I, hrsg. v. Leopold Nowak; siehe auch die Faksimile-Ausgabe: *Mozarts Requiem. Nachbildung der Originalhandschrift Cod. 17561 der k. k. Hofbibliothek in Wien in Lichtdruck,* hrsg. und mit Kommentar versehen von Alfred Schnerich, Wien 1913, auch

mit der Reproduktion der Wasserzeichen.

5 Der Diebstahl ereignete sich, als das Autograph an die Brüsseler Ausstellung ausgeliehen war.

6 Für die Daten 27. oder 28. Oktober und das Wetter während der ganzen Periode siehe *Mozarts Tod*, S. 86 (aus A. Geusau: *Geschichte Wiens*, Wien 1793); Deutsch, *Dokumente · Corrigenda & Addenda*, S. 73 f.; Bär, S. 105–7.

7 Siehe Köchel, 6. Auflage (Wiesbaden 1964). Eintragung des Werks in Mozarts thematischen Katalog: Mozart, *Briefe*, IV, S. 163 (mit Faksimile).

8 Niemetschek, S. 42 ff.; Nissen S. 563 ff. Die Reihenfolge ist hier leicht abgeändert.

9 Novello, S. xxi, 124–8.

10 Wolfgang Plath: »Requiem-Briefe. Aus der Korrespondenz Joh. Anton Andrés 1825–1831«, in: *Mozart-Jahrbuch 1977/78*, S. 174–203.

11 *Mozarts Tod*, S. 231.

12 Zinzendorf und Bär, S. 105–7.

13 Karl Pfannhauser: »Epilogomena Mozartiana«, in: *Mozart-Jahrbuch 1971/72*, S. 291 f.

14 Süßmayrs Fälschung der Signatur Mozarts wurde erstmals durch den Graphologen Herbert Peter in *Mozarts Tod*, S. 284 ff. (zusammen mit aufschlußreichen Faksimiles der Handschriften Mozarts, Süßmayrs und Eyblers), aufgedeckt; siehe auch Agnes Ziffer: *Kleinmeister zur Zeit der Wiener Klassik*, Tutzing 1984, wo Freystädtlers, Süßmayrs und Eyblers Handschriften analysiert werden (mit vielen Faksimiles).

15 Pfannhauser, a.a.O., S. 276.

16 Mozart, *Briefe*, IV, S. 491 f.

17 Faksimile in *Mozarts Tod*, S. 91 (mit Transkription); inzwischen nimmt man an, daß diese Handschrift diejenige von Sophie Haibel, Mozarts Schwägerin, sein könnte.

18 Rudolph Angermüller: »Süßmayr ein Schüler und Freund Salieris«, in: *Mitteilungen der Internationalen Stiftung Mozarteum*, Februar 1973, S. 19–21.

19 Ebenda.

20 Rochlitz, S. 148 ff.

21 Graf Joseph Deym von Stržitcž (ca. 1752–1804) alias Müller; siehe oben S. 266, Anm. 25.

22 *The Letters of Mozart and His Family*, hrsg. v. Emily Anderson, London 1938; 2. Aufl., hrsg. v. A. Hyatt King and Monica Carolan, 2 Bde., London 1966; II, S. 975–7.

23 Zu Sophie Haibels Bericht an Vincent (V.N.) und Mary (M.N.) Novello siehe Novello, S. 214 f., 220. Die Novellos waren in Wien gewesen und befanden sich nunmehr auf der Rückreise nach England; sie nahmen natürlich die Gelegenheit wahr, Salzburg nochmals zu besuchen, wo sie dieses Mal ein ausführliches Gespräch mit Sophie hatten, die bei Konstanze lebte:
(M.N.) Im Verlauf unserer Unterhaltung erzählte Madame Haibl [sic!], daß Mozart von gleicher Größe und Figur wie seine Söhne gewesen sei, eher etwas kleiner. (Madame Mozart sagte mir, beide Söhne glichen ihrem Vater, besonders der jüngere.) Sie [Sophie Haibel] erzählte mir auch, *Mozart sei in IHREN Armen gestorben.* Noch am Tage, an dem er starb, habe er einen Teil des Requiems geschrieben und einem Freund (es muß Süßmayr gewesen sein) Anweisungen gegeben, wie er bestimmte Passagen ausgefüllt haben wollte. Nachher sagte er zu ihr: »Meine liebe Sophie, ich möchte, daß du heute nacht hier bei deiner Schwester bleibst, ihr zuliebe; denn ich fühle, daß ich sterbe.« Sie sagte, sie versuchte nach Kräften, ihn zu trösten und zu ermutigen, ihm die traurige Empfindung von der Seele zu nehmen, jedoch er gab erneut seiner Überzeugung Ausdruck, daß es mit ihm zu Ende gehe, und er meinte, er verspüre »schon den erdigen Geschmack des Todes auf der Zunge«.
Er äußerte auch bitterlich sein Bedauern darüber, daß er seine Frau und Familie so schlecht versorgt zurücklasse. Madame Haibl erlangte denn auch die Erlaubnis von ihrer

Mutter, die Nacht über bei ihrer Schwester und ihrem Schwager zu bleiben. Gegen Abend schickten sie nach dem Mediziner, der Mozart behandelte; der sagte aber nur, er würde »kommen, sobald die Oper zu Ende« sei. Als er eintraf, hieß er Madame Haibl, Mozarts Schläfen und Stirn mit Essig und kaltem Wasser befeuchten. Sie drückte ihre Befürchtung aus, die plötzliche Kälte könnte für den Leidenden, dessen Arme und Glieder sehr entzündet und angeschwollen waren, schädlich sein. Doch der Arzt bestand auf seinen Anweisungen, und folglich legte Madame Haibl ein feuchtes Tuch auf seine Stirn. Mozart gab sogleich einen leichten Schauder von sich, und sehr kurze Zeit nachher verschied er in ihren Armen. In diesem Augenblick waren Madame Mozart, der Mediziner und sie selbst die einzigen Anwesenden im Zimmer.
Das Zimmer, in dem er starb, war das vordere zur Straße hin im ersten Stock.
Als ich Madame Mozart (die wenig später eintraf und uns mit noch größerer Herzlichkeit als bei unserem ersten Besuch begrüßte, soweit das möglich war) fragte, wie es geschah, daß L'Abbé Stadler nur einen Teil des Requiems hatte und Eybler im Besitz des anderen war, entgegnete sie, wenn auch die beiden Herrn behaupteten, sie hätten die MSS von ihr erhalten, so sei sie doch zu jener Zeit so aufgeregt und verwirrt gewesen, daß sie nicht die leiseste Erinnerung an die Umstände habe.
(V.N.) (Vertraulich) Jung Mozarts [Mozarts jüngster Sohn Franz Xaver Wolfgang (1791–1844)] Geliebte in Polen ist eine Gräfin, die leider mit einem Mann verheiratet ist, den sie nicht schätzt. Er [Franz Xaver Wolfgang] ist ihr so zugetan, daß seine Mutter befürchtete, er werde ohne sie Polen niemals auch nur für kurze Zeit verlassen, und da er sie wegen ihres Ehemanns nicht mitnehmen könne, ist Madame Mozart der Verzweiflung darüber nahe, daß er sich jemals in Wien oder einer anderen großen Stadt etablierte, wo seine Talente besser bekannt und geschätzt wären.
Besuchte am Abend La Mozart. Die Schwester [Sophie Haibel], die uns zuerst empfing, erzählte uns, der Sohn sei ein wenig größer als sein Vater, aber ihm von Angesicht sehr ähnlich, obwohl die Stirn der seiner Mutter gleiche. Mozart starb in den Armen dieser Schwester und beklagte seinen nahenden Tod bitterlich wegen der Armut, in der er seine Frau zurücklassen würde; er bat Sophie, die Nacht über bei ihm zu bleiben, und meinte, er sei sich dessen sicher, daß er sterben müsse. »Nein, nein, sagte sie, du wirst nicht sterben.« – »Doch«, sagte er, »ich spüre den Geschmack des Todes auf meiner Zunge« – und doch ließ er sich an diesem Tage das Requiem kommen und wies Süßmayr an, was getan werden solle.

24 Manuskript im Mozarteum Salzburg; Faksimile in *Mozarts Tod,* S. 31 (Transkription S. 30)

25 Pfannhauser, a.a.O., S. 284.

26 Deutsch, *Dokumente,* S. 368 (Anm. zu 6. Dezember).

27 Gedrucktes *Verzeichnis der sämmtlichen Brüder und Mitglieder der gerechten und vollkommenen St. Johannis □ genannt Zur gekrönten Hoffnung im Orient von Wien im VIIten Monath des Jahres 1785,* Eintragung 104 (Haus-, Hof- und Staatsarchiv Wien, Vertrauliche Akten).

28 Beide Namen aus Nissen, S. 572.

29 Deutsch, *Dokumente,* S. 493–508; zu Goldhahn ebenda, S. 493.

30 Mozart, *Briefe,* IV, S. 198.

31 Zinzendorf.

32 Deutsch, *Dokumente · Addenda & Corrigenda,* S. 73. Im Hummel-Archiv (früher in Florenz, jetzt im Besitz des Goethe-Instituts Düsseldorf) befindet sich das folgende, weitgehend unbekannte Dokument: »Herr Wolfgang Mozart, K. K. Kapelmeister u. Kam̄er Compositeur a[us] Salzburg gebürt. alt 36 Jr, d. 5^{tn} Xbr

791 gestorben / Infections Wundarzt / H. Birner« – wichtig, weil daraus hervorgeht, daß Mozarts Leichnam von einem für ansteckende Krankheiten zuständigen Arzt untersucht wurde. Siehe auch Dieter Kerner: »Das Requiem-Problem«, in: *Neue Zeitschrift für Musik,* August 1974, S. 477.

33 Bär, S. 131.

34 Deutsch, *Dokumente · Addenda & Corrigenda,* S. 73 (aus Pfannhauser, a.a.O., S. 290).

35 Ein Arzt, Sigmund Barisani, hatte am 14. April 1787 ein paar Zeilen in Mozarts Stammbuch geschrieben. Ihnen fügte Mozart folgendes hinzu: »Heute am 3ten Sept. dieses nemlichen Jahres war ich so unglücklich diesen Edeln Mann liebsten besten Freund und Erretter meines Lebens, ganz unvermuthet durch den Tod zu verlieren. – Ihm ist wohl! – aber mir – uns – und Allen die ihn genau kannten, – Uns wird es *nimmer* wohl werden – bis wir so glücklich sind ihn in einer beßern Welt – wieder – und auf *nimmer scheiden* – zu sehen.« Auch Konstanze schrieb ihre Gedanken dazu, indem sie sich darauf bezog (Mozart, *Briefe,* IV, S. 175).

36 F. X. Niemetschek: *Leben des k. k. Kapellmeisters Wolfgang Gottlieb Mozart nach Originalquellen beschrieben,* Nachdruck der erweiterten zweiten Aufl., Prag 1808, Leipzig 1978, S. 81.

37 Brief an Maria Anna von Genzinger, London, 20. Dezember 1791: H. C. Robbins Landon: *Haydn · Chronicle and Works: Haydn in England 1791–1795,* III, London, Bloomington (Ind.) 1976, S. 118.

LEGENDEN UND THEORIEN (S. 213)

1 *Musikalisches Wochenblatt,* Berlin; der Bericht ist datiert 12. Dezember 1791. Deutsch, *Dokumente,* S. 380.

2 Über Salieri siehe das neue vielbändige (noch nicht abgeschlossene) Werk von Rudolf Angermüller: *Antonio Salieri · Sein Leben und seine weltlichen Werke ...,* München 1971 ff. (bis jetzt drei Bände erschienen); auch *Mozarts Tod,* S. 191 ff.

3 Alle Salieri-Zitate aus Friedrich Kerst: *Erinnerungen an Beethoven,* 2 Bde., Leipzig 1913; II, S. 282 ff.

4 Zitiert in *Mozarts Tod,* S. 198 ff.

5 Mehr zu diesem Thema bei O. E. Deutsch, in: *Schweizerische Musikzeitung,* Januar 1957.

6 Deutsch, *Dokumente,* S. 449.

7 »Mozart Supplement«, in: *Musical Times,* XXXII, 1891, S. 20.

8 Bär, S. 91, 116 f.

9 P. J. Davies: »Mozart's Illnesses and Death«, in: *Musical Times,* CXXV, 1984, S. 437–41, 554–61. Dies beinhaltet Einzelheiten über die verschiedenen Aspekte der Krankheiten des Komponisten.

10 Bär, S. 105 ff.

11 A. W. Thayer: *Ludwig van Beethovens Leben,* Bd. II, 2. Aufl., Leipzig 1910, S. 150 f.

12 Ausführlicher Bericht über die Hofdemel-Tragödie und über Mozarts angebliche Beziehungen zu Magdalena bei Francis Carr: *Mozart and Constanze,* London 1983.

13 Über die hergebrachte sentimentale Einschätzung der Gottlieb siehe Alfons Rosenberg: *Die Zauberflöte,* München 1964, S. 67–70; eine den Tatsachen entsprechende Schilderung ihres Lebens sowie ein neuentdecktes, wenig schmeichelhaftes Porträt bei O. E. Deutsch: »Ein Kostümbild Anna Gottliebs«, in: *Studien aus Wien,* 5, 1957, S. 89 ff.

KONSTANZE: EINE EHRENRETTUNG (S. 225)

1 Niemetschek, S. 48 f.

2 Bezüglich Konstanzes Pension habe ich die Originaldokumente eingesehen (siehe oben S. 270, Anm. 5); siehe auch den äußerst aufschlußreichen Artikel von J. E. Eibl: »Zum Pensionsgesuch Konstanzes vom 11. Dezember 1791«, in: *Mitteilungen der Internationalen Stiftung Mozarteum,* August 1966, S. 4 ff.

3 *Pressburger Zeitung*, 103, 24. Dezember 1791, S. 1093.
4 Deutsch, *Dokumente*, S. 379.
5 Ebenda, S. 375 (*Pressburger Zeitung*, 102, S. 1085).
6 Zu Erzherzog Maximilian Franz und Baron von Jacobi siehe Eibl, a.a.O., S. 6f.
7 Deutsch, *Dokumente*, S. 409.
8 Ebenda, S. 411.
9 Ebenda, S. 412f.
10 Ebenda, S. 414.
11 Georg Kinsky (vollendet von Hans Halm): *Das Werk Beethovens · Thematisch-bibliographisches Verzeichnis seiner sämtlichen vollendeten Kompositionen*, München, Duisburg 1955, S. 504.
12 Mozart, *Briefe*, IV, S. 204f.; VI, S. 447.
13 Deutsch, *Dokumente*, S. 415.
14 Ebenda, S. 416–19.
15 Ebenda, S. 421.
16 Ebenda, S. 422.
17 Else Radant: »Die Tagebücher von Joseph Carl Rosenbaum«, in: *Haydn Yearbook*, V, 1968.
18 Deutsch, *Dokumente*, S. 423.
19 C.-C. Stellan Mörner: *Johan Wikmanson und die Brüder Silverstolpe*, Stockholm 1952, S. 335, 396.
20 Niemetschek, S. 72.
21 Mozart, *Briefe*, IV, S. 199f.
22 Novello, S. 73f., 82f., 94, 101f.
23 »Sie bestätigte als zutreffend, daß ... er das Quartett d-Moll schrieb, als sie mit ihrem ersten Kind in den Wehen lag, verschiedene Stellen, die ihre Schmerzen andeuten, besonders das Menuett (aus dem sie uns eine Partie vorsang)«, ebenda S. 112. Die eindringlichste Nachempfindung der Wehen findet sich wohl im *Andante*, T. 31ff. und 47ff.
24 Otto Jahn: *W. A. Mozart*, 1. Aufl., 4 Theile, Leipzig 1856–9; I, S. viif.; III, S. 165f., Anm. 5.
25 Mozart, *Briefe*, II, S. 253f.
26 Ebenda, S. 255.
27 Ebenda, S. 272–6.
28 Ebenda, S. 414–19.
29 Ebenda, S. 465.
30 Ebenda, S. 513.
31 Nissen, S. 414f.
32 Mozart, *Briefe*, II, S. 529.
33 Mozart, *Briefe*, III, S. 181.
34 Ebenda, S. 186.
35 Ebenda, S. 200.
36 Ebenda, S. 206.
37 Ebenda, S. 218f.
38 Ebenda, S. 220f.
39 Hermann Abert: *W. A. Mozart*, 7. Aufl., 2 Bde., Leipzig 1955; I, S. 813f.
40 Arthur Schurig: *Wolfgang Amadé Mozart · Sein Leben, seine Persönlichkeit, sein Werk*, 2 Aufl., Leipzig 1923; II, S. 131, 379.
41 Wolfgang Hildesheimer: *Mozart*, Frankfurt a.M. 1977, S. 253f.
42 »Amadevious«, in: *New York Review of Books*, XXIX/18 (18. November 1982), S. 3–7.
43 Dieter Schickling: »Einige ungeklärte Fragen zur Geschichte der Requiem-Vollendung«, in: *Mozart-Jahrbuch 1976/77*, S. 265ff.; siehe auch J. H. Eibls Entgegnung in derselben Ausgabe: »Süßmayr und Konstanze«, S. 277ff. Peter J. Davies hält in seinem Artikel »Mozart's Illnesses and Death« (*Musical Times*, CXXV, 1984, S. 560ff.) fest: »Bei Mozarts linker Ohrmuschel fehlten die normalen Schneckenwindungen (dieser seltene erbliche Geburtsfehler ist in der medizinischen Literatur heute als »Mozartohr« bekannt); die Tatsache, daß Mozarts jüngster Sohn mit der gleichen Mißbildung zur Welt kam, ist eine Trumpfkarte für Konstanzes Unschuld, ist sie doch der schlagendste Beweis für Mozarts Vaterschaft.«
44 V. Braunbehrens: *Mozart in Wien*, München, Zürich 1986, S. 104ff., bes. 107.

ANHANG A (S. 249)

1 Zu Mozarts Zeiten trug das Haus die Konskriptionsnummer »Stadt Nr. 970«; davor hatte es die Nummern 875 und 932 getragen, und 1849 erhielt es die Nummer 934.
2 Früher hieß sie das »Gassl bei dem Himmelpfortkloster«.

3 Fensterlose Räume gehen noch auf die Zeit der Gotik zurück, die sich architektonisch bis weit in das 18. Jahrhundert hinein auswirkte. Um diesem Mißstand abzuhelfen, war beim Umbau von 1806 ein zweiter Hof geplant.

4 Quellennachweis: Johannes Daum: *Das Wiener städtische Mietwohnhaus in der Zeit von 1700–1859,* Diss. Wien 1957. – Marianne Zweig: Wiener Bürgermöbel, Wien 1920. – *Journal des Luxus und der Moden.* Band 4 (1789), Band 5 (1790). – Archiv der Technischen Hochschule Wien (Dr. Alfred Lechner); Historisches Museum der Stadt Wien (Dr. Adalbert Schusser, Dr. Sylvia Wurm); Modeschule der Stadt Wien, Schloß Hetzendorf (Dr. Regina Forstner); Kunsthistorisches Museum Wien (Hofrat Dr. Georg Kugler); Hofkammerarchiv Wien (Dr. Christian Sapper).

Bibliographie – eine Auswahl

Eine gute Bibliographie enthält der Artikel über Mozart in *The New Grove Dictionary of Music and Musicians,* hrsg. von Stanley Sadie, London 1980. Diese ist auch in Stanley Sadie: *The New Grove Mozart,* London 1982, enthalten. Von den danach erschienenen Artikeln und Büchern verdienen die nachfolgenden besonderes Interesse:

Braunbehrens, Volkmar: *Mozart in Wien,* München, Zürich 1986. Eine kluge Überprüfung der vielerlei Aspekte des Lebens Mozarts in Wien mit einigen neuen Erkenntnissen über seine letzten Lebensjahre.

Davies, Peter J.: »Mozart's Illnesses and Death«, in: *Musical Times,* CXXVII, 1984, S. 437 ff., 554 ff. Die maßgebliche neuere Untersuchung dieses Themas, die alle großen und kleinen Arbeiten überflüssig macht.

Davies, Peter J.: »Mozart's Manic-Depressive Tendencies«, in: *Musical Times,* CXXVII, 1986; Part 1: S. 12–6, Part 2: S. 191–6.

Eisen, Cliff: »Contributions to a new Mozart Documentary Biography«, in: *Journal of the American Musicological Society,* XXXIX/3 (Herbst 1986), S. 615–32. Dieser wichtige Artikel erschien zu spät, um noch im vorliegenden Werk Berücksichtigung zu finden.

Landon, H. S. Robbins: *Mozart and the Masons. New Light on the Lodge »Crowned Hope«,* London, New York 1982. Identifizierung Mozarts in einem Gruppenbild der Loge *Zur gekrönten Hoffnung* aus dem Jahr 1790 mit einer z. T. noch unveröffentlichten Dokumentation von Verzeichnissen der Logenmitglieder.

Morrow, Mary Sue: »Mozart and Viennese Concert Life«, in: *Musical Times,* CXXVI, 1985, S. 453 ff. Eine Überprüfung vorhandener Zeugnisse.

Steptoe, Andrew: »Mozart and Poverty«, in: *Musical Times,* CXXV, 1984, S. 196 ff. Der Untertitel lautet wiederum: »Eine Überprüfung vorhandener Zeugnisse«.

Erwähnt werden sollten auch die Schallplattenaufnahmen sämtlicher Symphonien Mozarts auf Originalinstrumenten durch die Academy of Ancient Music unter der Leitung von Christopher Hogwood (L'Oiseau Lyre) mit Anmerkungen von Neal Zaslaw, aus denen sich grundlegende neue Erkenntnisse zum Notentext gewinnen lassen (z. B. die Fagottstimmen in der »Pariser Symphonie«), dies gilt auch für die Aufnahme der Rekonstruktion des Requiems durch Richard Maunder, wiederum unter Christopher Hogwood (L'Oiseau Lyre), mit Maunders unverzichtbaren Ausführungen – ein in jeder Hinsicht hervorragend gelungenes Unternehmen.

Verzeichnis der Abbildungen und Illustrationen

Danksagung

Albertina, Wien; Archiv der Stadt Wien; C. Bednarczyk (Antiquariat), Wien; Gesellschaft der Musikfreunde, Wien (Dr. Otto Biba); Glasgalerie Kovacek, Wien; Ernst Hartmann †, Wien; Historisches Museum, Wien (Dr. Adalbert Schusser); Hofkammerarchiv, Wien (Dr. Christian Sapper); Reinhold Hoffstätter (Antiquariat), Wien; Kunsthistorisches Museum, Wien (Hofrat Dr. Georg Kugler); Kunstsalon Kovacek, Wien; Modeschule der Stadt Wien, Schloß Hetzendorf (Dr. Regina Forstner); Mozarteum Salzburg; Ingo Nebehay (Wiener Antiquariat), Wien; Österreichische Nationalbibliothek, Wien (Bildarchiv und Musiksammlung); Dr. William B. Ober, Ténafly, New Jersey; Professor Hans Swarowsky †, Wien; Technische Universität (Hochschule), Wien (Dipl.-Ing. Dr. Alfred Lechner). Die hauptsächlichsten Photographen: Piero Malvisi (Popolonia), Josef Vuk (Wien). Unser besonderer Dank geht an Dr. Alfred Lechner für seine wertvolle Hilfe bei den Nachforschungen über Mozarts letzte Wohnung und für die Anfertigung eines Grundrisses auf Grund unserer Rekonstruktion der Wohnung und ihrer Einrichtung.

Personen- und Sachregister

Inhalt